JEAN-PHILIPPE LACHAUX

avec la collaboration de
Bénédicte Terrier, ingénieure Valorisation, Neurosciences et Pédagogie au CRNL
Roxane Hoyer, post-doctorante au CRNL

CYCLES 2 et 3

ATOLE

Apprendre l'ATtention à l'écOLE

Guide de l'enseignant·e :
10 séquences clés en main

CANOPÉ
éditions mdi

Remerciements

L'idée du projet ATOLE remonte à une conférence organisée par la circonscription d'Oullins pour expliquer les mécanismes de l'attention aux enseignant·e·s. Avec mon collègue et ami Vania Herbillon, nous avions engagé une collaboration avec Stéphane Garapon et Sylvie Coustier – respectivement IEN et CPC – afin d'étalonner un test mesurant la capacité de concentration des élèves, et nous venions rendre compte des résultats obtenus. À la fin de cette conférence un peu théorique, je n'avais pas su répondre aux demandes de solutions pratiques pour améliorer l'attention des élèves : les neurosciences cognitives étaient encore trop éloignées de la réalité de la vie de classe. Il fallait dès lors envisager une recherche beaucoup plus appliquée, qui déduirait des sciences cognitives une véritable éducation de l'attention – la fameuse « éducation par excellence » que le grand psychologue du XIXe siècle William James appelait de tous ses vœux.

Une rencontre avec un groupe de travail de l'Externat Notre-Dame à Grenoble (mené par Olivier Pellet puis Émilie Subra) permit de concevoir et tester pendant quelques mois une toute première version d'ATOLE, avec des élèves de Seconde. Un tiers d'entre eux adhéra au projet, tandis qu'un autre tiers s'en désintéressa complètement (« Quand un truc m'intéresse, je sais déjà me concentrer... »). L'expérience nous incita à repenser le programme en nous adressant cette fois aux élèves des cycles 1, 2 et 3, qui sont parfois plus faciles à motiver et plus libres de préjugés. Ce fut le moment d'un formidable coup d'accélérateur avec l'arrivée dans le projet de l'ISFEC Saint-Julien à Caluire-et-Cuire, sous la direction de Thierry Chevallier, et un financement confortable de l'Agence nationale de la recherche (ANR). Des brainstormings réguliers avec des groupes d'enseignant·e·s très impliqué·e·s permirent un va-et-vient entre théorie et pratique sur le terrain pour aboutir à des activités bien adaptées à la classe.

Plusieurs acteurs essentiels rejoignirent ensuite notre initiative, d'abord la circonscription d'Oullins, fort naturellement, puis trois circonscriptions de la Loire et le réseau Canopé de Lyon. Ces collaborations permirent de construire un premier parcours Magistère et un Mooc très populaire sur l'attention, pour commencer à former les enseignant·e·s en grand nombre. S'ajoutèrent alors des partenariats forts avec plusieurs CARDIE et DDEC/ISFEC (dont les actrices et les acteurs se reconnaitront sans peine... Bénédicte, Anne, Laurent, Jérôme, Matthieu, leur hiérarchie et bien d'autres encore) ainsi qu'un regard bienveillant du conseil scientifique de l'Éducation nationale, au sein du groupe de travail « Métacognition et Confiance en soi ». Du côté de l'INSERM, la constante bienveillance d'Olivier Bertrand, le directeur de notre centre de recherche en neurosciences de Lyon, nous a permis de constituer un petit groupe d'étudiant·e·s boosté par l'énergie positive de Bénédicte Terrier, le deuxième moteur essentiel d'ATOLE : Marion, Roxane, Marion, Marie, Marine, Marc, Maëlis... Vous connaissez toutes et tous votre contribution à ATOLE.

En ajoutant le talent d'Anne, Astrid, Hugues, Marjorie, Marie-Agnès et Sandrine, et de toute l'équipe éditoriale qui a conçu ce livre, nous en arrivons à ce magnifique guide clé en main : que de chemin parcouru !

Jean-Philippe Lachaux

92, avenue de France 75013 Paris
ISBN 978-222311-379-8

Avant-propos

Le programme ATOLE est né grâce aux enseignant·e·s qui nous ont fait part de la nécessité – et même de l'urgence – de proposer aux élèves une éducation à l'attention.

Initié et développé grâce à des financements publics, notamment avec le soutien de l'ANR (Agence nationale de la recherche) et de l'INSERM (Institut national de la santé et de la recherche médicale), ce travail de recherche a abouti à un kit pédagogique complet mis en ligne en 2018, gratuit et accessible à toutes et à tous en téléchargement[1].
Cependant, malgré toutes les heures que nous avons pu y consacrer, ce kit reste dans une forme qui n'a pas bénéficié de l'apport de professionnel·le·s de l'édition scolaire, et nombre de vos collègues ont exprimé le souhait de mener ATOLE à partir d'un ouvrage pédagogique clé en main.

Conscients de la nécessité absolue d'une éducation à l'attention, les éditions MDI et le réseau Canopé se sont associés pour publier le programme ATOLE. C'est ainsi qu'est né cet ouvrage, enrichi de l'expertise d'une équipe éditoriale spécialisée dans la réalisation de supports adaptés aux besoins des professionnel·le·s de l'éducation et des élèves.
Nous vous proposons donc ici une nouvelle version du programme ATOLE, revue et améliorée à la lumière de l'expérience acquise au contact des enseignant·e·s, de leurs retours d'usage, de leurs commentaires mais aussi de leurs demandes !
Le résultat est un programme sans nul doute plus explicite, plus maniable, plus facile à intégrer dans le temps scolaire... et qui s'appuie désormais sur des supports visuels particulièrement attrayants, grâce au facétieux coup de crayon de la talentueuse Astrid Scaramus.

L'autre apport de ce partenariat, c'est d'avoir pu associer à ce guide un « livre compagnon » plus théorique, *L'attention, ça s'apprend !*, très soigneusement pensé pour permettre de comprendre les fondements du programme ATOLE sans aucune connaissance préalable en neurosciences ou sur l'attention. Ces deux ouvrages forment un tout et sont à aborder comme tel, même si le présent guide, contenant l'intégralité du programme ATOLE, suffit à le mettre en œuvre en classe.

Nous vous souhaitons une bonne lecture et une utilisation fructueuse de ce programme. Merci de vous engager dans cette démarche dont l'objectif est de redonner aux élèves la maitrise de leur attention et… de leur vie mentale.

1. https://project.crnl.fr/atole

Sommaire

Introduction

Annexes

Présentation du contenu

1. Le guide de l'enseignant·e

- **Une introduction claire** pour vous accompagner dans la découverte du programme
- **Les 10 séquences décrites pas à pas**, avec tous les visuels et toutes les ressources nécessaires
- **L'index des concepts clés et des rituels**
- **Les corrigés** des quiz

2. Le bloc ressources détachable

- **Tous les documents** à utiliser en classe, photocopiables et vidéoprojetables
- **Toutes les illustrations** en couleur et en grand format
- **Tous les supports** d'activités

3. Les livrets ATOLE CE et CM

(à la fin du bloc détachable)

- **Des livrets individuels** à enrichir au fil de l'année et à emporter chez soi
- **Des activités simples** pour que l'élève s'approprie ses découvertes
- **Une trace écrite** des outils pour améliorer son attention

4. Les ressources numériques

• **Tous les documents** à projeter ou à imprimer (également fournis dans le bloc détachable) et toutes les vidéos

• **Les mémos visuels de chaque activité** : un résumé à imprimer pour permettre à l'enseignant·e, pendant la séance, de se repérer dans l'activité en un coup d'œil.

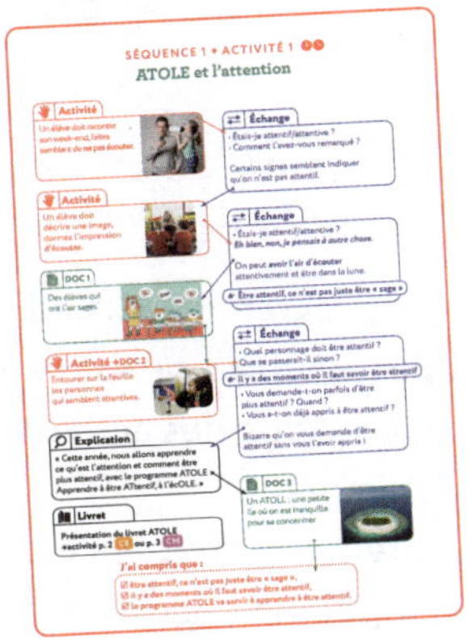

• **Les quiz de chaque séquence** en version interactive, accompagnés de leur corrigé.

• **Des ressources pédagogiques** pour l'enseignant·e :
- le tableau synoptique des 10 séquences ;
- les affiches récapitulatives de chaque séquence imprimables au format A3 ;
- les livrets ATOLE téléchargeables ;
- des modèles de mots d'information à l'intention des parents…

Le programme ATOLE

1. Ses objectifs

Découvrir ce qu'est l'attention et apprendre à la maitriser

• Le programme ATOLE a pour but d'**amener l'élève à découvrir ce qu'est l'attention**, progressivement, tout au long des activités. Avec ATOLE, l'élève va notamment :
– prendre conscience des différentes forces qui l'empêchent parfois d'être attentif ;
– apprendre à reconnaitre et nommer ces forces dans sa vie quotidienne et à l'école (par un système de codes favorisant la métacognition, c'est-à-dire la prise de conscience de son propre fonctionnement mental) ;
– apprendre à réagir à ces forces pour restabiliser son attention quand celle-ci s'échappe.
Le programme peut ainsi se résumer en trois étapes-clés : **identifier**, **comprendre** et **réguler.**

L'enjeu du programme ATOLE est donc que chaque élève **s'approprie au quotidien**, à travers ses activités scolaires autant qu'extrascolaires, les outils et concepts ATOLE qui lui conviendront le mieux, qu'il apprenne à **se fixer une intention claire** et soit capable de **choisir entre les différentes stratégies attentionnelles** celle qui lui permettra d'atteindre son objectif (quel qu'il soit !). Il ne s'agit donc pas d'amener tous les élèves à être « sages comme des images » en classe, dans les activités extrascolaires ou à la maison, mais bien d'amener chaque élève vers **une maitrise autonome de son attention**.

L'importance d'un apprentissage régulier pour un transfert efficace

• ATOLE est une démarche pédagogique centrée sur l'apprentissage et le développement de compétences attentionnelles chez les élèves. Cette démarche n'a de sens que si elle est **intégrée au quotidien** dans les pratiques de classe des enseignant·e·s, dans les habitudes de travail personnel de l'élève, etc.

Il existe donc **deux niveaux de transfert de la démarche ATOLE** :
1. Le transfert par l'enseignant·e des concepts et outils de gestion collective de l'attention, dans l'animation de sa classe et dans l'ensemble de ses enseignements disciplinaires ;
2. L'appropriation des concepts et outils par les élèves eux-mêmes, dans la réalisation de leurs activités scolaires et extrascolaires.
• Le premier niveau – intégration d'ATOLE dans les gestes pédagogiques de l'enseignant·e, au quotidien et dans toutes les disciplines, dès qu'une activité s'y prête – est crucial pour habituer les élèves aux outils et pour les aider à mieux observer leurs besoins attentionnels. C'est grâce à cela qu'ils pourront ensuite progressivement devenir autonomes dans l'utilisation des concepts ATOLE, jusqu'à parvenir à les utiliser de leur propre initiative lorsqu'ils en ressentiront le besoin – ce qui correspond au second niveau de transfert.

• Certain·e·s enseignant·e·s ont pu constater que le simple fait, pour l'élève, d'**apprendre à reconnaitre l'origine de son inattention peut déjà avoir un effet stabilisateur**, d'où l'intérêt de l'approche métacognitive – c'est-à-dire de la prise de conscience par l'élève de son propre fonctionnement cognitif – prônée dans le programme ATOLE, et de l'explicitation régulière des difficultés et stratégies attentionnelles avec les élèves.
• **Le transfert au quotidien et l'application des concepts ATOLE**, tant par l'enseignant·e que par les élèves, est facilité grâce à **un vocabulaire spécifique** et à **des codes ludiques**. Les traditionnels « Concentre-toi ! » sont remplacés par **des remarques à la fois plus précises et moins culpabilisantes**, qui ne pointent pas la mauvaise volonté de l'élève, mais de simples erreurs « techniques » de celui-ci.
L'utilisation commune de ce vocabulaire ATOLE par les élèves, les enseignant·e·s et, si possible, les parents, facilitera le **transfert des compétences** apprises à l'école jusqu'à la vie extrascolaire.

2. Une démarche souple à adapter à ses élèves

• Les besoins et aptitudes des élèves étant très différents entre 6 et 11 ans, il est fortement conseillé d'**ajuster au niveau des élèves le niveau d'exigence** – en termes de buts visés, par exemple –, **la trame** de réalisation et **la durée** de chaque séance.

• Pour permettre à chaque enseignant·e d'adapter au maximum le programme à sa classe, le guide propose dans chaque activité un certain nombre de **variantes,** ainsi qu'**une différenciation par niveaux** lorsque cela est pertinent.

• Un certain nombre d'outils visuels sont proposés pour accompagner les apprentissages. Nous vous encourageons, selon l'âge, le niveau et la réceptivité de la classe, à **faire créer par les élèves leurs propres supports en lien avec la démarche ATOLE** : posters personnalisés récapitulant les points-clés d'une séquence, mini-reportages radio, « mur des dessins ATOLE », objets 3D à imaginer puis à fabriquer, exposés…

3. Les 10 séquences du programme ATOLE

Pourquoi est-il essentiel de suivre l'ordre des séquences ?

• Les apports au fil du programme sont graduels : il est nécessaire de découvrir le fonctionnement de l'attention, puis de l'expérimenter en collectif pour enfin être en capacité de définir et piloter ses stratégies attentionnelles individuellement.

• **Les séquences 1 à 5**, dans la démarche ATOLE, concernent ainsi **le savoir** et favorisent la mise en place d'un vocabulaire commun entre l'enseignant·e et les élèves, permettant à chacun d'observer ses besoins attentionnels et sources de distraction – postures métacognitives chez l'enseignant·e et l'élève. Ces séquences transforment ces connaissances en **outils d'animation de classe et de gestion collective de l'attention et des distractions** : leur appropriation par les élèves et par l'enseignant·e est primordiale avant d'aborder les séquences suivantes.

• **Les séquences 6 à 10** concernent **le savoir-faire** : elles proposent différents outils concrets et stratégies d'aide à la concentration, à utiliser en classe et par chaque élève dans son travail personnel. L'utilisation pertinente de ces **outils individuels de gestion de la concentration** nécessite de bien connaitre, au préalable, **ses besoins attentionnels**. La **ritualisation des outils** au quotidien va permettre à l'élève de comprendre, choisir puis automatiser progressivement ses propres stratégies attentionnelles.

Les 10 séquences en un coup d'œil

OBJECTIFS	VOCABULAIRE ET CONCEPTS CLÉS

1. À la découverte de l'attention p. 27

→ **Présenter ATOLE** et l'objectif général du programme : apprendre à mieux maitriser son attention.
→ Montrer aux élèves qu'ils ont tous déjà **une compréhension intuitive** de ce qu'est l'attention.
→ Découvrir **les vecteurs de l'attention** (les sens, les sensations du corps, la « petite voix », les images mentales, les émotions).
→ Faire remarquer aux élèves qu'ils savent que **l'attention est précieuse**, surtout quand ils ont besoin de celle des autres.
→ Amener les élèves à comprendre que c'est l'attention qui permet d'**établir un contact** entre deux personnes pour leur permettre de communiquer et d'interagir.

LA « PETITE VOIX »
LES IMAGES MENTALES
« CONTACT »

2. L'équilibre attentionnel p. 49

→ Montrer que rester concentré·e sur une tâche s'apparente à la traversée d'une poutre par un·e **funambule**, grâce à des réactions fréquentes, rapides et légères aux différentes forces qui déstabilisent l'attention.
→ Introduire la métaphore de **la poutre**, dont les dimensions (étroite, longue, haute…) permettent de caractériser l'exigence d'une tâche en termes d'intensité, de durée et de conséquences de la perte d'équilibre.
→ Introduire un code simple (**les 3 « A »**) pour permettre aux élèves d'anticiper et d'exprimer le niveau d'attention dont ils vont avoir besoin pour ce qu'ils s'apprêtent à réaliser.

L'ÉQUILIBRE ATTENTIONNEL
LA POUTRE
LES 3 « A »

3. Le cerveau et les neurones p. 63

→ Préparer les élèves à comprendre les **grandes forces biologiques** qui, dans le cerveau, stabilisent ou déstabilisent l'attention.
→ Présenter le **cerveau**, sa forme, ses fonctions et son organisation dans ses grandes lignes.
→ Présenter les **neurones** et la manière dont ils travaillent collectivement pour réaliser des opérations compliquées.
→ Faire comprendre que l'on peut améliorer sa capacité à être attentif ou attentive en adoptant les bonnes stratégies et avec de l'entrainement.

LE CERVEAU
LES NEURONES

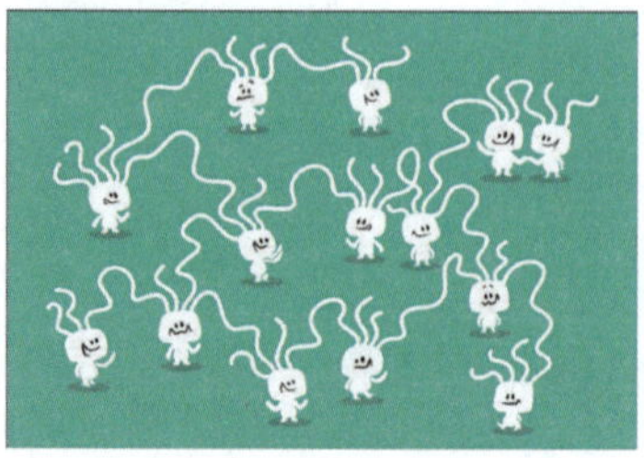

4. Les mécanismes de la distraction

p. 79

→ Présenter les deux grandes « forces » qui, dans le cerveau, ont souvent tendance à distraire l'attention : les **automatismes** et le **circuit de la récompense**, qui oriente l'attention vers tout ce qui est plaisant.
→ Introduire deux images pour aider les élèves à reconnaitre et nommer ces systèmes lorsqu'ils ressentent leur action : le « **mode marionnette** » et les « **neurones aimants** ».
→ Apprendre aux élèves à reconnaitre quand ces systèmes les aident à se concentrer (curiosité, plaisir d'apprendre…).
→ Apprendre aux élèves à **freiner leur impulsivité** et à contrôler l'action de leurs « neurones aimants ».

LE « MODE MARIONNETTE »
LES « NEURONES AIMANTS »

5. Comment le cerveau se concentre

p. 95

→ Apprendre aux élèves ce qu'est **une intention**, et comment le cerveau permet de garder en mémoire ce que l'on cherche à faire.
→ Donner aux élèves un code pour identifier les moments où ils oublient leur intention et pouvoir y réagir : **le code « OUIN »** (**ou**bli de l'**in**tention).
→ Montrer qu'il est plus facile de se concentrer quand on a **une seule intention claire** en tête, et qu'il est très difficile de faire attention à plusieurs choses à la fois.
→ Amener les élèves à **savoir décrire ce qu'ils cherchent à accomplir**, et à évaluer si cette intention est suffisamment claire et simple.

L'INTENTION
LES « NEURONES CHEFS »

6. Maximoi et Minimoi

p. 113

→ Amener les élèves à jouer successivement le rôle de **Maximoi** et de **Minimoi**, pour alterner phases de planification et phases d'action.
→ Apprendre aux élèves à découper une tâche complexe en **une suite de « minimissions »**, des **petites missions simples** (courtes, claires, concrètes) de quelques minutes, avec pour chacune une intention unique et claire.
→ Comprendre que cette méthode permet d'**agir avec une intention claire**, et d'**éviter de suivre plusieurs intentions contradictoires** à la fois.

MAXIMOI ET MINIMOI
LE SIGNAL DU DÉPART
SMmOP

7. Réagir aux distractions externes

p. 133

→ Apprendre aux élèves à remarquer rapidement, à travers les déplacements de leur **Regard**, leur **Attention** et leur **Posture** (RAP), quand ils se laissent distraire par des éléments externes.
→ Apprendre à réagir à ces signes pour **se restabiliser** sur leur « poutre ».
→ Associer les déplacements du regard à ceux d'**une abeille** : encourager les élèves à **surveiller ce que fait leur « abeille »** et à la ramener si besoin sur ce à quoi ils doivent être attentifs.
→ Faire comprendre aux élèves qu'ils peuvent développer leur sens de l'équilibre « attentionnel » en s'entrainant.

L'ABEILLE
LE FUNAMBULE
L'ÉQUILIBRE ATTENTIONNEL
LE CODE « RAP »

8. Réagir aux distractions internes p. 149

→ Distinguer les principaux types de **distractions internes** : la **« petite voix »**, les images mentales, les envies soudaines de faire autre chose, appelées ici **« PAM »** (propositions de passer à autre chose de mieux)...
→ Utiliser la technique du **« pensoscope »** pour faire comprendre aux élèves qu'ils peuvent ressentir ces phénomènes sans les laisser emporter leur attention.
→ Apprendre aux élèves **ce qu'il faut observer** pour remarquer très vite que leur attention est attirée par ces distractions internes, et leur apprendre comment y réagir.
→ Donner **le code « RAPPEL »**, acronyme qui rappelle les points à surveiller pour réagir rapidement aux distractions externes et internes.

LE PENSOSCOPE
LA « PETITE VOIX »
LES IMAGES MENTALES
LES PAM
LE CODE « RAPPEL »

9. Les PIM du corps p. 161

→ Apprendre aux élèves à utiliser **un mode d'emploi pour bien se concentrer** sur une tâche précise, impliquant ici le corps.
→ Présenter ce mode d'emploi, nommé **« PIM »** : pour être bien concentré·e sur une tâche, il faut privilégier de manière stable une **Perception**, une **Intention** et une **Manière d'agir ou de réagir** à ce que l'on perçoit.
→ Apprendre aux élèves à utiliser et à imaginer des PIM pour des activités physiques simples et concrètes.

LES PIM (PERCEPTION, INTENTION, MANIÈRE D'AGIR)

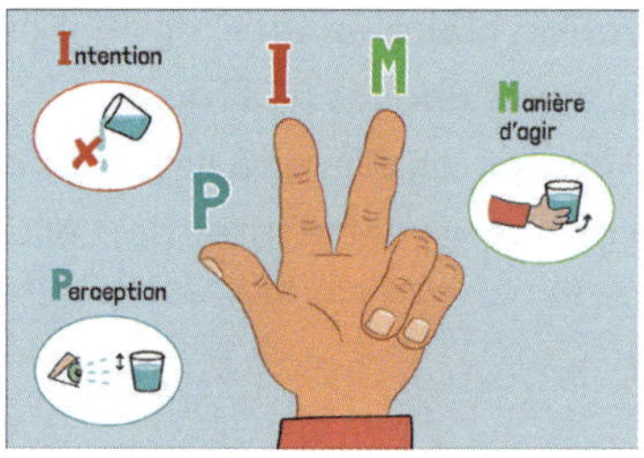

10. Les PIM pour les actions mentales p. 177

→ Apprendre aux élèves que les PIM peuvent également impliquer **des perceptions ou des actions mentales**.
→ Faire découvrir aux élèves comment utiliser et imaginer des **PIM pour des activités mentales abstraites**, tels que la plupart des exercices scolaires en classe.

LES PIM (PERCEPTION, INTENTION, MANIÈRE D'AGIR)
L'ÉCRAN MENTAL

Un index des notions et concepts clés et un index des rituels du programme ATOLE sont proposés en fin de guide (p. 199 et p. 202).

Mode d'emploi d'une séquence ATOLE

• **La mise en œuvre du programme ATOLE est souple :** si l'ordre des séquences et des activités est important, libre à chacun·e d'adapter et d'organiser les activités, variantes, rituels et utilisation du livret ATOLE selon sa pratique et ses habitudes avec ses élèves.

• **Nous proposons dans ce guide un matériel pédagogique clé en main,** composé de documents, illustrations, exercices, vidéos, textes supports…, qui permet de réaliser chaque activité. Au fil des années, à mesure que vous serez de plus en plus à l'aise avec le programme et vous le serez approprié, il est tout à fait possible de varier, enrichir, adapter ce matériel. **Libre à vous de créer vos propres outils et de développer vos propres variantes, adaptées à votre classe et à vos pratiques !**

1. Découvrir la séquence

Je découvre et comprends les objectifs de la séquence.

Je découvre la structure de la séquence et sa progression, ainsi que le temps à prévoir pour chaque activité.

Je repère où trouver la synthèse de la séquence, les rituels que je peux mettre en place en classe et les outils me permettant de faire le bilan de cette séquence avec mes élèves.

Je vérifie que j'ai bien compris moi-même les éléments nécessaires pour aborder la séquence avec mes élèves.

Je m'informe d'éléments importants à savoir au sujet de cette séquence avant de me lancer dans les activités.

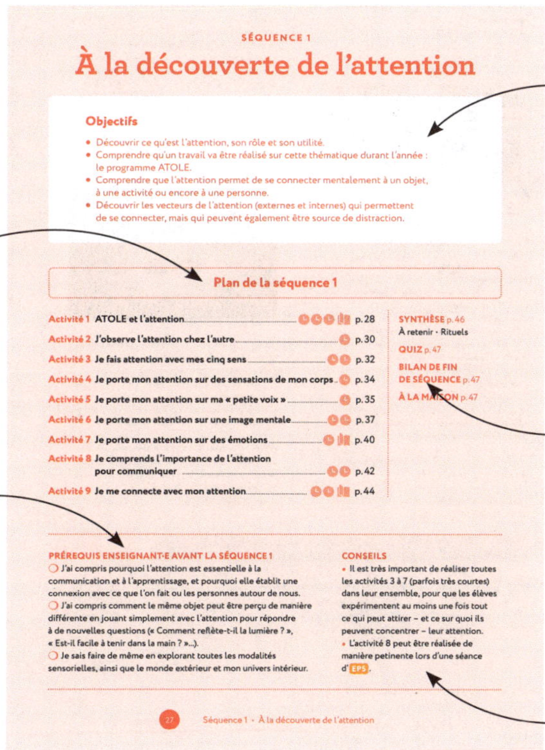

SÉQUENCE 1

À la découverte de l'attention

Objectifs

- Découvrir ce qu'est l'attention, son rôle et son utilité.
- Comprendre qu'un travail va être réalisé sur cette thématique durant l'année : le programme ATOLE.
- Comprendre que l'attention permet de se connecter mentalement à un objet, à une activité ou encore à une personne.
- Découvrir les vecteurs de l'attention (externes et internes) qui permettent de se connecter, mais qui peuvent également être source de distraction.

Plan de la séquence 1

Activité 1	ATOLE et l'attention	p. 28
Activité 2	J'observe l'attention chez l'autre	p. 30
Activité 3	Je fais attention avec mes cinq sens	p. 32
Activité 4	Je porte mon attention sur des sensations de mon corps	p. 34
Activité 5	Je porte mon attention sur ma « petite voix »	p. 35
Activité 6	Je porte mon attention sur une image mentale	p. 37
Activité 7	Je porte mon attention sur des émotions	p. 40
Activité 8	Je comprends l'importance de l'attention pour communiquer	p. 42
Activité 9	Je me connecte avec mon attention	p. 44

SYNTHÈSE p. 46
À retenir · Rituels
QUIZ p. 47
BILAN DE FIN DE SÉQUENCE p. 47
À LA MAISON p. 47

PRÉREQUIS ENSEIGNANT·E AVANT LA SÉQUENCE 1

❍ J'ai compris pourquoi l'attention est essentielle à la communication et à l'apprentissage, et pourquoi elle établit une connexion avec ce que l'on fait ou les personnes autour de nous.
❍ J'ai compris comment le même objet peut être perçu de manière différente en jouant simplement avec l'attention pour répondre à de nouvelles questions (« Comment reflète-t-il la lumière ? », « Est-il facile à tenir dans la main ? »…).
❍ Je sais faire de même en explorant toutes les modalités sensorielles, ainsi que le monde extérieur et mon univers intérieur.

CONSEILS

• Il est très important de réaliser toutes les activités 3 à 7 (parfois très courtes) dans leur ensemble, pour que les élèves expérimentent au moins une fois tout ce qui peut attirer – et ce sur quoi ils peuvent concentrer – leur attention.
• L'activité 8 peut être réalisée de manière petinente lors d'une séance d'EPS.

27 Séquence 1 · À la découverte de l'attention

2. Mener l'activité

En début de fiche figurent les objectifs de l'activité et **les informations pratiques** la concernant : sa durée, le matériel nécessaire.

Les activités peuvent être divisées en étapes, selon leur longueur.

La mise en œuvre est détaillée de manière claire et précise, point par point.

Les variantes d'activités vous offrent plusieurs possibilités pour faire découvrir une notion. Vous pouvez les enrichir au fil des ans en imaginant vos propres activités et outils.

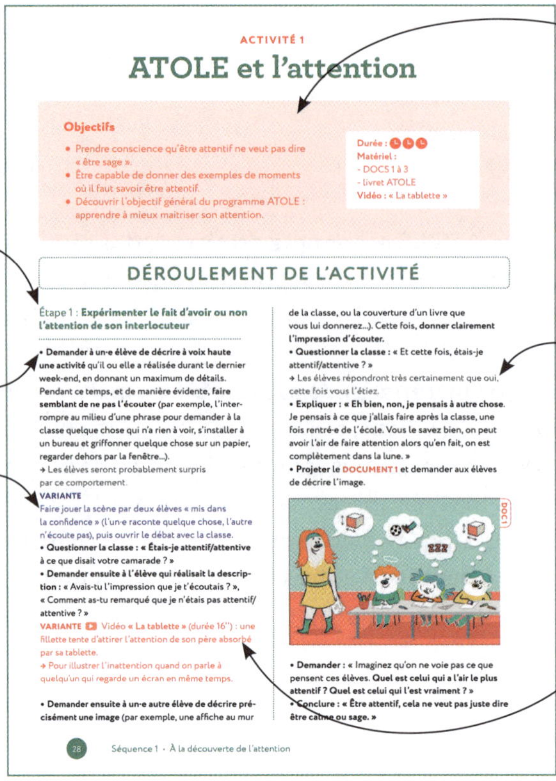
ACTIVITÉ 1

ATOLE et l'attention

Objectifs
• Prendre conscience qu'être attentif ne veut pas dire « être sage ».
• Être capable de donner des exemples de moments où il faut savoir être attentif.
• Découvrir l'objectif général du programme ATOLE : apprendre à mieux maîtriser son attention.

Durée :
Matériel :
- DOCS 1 à 3
- livret ATOLE
Vidéo : « La tablette »

DÉROULEMENT DE L'ACTIVITÉ

Étape 1 : Expérimenter le fait d'avoir ou non l'attention de son interlocuteur

• Demander à un·e élève de décrire à voix haute une activité qu'il ou elle a réalisée durant le dernier week-end, en donnant un maximum de détails. Pendant ce temps, et de manière évidente, faire semblant de ne pas l'écouter (par exemple, l'interrompre au milieu d'une phrase pour demander à la classe quelque chose qui n'a rien à voir, s'installer à un bureau et griffonner quelque chose sur un papier, regarder dehors par la fenêtre...).
→ Les élèves seront probablement surpris par ce comportement.

VARIANTE
Faire jouer la scène par deux élèves « mis dans la confidence » (l'un·e raconte quelque chose, l'autre n'écoute pas), puis ouvrir le débat avec la classe.

• Questionner la classe : « Étais-je attentif/attentive à ce que disait votre camarade ? »
• Demander ensuite à l'élève qui réalisait la description : « Avais-tu l'impression que je t'écoutais ? », « Comment as-tu remarqué que je n'étais pas attentif/attentive ? »

VARIANTE Vidéo « La tablette » (durée 16") : une fillette tente d'attirer l'attention de son père absorbé par sa tablette.
→ Pour illustrer l'inattention quand on parle à quelqu'un qui regarde un écran en même temps.

• Demander ensuite à un·e autre élève de décrire précisément une image (par exemple, une affiche au mur de la classe, ou la couverture d'un livre que vous lui donnerez...). Cette fois, donner clairement l'impression d'écouter.
• Questionner la classe : « Et cette fois, étais-je attentif/attentive ? »
→ Les élèves répondront très certainement que oui, cette fois vous l'étiez.
• Expliquer : « Eh bien, non, je pensais à autre chose. Je pensais à ce que j'allais faire après la classe, une fois rentré·e de l'école. Vous le savez bien, on peut avoir l'air de faire attention alors qu'en fait, on est complètement dans la lune. »
• Projeter le DOCUMENT 1 et demander aux élèves de décrire l'image.

DOC 1

• Demander : « Imaginez qu'on ne voie pas ce que pensent ces élèves. Quel est celui qui a l'air le plus attentif ? Quel est celui qui l'est vraiment ? »
• Conclure : « Être attentif, cela ne veut pas juste dire être calme ou sage. »

28 Séquence 1 · À la découverte de l'attention

Des indications à l'intention de l'enseignant·e sont proposées en gris : précisions, aide à la mise en œuvre en classe, compléments théoriques utiles.

Les variantes vidéo sont proposées lorsqu'elles permettent d'illustrer certaines notions de manière très concrète et visuelle. Elles sont toutes accessibles directement depuis le site compagnon. Leurs QR code sont rassemblés en fin d'activité.

Une différenciation est proposée pour certaines activités, conseils ou documents : les niveaux correspondants sont identifiés par des pastilles (CP, CE, CM).

L'utilisation du livret ATOLE est signalée par le pictogramme. Pour que les séances restent fluides, elle n'est proposée qu'à la fin de certaines activités, pour ancrer les notions essentielles. Le livret est disponible à la fin du bloc détachable en version CE et CM.

Étape 2 : Comprendre ce qu'est l'attention et à quoi elle sert

• Demander aux élèves : « Vous dit-on parfois que vous n'êtes pas assez attentif ? À quels moments, par exemple ? »
• Distribuer le DOCUMENT 2.

DOC 2

CP CE CM

• Donner les consignes aux élèves :
– colorier (CP) ou écrire (CE/CM) les numéros d'activités pour lesquelles il faut, selon eux, être attentif ;
– entourer sur les images les personnages qui leur semblent attentifs ;
– barrer sur les images les personnages qui ne leur semblent pas attentifs.
• Laisser aux élèves le temps de réaliser l'exercice, puis récapituler les réponses et corriger si nécessaire.
• Choisir quelques exemples d'images et demander aux élèves pourquoi les personnages doivent être attentifs. Demander ce qui se passerait s'ils ne l'étaient pas.
→ Les élèves doivent avoir pris conscience de ce qu'est l'attention et compris à quoi elle sert.
• Conclure avec les élèves : « Certaines activités demandent vraiment de savoir être attentif. »

Étape 3 : Comprendre l'objectif général du programme ATOLE

• Demander aux élèves : « Vous a-t-on déjà appris à être attentifs ? »
→ La plupart répondront que non.
• Poursuivre : « C'est bizarre, parce qu'on vous le demande, mais on ne vous a pas appris comment faire. »
• Expliquer : « Cette année, nous allons apprendre à reconnaître ce qui nous empêche d'être attentifs et découvrir des petites solutions pour mieux se concentrer. Tout au long de l'année, nous allons apprendre ce qu'est le cerveau, comment il fonctionne et comment l'utiliser pour mieux maîtriser notre attention. »
• Enchaîner : « C'est la démarche ATOLE, AT pour ATtentif et OLE pour écOLE. »
• Projeter le DOCUMENT 3 et expliquer : « Un atoll, avec deux "l", c'est aussi une petite île dans la mer, comme une petite bulle dans laquelle on s'isole pour être bien concentré. »

DOC 3

CE CM Présenter aux élèves le livret ATOLE (disponible à la fin du bloc détachable en versions CE et CM) et expliquer son utilité aux élèves : « Il vous permettra de conserver une trace de tout ce que vous allez découvrir sur l'attention au cours de l'année, et de tous les outils que vous allez apprendre à utiliser pour vous aider à être plus attentifs. »

Dans le livret ATOLE, demander aux élèves d'entourer les mots auxquels l'attention leur fait penser, puis de cocher les activités qui, selon eux, demandent d'être bien attentif.
→ livrets CE et CM p. 2-3

RÉACTIVATION
→ Demander : « Est-ce qu'être attentif, c'est juste être sage et immobile ? À quel moment cela peut-il servir d'être attentif ou d'avoir l'attention des autres ? »
→ Demander aux élèves ce que signifie « ATOLE », et pourquoi on a choisi l'image d'un atoll (un petit lagon calme où on est bien, au milieu de l'océan).

VIDÉO
La tablette (16")

Activité 1 · ATOLE et l'attention 29

Les CONSEILS ou points d'attention importants sont valorisés en violet.
Les activités qui peuvent être ritualisées sont signalées (RITUEL) et décrites en détails en fin de séquence.

Chaque document à projeter ou utiliser est signalé en rouge et reproduit dessous en miniature pour bien se repérer. Tous les documents sont disponibles en A4 dans le bloc détachable et photocopiables. Ils sont également accessibles et téléchargeables depuis la version numérique Bibliomanuel, classés par activité.

Les QR codes vous permettent de regarder les variantes vidéo directement depuis votre smartphone, pour préparer plus facilement la séance.

Le bloc « Réactivation » explique comment réactiver chez les élèves ce qu'ils ont découvert pendant cette activité avant d'entamer la suivante, lorsque du temps s'est écoulé entre les deux ou que vous estimez qu'un rappel est nécessaire.

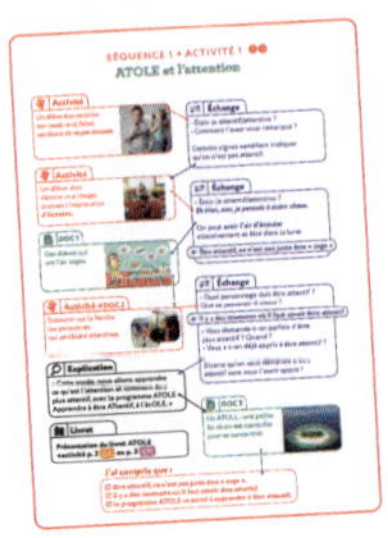

Un mémo visuel disponible pour chaque activité dans la version numérique vous permet de toujours avoir la trame de l'activité sous les yeux au fil de la séance.

3. En fin de séquence : faire le point et entretenir les acquis

Les concepts clés découverts au fil de la séquence, pour vérifier auprès de vos élèves qu'ils les ont bien compris. Tous les visuels sont disponibles dans le bloc détachable (au fil ou à la fin des documents de la séquence concernée).

La page Synthèse permet de faire le point sur ce qu'il faut retenir de cette séquence et comment l'exploiter par la suite en classe.

Les activités liées à la séquence que vous pouvez ritualiser, à quel moment, de quelle manière et avec quel objectif. Certains rituels sont à utiliser au fil de l'année, en fonction de votre ressenti et de vos besoins, d'autres peuvent être utilisés systématiquement en début ou en fin de séance. L'objectif est de conduire les élèves à se les approprier et à les utiliser progressivement par eux-mêmes, quels que soient la matière et le domaine d'activité.

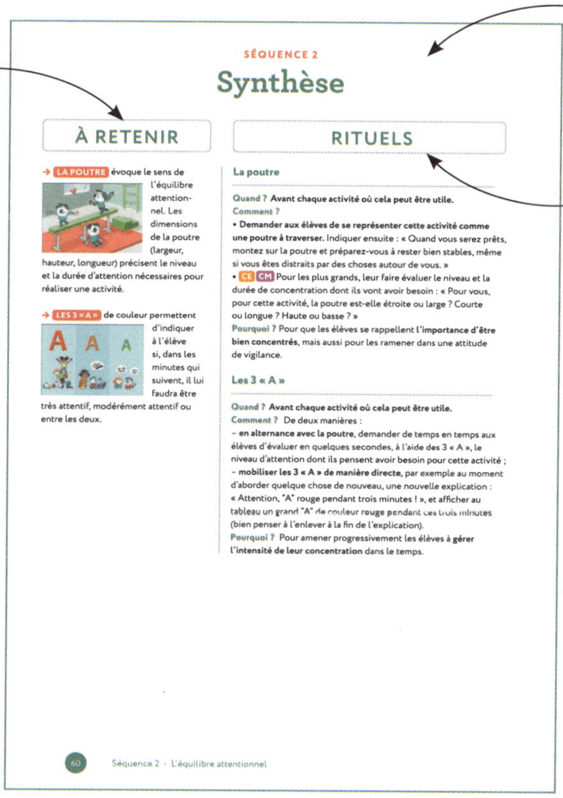

SÉQUENCE 2

Synthèse

À RETENIR

→ LA POUTRE évoque le sens de l'équilibre attentionnel. Les dimensions de la poutre (largeur, hauteur, longueur) précisent le niveau et la durée d'attention nécessaires pour réaliser une activité.

→ LES 3 « A » de couleur permettent d'indiquer à l'élève si, dans les minutes qui suivent, il lui faudra être très attentif, modérément attentif ou entre les deux.

RITUELS

La poutre

Quand ? **Avant chaque activité où cela peut être utile.**
Comment ?
• **Demander aux élèves de se représenter cette activité comme une poutre à traverser.** Indiquer ensuite : « Quand vous serez prêts, montez sur la poutre et préparez-vous à rester bien stables, même si vous êtes distraits par des choses autour de vous. »
• CE CM Pour les plus grands, leur faire évaluer le niveau et la durée de concentration dont ils vont avoir besoin : « Pour vous, pour cette activité, la poutre est-elle étroite ou large ? Courte ou longue ? Haute ou basse ? »
Pourquoi ? Pour que les élèves se rappellent **l'importance d'être bien concentrés,** mais aussi pour les ramener dans une attitude de vigilance.

Les 3 « A »

Quand ? **Avant chaque activité où cela peut être utile.**
Comment ? De deux manières :
– **en alternance avec la poutre,** demander de temps en temps aux élèves d'évaluer en quelques secondes, à l'aide des 3 « A », le niveau d'attention dont ils pensent avoir besoin pour cette activité ;
– **mobiliser les 3 « A » de manière directe,** par exemple au moment d'aborder quelque chose de nouveau, une nouvelle explication : « Attention, "A" rouge pendant trois minutes ! », et afficher au tableau un grand "A" de couleur rouge pendant ces trois minutes (bien penser à l'enlever à la fin de l'explication).
Pourquoi ? Pour amener progressivement les élèves à **gérer l'intensité de leur concentration** dans le temps.

60 Séquence 2 · L'équilibre attentionnel

Le quiz permet aux élèves de faire le point sur leurs connaissances. Le quiz présenté en fin de séquence est le quiz CP, conçu pour être proposé à l'oral. Les quiz CE et CM, écrits et individuels, sont intégrés aux livrets ATOLE. Leurs corrigés sont rassemblés à la fin de ce guide (p. 205).

Une liste de vérification toute simple permet de faire le point sur la progression de la classe et la situer par rapport aux attendus de fin de séquence. Vous pourrez ainsi repérer d'éventuelles activités à revoir, ou vérifier que vos élèves sont prêts à aborder la séquence suivante.

Une activité simple à faire à la maison est proposée en fin de séquence, pour permettre à l'élève de la prolonger hors de l'école et de l'intégrer à son quotidien.

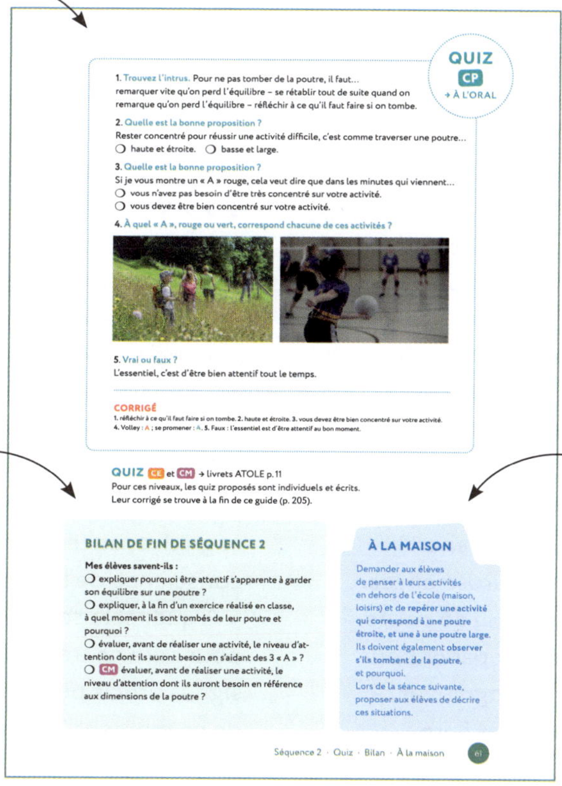

QUIZ CP → À L'ORAL

1. Trouvez l'intrus. Pour ne pas tomber de la poutre, il faut…
remarquer vite qu'on perd l'équilibre – se rétablir tout de suite quand on remarque qu'on perd l'équilibre – réfléchir à ce qu'il faut faire si on tombe.

2. Quelle est la bonne proposition ?
Rester concentré pour réussir une activité difficile, c'est comme traverser une poutre…
❍ haute et étroite. ❍ basse et large.

3. Quelle est la bonne proposition ?
Si je vous montre un « A » rouge, cela veut dire que dans les minutes qui viennent…
❍ vous n'avez pas besoin d'être très concentré sur votre activité.
❍ vous devez être bien concentré sur votre activité.

4. À quel « A », rouge ou vert, correspond chacune de ces activités ?

5. Vrai ou faux ?
L'essentiel, c'est d'être bien attentif tout le temps.

CORRIGÉ
1. réfléchir à ce qu'il faut faire si on tombe. 2. haute et étroite. 3. vous devez être bien concentré sur votre activité.
4. Volley : A ; se promener : A. 5. Faux : l'essentiel est d'être attentif au bon moment.

QUIZ CE et CM → livrets ATOLE p. 11
Pour ces niveaux, les quiz proposés sont individuels et écrits.
Leur corrigé se trouve à la fin de ce guide (p. 205).

BILAN DE FIN DE SÉQUENCE 2

Mes élèves savent-ils :
❍ expliquer pourquoi être attentif s'apparente à garder son équilibre sur une poutre ?
❍ expliquer, à la fin d'un exercice réalisé en classe, à quel moment ils sont tombés de leur poutre et pourquoi ?
❍ évaluer, avant de réaliser une activité, le niveau d'attention dont ils auront besoin en s'aidant des 3 « A » ?
❍ CM évaluer, avant de réaliser une activité, le niveau d'attention dont ils auront besoin en référence aux dimensions de la poutre ?

À LA MAISON

Demander aux élèves de penser à leurs activités en dehors de l'école (maison, loisirs) et de **repérer une activité qui correspond à une poutre étroite, et une à une poutre large. Ils doivent également observer s'ils tombent de la poutre, et pourquoi.**
Lors de la séance suivante, proposer aux élèves de décrire ces situations.

Séquence 2 · Quiz · Bilan · À la maison 61

Comment procéder, concrètement ?

1. Avant de me lancer

→ J'évalue mes attentes et besoins vis-à-vis d'ATOLE grâce au **quiz « ATOLE et moi » proposé sur le site compagnon** : quelles sont mes attentes vis-à-vis de mes élèves ? Comment est-ce que je souhaite intégrer ATOLE à mes gestes professionnels ? Quels sont les enjeux de ce programme pour moi ?

→ Déterminer clairement mes intentions me permettra d'optimiser la mise en œuvre dans ma classe, de l'adapter à mon contexte d'enseignement (temps disponible, façon d'animer ma classe, dynamique d'école, lien aux familles...).

2. Par quoi commencer ?

→ Je lis la présentation de la démarche ATOLE et le tableau synoptique des 10 séquences (p. 10 et p. 12).

→ Je parcours différents supports (présentation p. 8-9) pour comprendre comment ils se complètent.

→ Je repère parmi les progressions proposées celle qui est adaptée à ma classe (p. 19-21).

Le + Pour bien comprendre les mécanismes de l'attention, je lis *L'attention, ça s'apprend !*, de Jean-Philippe Lachaux, éditions MDI, 2020.

Cet ouvrage a été spécialement conçu pour apporter aux enseignant·e·s toutes les connaissances sur l'attention qui permettent de comprendre la logique du programme ATOLE et son ancrage dans les neurosciences. Il propose, *via* de petits exercices de la vie courante, de tester par et pour soi-même les différentes stratégies cognitives, afin de bien les intégrer et de mieux les faire partager ensuite au sein de sa classe.

3. Comment préparer une séance ATOLE ?

Avant chaque nouvelle séquence

→ Je découvre et comprends les objectifs de la séquence, sa structure et sa progression.

→ Je vérifie que j'ai bien compris moi-même les éléments nécessaires pour aborder la séquence avec mes élèves à l'aide de la liste de vérification figurant sur chaque page d'ouverture de séquence (« Prérequis enseignant·e »).

Avant la séance

→ Je prépare les documents nécessaires pour l'activité **à partir du bloc détachable ou de la version numérique.**

→ J'imprime le **mémo visuel** de l'activité, disponible dans la version numérique.

→ Je m'assure que les élèves aient leur **livret ATOLE** à disposition (imprimé au préalable à partir du bloc détachable) si l'activité le requiert.

4. Comment entretenir et intégrer les acquis ?

Après chaque séance

→ J'intègre dans mes gestes professionnels quotidiens, au fur et à mesure, les outils et concepts découverts en séance.

→ À chaque fois que je repère une difficulté attentionnelle chez un élève, je réutilise le vocabulaire ATOLE pour observer factuellement l'action, puis pour expliciter les processus techniques mis en jeu.

→ J'habitue les élèves à adopter une posture métacognitive, en les aidant à s'interroger pour prendre conscience de leur fonctionnement. Par exemple : « À quoi cela sert-il d'être attentif, là tout de suite, pour faire ce travail ? », ou « À ton avis, à quels signes précis puis-je voir que tu n'es pas attentif en ce moment ? », ou encore « Peux-tu décider par toi-même ou te laisses-tu entrainer par tes neurones aimants ? »

Quelle progression adopter ?

Format court ou sur l'année scolaire ? Année de découverte ou année de réactivation et de prolongement ? Progression pour sa classe ou progression pluriannuelle pour toutes les classes au sein de la même école ? Les possibilités d'appliquer le programme ATOLE sont multiples. Choisissez celle qui vous correspond le mieux !

Format intensif ou à l'année ?

• **Deux formats sont possibles** pour l'organisation des séances au fil de l'année :
– **suivre la programmation de manière resserrée sur deux périodes scolaires**, en commençant en septembre (ou en janvier), puis réutiliser les concepts et outils ATOLE sur le reste de l'année en l'intégrant à vos pratiques de classe ;
– **étaler la programmation sur toute l'année scolaire**. Les concepts et outils ATOLE sont alors intégrés plus progressivement et un même outil a le temps d'être bien ancré dans la pratique quotidienne et automatisé, avant de passer au suivant.
Chaque modèle a ses avantages : à vous de choisir et de tester la formule qui vous convient le mieux, en l'adaptant à votre classe et au temps hebdomadaire qu'il est possible de consacrer au programme.

• Il est important de **respecter l'ordre général des séquences**, qui correspond à une progression logique et graduelle. Cela n'empêche pas bien sûr d'**adapter chaque séquence à sa classe**, en inversant ou en laissant de côté certaines activités, ou en en inventant d'autres. L'essentiel est que vous et vos élèves soyez à l'aise avec le contenu, sans perdre de vue **les objectifs et attendus de chaque séquence**.

• La durée recommandée pour chaque séance est de **30 minutes à 40 minutes**, à ajuster en fonction de l'activité, du niveau de votre classe, de votre organisation et de votre maitrise du programme ATOLE. Selon le format choisi, on peut envisager **1 à 2 séances par semaine**.

Programmations par niveau en année de découverte

Le tableau suivant, fourni à titre indicatif, propose une programmation pour chaque niveau à moduler en fonction de votre propre aisance avec le programme, du profil de vos élèves et de votre ressenti.

	1	2	3	4	5	6	7	8	9	10
	À la découverte de l'attention	L'équilibre attention-nel	Le cerveau et les neurones	Les mécanismes de la distraction	Comment le cerveau se concentre	Maximoi et Minimoi	Réagir aux distractions externes	Réagir aux distractions internes	Les PIM du corps	Les PIM pour les actions mentales
CONCEPTS CLÉS	Contact	La poutre	Le cerveau Les neurones	Le « mode marion-nette » Les neurones aimants	L'intention Les neurones chefs L'oubli de l'intention (OUIN)	Maximoi/ Minimoi Le signal du départ	L'abeille RAP	Le pensoscope La « petite voix » Les images mentales	Les PIM (perception, intention, manière d'agir)	Les PIM (perception, intention, manière d'agir)
CP	■	■	■	■	□	■	□			
CE1	■	■	■	■	■	■	■			
CE2	■	■	■	■	■	■	■	□		
CM1	■	■	■	■	■	■	■	■		
CM2	■	■	■	■	■	■	■	■	■	■

Remarque
Les séquences en rose clair (par exemple, au CP, la séquence 7) sont envisageables si vous sentez qu'il est possible d'aller plus loin avec votre classe.

Quelle progression adopter sur plusieurs années ?

• À l'échelle d'une école, ou si vous suivez une classe plus d'une année, le programme peut être échelonné sur plusieurs années en réservant certaines séquences à certaines classes.
Exemple : les enseignant·e·s de CP peuvent ne réaliser que les séquences 1, 2, 3, 4 et 6. L'année suivante, les enseignant·e·s de CE1 révisent rapidement et ritualisent ces cinq séquences, puis abordent les séquences 5 et 7 ; et ainsi de suite jusqu'au CM2, où les élèves n'auront plus aucune séance dédiée. En effet, à ce stade les élèves seront en mesure d'utiliser par eux-mêmes les outils et les concepts dans toutes les disciplines, avec leur enseignant·e et de façon ritualisée. Idéalement, chaque élève de CM2 devrait alors être capable de choisir de manière autonome et individuelle les stratégies attentionnelles qui lui conviennent le mieux, quand le besoin se fait ressentir.

• Dans le tableau suivant, proposé à titre indicatif :
– **« DÉCOUVERTE »** indique que la séquence sera réalisée dans son intégralité pour la première fois. Les notions et outils présentés peuvent être utilisés régulièrement dès ce moment en classe. Dans le cas d'une avancée rapide, la découverte des séquences en rose clair est également envisageable ;
– **« RÉACTIVATION »** indique que la séquence, déjà réalisée l'année précédente, doit simplement être réactivée rapidement (voir « Les séquences au format flash » p. 22 à 25) afin de pouvoir constituer au plus vite une pratique courante en classe ;
– **« PRATIQUE COURANTE »** signifie que les techniques expliquées dans la séquence sont censées être bien connues des élèves et peuvent être utilisées régulièrement en classe, avec une réactivation minimale (rituels et codes en quelques minutes).

• Un index des notions et concepts clés et un index des rituels sont proposés p. 199 et p. 202.

Début du programme au CP

<table>
<tr><th></th><th>1</th><th>2</th><th>3</th><th>4</th><th>5</th><th>6</th><th>7</th><th>8</th><th>9</th><th>10</th></tr>
<tr><td></td><td>À la découverte de l'attention</td><td>L'équilibre attention-nel</td><td>Le cerveau et les neurones</td><td>Les mécanismes de la distraction</td><td>Comment le cerveau se concentre</td><td>Maximoi et Minimoi</td><td>Réagir aux distractions externes</td><td>Réagir aux distractions internes</td><td>Les PIM du corps</td><td>Les PIM pour les actions mentales</td></tr>
<tr><td>CP</td><td colspan="4">Découverte</td><td>Découverte possible</td><td>Découverte</td><td>Découverte possible</td><td></td><td></td><td></td></tr>
<tr><td>CE1</td><td colspan="4">Réactivation</td><td>Découverte</td><td>Réactivation</td><td>Découverte</td><td></td><td></td><td></td></tr>
<tr><td>CE2</td><td colspan="2">Pratique courante</td><td></td><td>Pratique courante</td><td colspan="3">Réactivation</td><td colspan="2">Découverte</td><td></td></tr>
<tr><td>CM1</td><td colspan="2">Pratique courante</td><td></td><td colspan="4">Pratique courante</td><td colspan="2">Réactivation</td><td>Découverte</td></tr>
<tr><td>CM2</td><td colspan="2">Pratique courante</td><td></td><td colspan="6">Pratique courante</td><td>Réactivation</td></tr>
</table>

Début du programme au CE1

<table>
<tr><th></th><th>1</th><th>2</th><th>3</th><th>4</th><th>5</th><th>6</th><th>7</th><th>8</th><th>9</th><th>10</th></tr>
<tr><td>CE1</td><td colspan="7">Découverte</td><td></td><td></td><td></td></tr>
<tr><td>CE2</td><td colspan="2">Pratique courante</td><td colspan="5">Réactivation</td><td colspan="2">Découverte</td><td></td></tr>
<tr><td>CM1</td><td colspan="2">Pratique courante</td><td></td><td colspan="4">Pratique courante</td><td colspan="2">Réactivation</td><td>Découverte</td></tr>
<tr><td>CM2</td><td colspan="2">Pratique courante</td><td></td><td colspan="6">Pratique courante</td><td>Réactivation</td></tr>
</table>

Début du programme au CE2

<table>
<tr><th></th><th>1</th><th>2</th><th>3</th><th>4</th><th>5</th><th>6</th><th>7</th><th>8</th><th>9</th><th>10</th></tr>
<tr><td>CE2</td><td colspan="7">Découverte</td><td>Découverte possible</td><td></td><td></td></tr>
<tr><td>CM1</td><td colspan="2">Pratique courante</td><td>Réactivation</td><td colspan="2">Pratique courante</td><td colspan="2">Réactivation</td><td colspan="3">Découverte</td></tr>
<tr><td>CM2</td><td colspan="2">Pratique courante</td><td></td><td colspan="4">Pratique courante</td><td colspan="3">Réactivation</td></tr>
</table>

Début du programme au CM1

<table>
<tr><th></th><th>1</th><th>2</th><th>3</th><th>4</th><th>5</th><th>6</th><th>7</th><th>8</th><th>9</th><th>10</th></tr>
<tr><td>CM1</td><td colspan="8">Découverte</td><td></td><td></td></tr>
<tr><td>CM2</td><td colspan="2"></td><td></td><td colspan="2">Pratique courante</td><td colspan="3">Réactivation</td><td colspan="2">Découverte</td></tr>
</table>

Début du programme au CM2

<table>
<tr><th></th><th>1</th><th>2</th><th>3</th><th>4</th><th>5</th><th>6</th><th>7</th><th>8</th><th>9</th><th>10</th></tr>
<tr><td>CM2</td><td colspan="10">Découverte</td></tr>
</table>

Les séquences au format flash

• Si vos élèves ont déjà suivi le programme ATOLE, voici comment leur proposer les séquences au format flash, pour leur rappeler l'essentiel, et de la bonne manière. Pour chaque séquence est indiqué :
– comment revoir la séquence (« Format flash ») ;
– ce qu'il est important que les élèves retiennent et intègrent (« Ce qu'il faut retenir »).
• De manière générale, n'hésitez pas à utiliser les variantes proposées dans les activités ou à en inventer de nouvelles.
• Vous pouvez vous référer si nécessaire à l'**index des notions et concepts clés** (p. 199) et à **l'index des rituels** (p. 202) proposés à la fin de ce guide.

SÉQUENCE 1 **À la découverte de l'attention** p. 27

FORMAT FLASH	CE QUE L'ÉLÈVE DOIT RETENIR
• Revoir simplement et rapidement les activités qui montrent qu'être attentif, c'est être connecté à quelqu'un, à quelque chose ou à ce que l'on fait. • Revoir ce que sont la « petite voix » et les images mentales. • Rappeler le sens du mot « Contact » qui servira de code pour appeler l'attention des élèves.	• Être attentif ou attentive, ce n'est pas juste être sage, c'est établir une connexion stable pour réagir à temps et comme il faut. • Je peux porter mon attention sur des cibles très diverses, internes et externes, en fonction des questions que je me pose ou de ce que je cherche à faire. • Ce que sont la « petite voix » et l'écran mental ; comment les utiliser pour mémoriser quelque chose (techniques du perroquet et du photographe). • La signification du mot « Contact » et le rituel associé.

SÉQUENCE 2 **L'équilibre attentionnel** p. 49

FORMAT FLASH	CE QUE L'ÉLÈVE DOIT RETENIR
• Reprendre l'ensemble de la séquence avec une variante de la poutre (activité 1, p. 50). Le but est de raviver des images : celle de l'équilibre attentionnel et celle du funambule, qui corrige sans cesse sa posture par petites touches pour ne pas tomber. • Bien revoir avec les élèves la signification de la poutre et des 3 « A », et comment utiliser ces deux rituels.	• La métaphore du sens de l'équilibre attentionnel et pourquoi garder son attention stable s'apparente à marcher sur une poutre (corriger par petites touches). • La signification des dimensions de la poutre (CM). • La signification des 3 « A » de couleur. • Comment utiliser l'image de la poutre ou des 3 « A » pour évaluer l'attention dont j'ai besoin pour la tâche que je m'apprête à accomplir.

SÉQUENCE 3 **Le cerveau et les neurones** p. 63

FORMAT FLASH

- Il est possible de passer cette séquence si les connaissances de base sur le cerveau (forme, fonction, rôle des neurones) sont suffisamment bien acquises pour aborder la suite d'ATOLE.

Sinon :

- Montrer rapidement une image ou un modèle du cerveau, afin de revoir sa forme et ses grandes fonctions. Renommer avec les élèves chacun des différents lobes et leur fonction générale (vision pour le lobe occipital, etc.).
- Rappeler ce que sont les neurones. Rappeler qu'ils doivent travailler en équipe pour réaliser des opérations complexes.
- Demander aux élèves de rappeler différents « types » de neurones déjà vus dans ATOLE (par exemple, les « neurones aimants »...), et la manière dont ils agissent sur l'attention.

CE QUE L'ÉLÈVE DOIT RETENIR

- À quoi ressemble le cerveau et à quoi il sert.
- Ce que sont les neurones et comment ils travaillent en équipe pour réaliser des tâches compliquées.
- Selon l'endroit où ils sont dans le cerveau, les neurones ne servent pas tous à faire la même chose (certains servent à percevoir, d'autres à agir...).

SÉQUENCE 4 **Les mécanismes de la distraction** p. 79

FORMAT FLASH

- Montrer directement l'affiche du « mode marionnette ».
- Demander aux élèves des exemples d'automatismes qu'ils ont remarqués chez eux ou chez les autres.
- Demander dans quel contexte l'automatisme peut aider à se concentrer ou, au contraire, nous distraire.
- Demander aux élèves de citer des exemples de situations où ils sont en « mode marionnette ». Se souviennent-ils de ce qui se passe dans leur cerveau à ce moment-là ?
- Faire de même avec les « neurones aimants » et le circuit de la récompense. Comment font-ils pour reprendre le contrôle de leur attention et ne pas tomber de la poutre ?

CE QUE L'ÉLÈVE DOIT RETENIR

- Ce qu'est un automatisme et pourquoi les automatismes peuvent être distrayants.
- Ce que signifie être en « mode marionnette ».
- Comment les « neurones aimants » agissent dans le cerveau pour contrôler l'attention.
- L'image du carrefour en vélo. J'ai compris que je dois ralentir pour reprendre le contrôle sur mon attention.
- La technique des 4 « R ».

SÉQUENCE 5 **Comment le cerveau se concentre** p. 95

FORMAT FLASH

- Aller directement aux exercices destinés à convaincre les élèves qu'il est difficile de faire attention à deux choses à la fois (par exemple, les activités 5 et 6).
- Demander aux élèves d'expliquer à l'aide des « neurones chefs » pourquoi il vaut mieux chercher à faire une seule chose à la fois et sur des durées courtes.
- Rappeler aux élèves le code « OUIN » et leur demander de l'expliquer à nouveau.
- Prendre l'exemple d'une activité récemment réalisée et demander aux élèves quelle était leur intention de départ au moment de la commencer.
- S'assurer qu'ils ont bien tous compris ce qu'est une intention et comment savoir si on a une intention claire.

CE QUE L'ÉLÈVE DOIT RETENIR

- Ce qu'est une intention.
- Les « neurones chefs », à l'avant du cerveau, gardent en mémoire ce qu'on cherche à faire.
- Pourquoi mon intention guide mon attention.
- Il est très difficile de se concentrer sur deux tâches à la fois, comme quand on essaie de mélanger de l'huile et de l'eau.
- On a facilement tendance à **ou**blier son **in**tention de départ (OUIN).
- Il vaut toujours mieux avoir une seule intention à la fois, claire et courte.
- Il est utile d'automatiser certaines tâches pour qu'elles ne demandent plus de concentration.

SÉQUENCE 6 **Maximoi et Minimoi** p. 113

FORMAT FLASH

- Rappeler les rôles de Maximoi et Minimoi et appliquer aussitôt cette technique, au fil de la classe, dès lors qu'un exercice est à réaliser.
- Si la classe a besoin de réviser davantage le concept Maximoi/Minimoi, aller directement aux activités 4, 5, 6 et 8 (déclinables à l'infini) pour bien s'approprier le principe du découpage en minimissions.
- Introduire la notion de durée si cela n'a pas été fait l'année précédente : d'une année sur l'autre, les élèves devraient être plus à l'aise dans l'évaluation du temps dont ils ont besoin pour chaque minimission.
- S'assurer que tous les élèves ont bien retenu les rôles de Maximoi et Minimoi.

CE QUE L'ÉLÈVE DOIT RETENIR

- La technique Maximoi/Minimoi et son intérêt (mieux me concentrer grâce à des tâches courtes où mon intention est unique, claire et concrète).
- Comment découper une tâche complexe en minimissons ni trop simples, ni trop complexes et adaptées à ce que je sais faire.
- Comment compléter cette technique avec un minuteur (CM), avec le rituel du claquement de doigts discret (« le signal de départ »).
- Comment me construire à l'aide de cette technique des listes de vérification pour mes tâches complexes récurrentes.

SÉQUENCE 7 **Réagir aux distractions externes** p. 133

FORMAT FLASH

- Commencer par demander aux élèves de rappeler le rapport entre les déplacements du regard et de l'abeille.
- Refaire ensuite les activités de la séquence en utilisant au maximum des exercices scolaires comme ressources de base.

CE QUE L'ÉLÈVE DOIT RETENIR

- Je dois remarquer tout de suite que je me laisse distraire pour ramener aussitôt mon attention, comme un·e funambule.
- Le sens de l'équilibre attentionnel s'acquiert à force de s'entrainer, comme dans n'importe quelle activité.
- Certains signes m'indiquent que je suis en train de me laisser distraire : au niveau de mon regard, de mon attention et de ma posture.
- L'image de l'abeille qu'on doit parfois tenir en laisse.

SÉQUENCE 8 **Réagir aux distractions internes** p. 149

FORMAT FLASH

- Refaire la séquence dans son ensemble (l'utilisation du « pensoscope » peut être reprise plusieurs fois sans aucun problème).
- Alléger éventuellement en ne faisant que l'activité 4 en lieu et place des activités 2 et 3.

CE QUE L'ÉLÈVE DOIT RETENIR

- Différents types de phénomènes mentaux peuvent me distraire : « petite voix », images mentales, PAM…
- Avec le pensoscope, je peux les remarquer sans tomber de ma poutre, comme un·e funambule.
- Il ne s'agit pas de ne plus penser, mais d'éviter parfois que mon attention soit absorbée par mes pensées.
- Comment appliquer le principe du pensoscope en lisant un texte, ou en faisant une activité simple (préparer mes affaires pour un exercice…).

SÉQUENCE 9 **Les PIM du corps** p. 161

FORMAT FLASH

- Refaire la séquence dans son ensemble : l'utilisation des PIM peut être reprise plusieurs fois sans aucun problème, en variant les tâches à réaliser.
- Il est important que chaque élève construise les PIM qui peuvent lui être personnellement utiles pour rester concentré, car les besoins varient d'un·e élève à l'autre. Les meilleures variantes dans cette séquence sont celles qui permettront à chaque élève de définir ses PIM.
- Utiliser le « Catalogue des PIM » (p. 195).

CE QUE L'ÉLÈVE DOIT RETENIR

- Ce qu'est un PIM et pourquoi c'est un mode d'emploi pour se concentrer.
- Ce qu'est une cible simple pour mon attention et ce qu'est une manière d'agir simple.
- À quel moment un PIM peut m'être utile, et à quel moment il n'est pas nécessaire d'en avoir un.
- Comment utiliser un PIM pour une activité manuelle ou corporelle.

SÉQUENCE 10 **Les PIM pour les actions mentales** p. 177

FORMAT FLASH

- Même principe que pour la séquence 9 :
  - refaire la séquence dans son ensemble ;
  - inviter l'élève à construire personnellement les PIM qui lui seront utiles pour rester concentré, selon ses besoins ;
  - utiliser le « Catalogue des PIM » (p. 195).

CE QUE L'ÉLÈVE DOIT RETENIR

- Ce qu'est une perception mentale et une manière d'agir mentale.
- Ce qu'est une conversion (qui fait partie des manières d'agir mentales).
- Comment utiliser un PIM pour lire, écouter et expliquer quelque chose en étant bien concentré.
- Il faut souvent alterner rapidement deux PIM, même pour des tâches très simples.

SÉQUENCE 1

À la découverte de l'attention

Objectifs

- Découvrir ce qu'est l'attention, son rôle et son utilité.
- Comprendre qu'un travail va être réalisé sur cette thématique durant l'année : le programme ATOLE.
- Comprendre que l'attention permet de se connecter mentalement à un objet, à une activité ou encore à une personne.
- Découvrir les vecteurs de l'attention (externes et internes) qui permettent de se connecter, mais qui peuvent également être source de distraction.

Plan de la séquence 1

PRÉREQUIS ENSEIGNANT·E AVANT LA SÉQUENCE 1

❍ J'ai compris pourquoi l'attention est essentielle à la communication et à l'apprentissage, et pourquoi elle établit une connexion avec ce que l'on fait ou les personnes autour de nous.

❍ J'ai compris comment le même objet peut être perçu de manière différente en jouant simplement avec l'attention pour répondre à de nouvelles questions (« Comment reflète-t-il la lumière ? », « Est-il facile à tenir dans la main ? »...).

❍ Je sais faire de même en explorant toutes les modalités sensorielles, ainsi que le monde extérieur et mon univers intérieur.

CONSEILS

- Il est très important de réaliser toutes les activités 3 à 7 (parfois très courtes) dans leur ensemble, pour que les élèves expérimentent au moins une fois tout ce qui peut attirer – et ce sur quoi ils peuvent concentrer – leur attention.
- L'activité 8 peut être réalisée de manière petinente lors d'une séance d'EPS.

ACTIVITÉ 1

ATOLE et l'attention

Objectifs

- Prendre conscience qu'être attentif ne veut pas dire « être sage ».
- Être capable de donner des exemples de moments où il faut savoir être attentif.
- Découvrir l'objectif général du programme ATOLE : apprendre à mieux maitriser son attention.

Durée :
Matériel :
- DOCS 1 à 3
- livret ATOLE
Vidéo : « La tablette »

DÉROULEMENT DE L'ACTIVITÉ

Étape 1 : **Expérimenter le fait d'avoir ou non l'attention de son interlocuteur**

• **Demander à un·e élève de décrire à voix haute une activité** qu'il ou elle a réalisée durant le dernier week-end, en donnant un maximum de détails. Pendant ce temps, et de manière évidente, **faire semblant de ne pas l'écouter** (par exemple, l'interrompre au milieu d'une phrase pour demander à la classe quelque chose qui n'a rien à voir, s'installer à un bureau et griffonner quelque chose sur un papier, regarder dehors par la fenêtre...).
→ Les élèves seront probablement surpris par ce comportement.

VARIANTE
Faire jouer la scène par deux élèves « mis dans la confidence » (l'un·e raconte quelque chose, l'autre n'écoute pas), puis ouvrir le débat avec la classe.

• **Questionner la classe : « Étais-je attentif/attentive** à ce que disait votre camarade ? »
• **Demander ensuite à l'élève qui réalisait la description :** « Avais-tu l'impression que je t'écoutais ? », « Comment as-tu remarqué que je n'étais pas attentif/attentive ? »

VARIANTE Vidéo **« La tablette »** (durée 16'') : une fillette tente d'attirer l'attention de son père absorbé par sa tablette.
→ Pour illustrer l'inattention quand on parle à quelqu'un qui regarde un écran en même temps.

• **Demander ensuite à un·e autre élève de décrire précisément une image** (par exemple, une affiche au mur de la classe, ou la couverture d'un livre que vous lui donnerez...). Cette fois, **donner clairement l'impression d'écouter.**
• **Questionner la classe :** « Et cette fois, étais-je attentif/attentive ? »
→ Les élèves répondront très certainement que oui, cette fois vous l'étiez.
• **Expliquer : « Eh bien, non, je pensais à autre chose.** Je pensais à ce que j'allais faire après la classe, une fois rentré·e de l'école. Vous le savez bien, on peut avoir l'air de faire attention alors qu'en fait, on est complètement dans la lune. »
• **Projeter** le **DOCUMENT 1** et demander aux élèves de décrire l'image.

DOC 1

• **Demander :** « Imaginez qu'on ne voie pas ce que pensent ces élèves. **Quel est celui qui a l'air le plus attentif ? Quel est celui qui l'est vraiment ?** »
• **Conclure : « Être attentif, cela ne veut pas juste dire être calme ou sage. »**

Étape 2 : **Comprendre ce qu'est l'attention et à quoi elle sert**

• **Demander aux élèves :** « Vous dit-on parfois que vous n'êtes pas assez attentif ? À quels moments, par exemple ? »
• **Distribuer le DOCUMENT 2.**

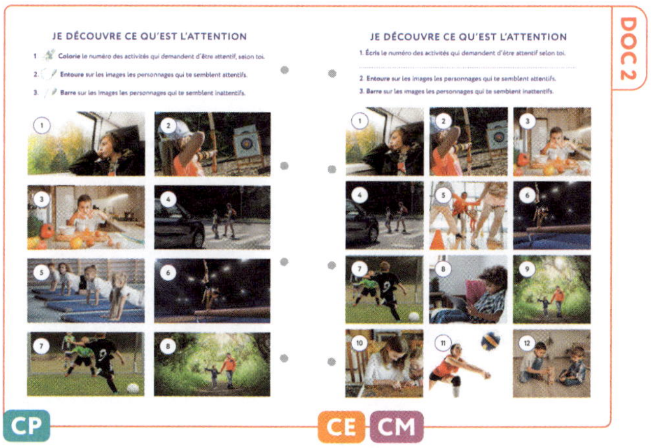

• **Donner les consignes aux élèves :**
– colorier (CP) ou écrire (CE / CM) les numéros d'activités pour lesquelles il faut, selon eux, être attentif ;
– entourer sur les images les personnages qui leur semblent attentifs ;
– barrer sur les images les personnages qui ne leur semblent pas attentifs.
• **Laisser aux élèves le temps de réaliser l'exercice,** puis récapituler les réponses et corriger si nécessaire.
• **Choisir quelques exemples d'images** et demander aux élèves pourquoi les personnages doivent être attentifs. Demander ce qui se passerait s'ils ne l'étaient pas.
→ Les élèvent doivent avoir pris conscience de ce qu'est l'attention et compris à quoi elle sert.
• **Conclure avec les élèves :** « Certaines activités demandent vraiment de savoir être attentif. »

Étape 3 : **Comprendre l'objectif général du programme ATOLE**

• **Demander aux élèves :** « Vous a-t-on déjà appris à être attentifs ? »
→ La plupart répondront que non.
• **Poursuivre :** « C'est bizarre, parce qu'on vous le demande, mais on ne vous a pas appris comment faire. »
• **Expliquer** : « Cette année, nous allons apprendre à **reconnaitre ce qui nous empêche d'être attentifs et découvrir des petites solutions** pour mieux se concentrer. Tout au long de l'année, nous allons apprendre ce qu'est le cerveau, comment il fonctionne et comment l'utiliser pour mieux maitriser notre attention. »
• **Enchainer : « C'est la démarche ATOLE, AT pour ATtentif et OLE pour écOLE. »**
• **Projeter le DOCUMENT 3** et expliquer : « Un atoll, avec deux "l", c'est **une petite ile dans la mer**, comme une petite bulle dans laquelle on s'isole pour être bien concentré. »

CE CM **Présenter aux élèves le livret ATOLE** (disponible à la fin du bloc détachable en versions CE et CM) et expliquer son utilité aux élèves : « Il vous permettra de conserver une trace de tout ce que vous allez découvrir sur l'attention au cours de l'année, et de tous les outils que vous allez apprendre à utiliser pour vous aider à être plus attentifs. »

Dans le livret ATOLE, demander aux élèves d'entourer les mots auxquels l'attention leur fait penser, puis de cocher les activités qui, selon eux, demandent d'être bien attentif.
→ livrets CE et CM p. 2-3

RÉACTIVATION

→ **Demander : « Est-ce qu'être attentif, c'est juste être sage et immobile ?** À quel moment cela peut-il servir d'être attentif ou d'avoir l'attention des autres ?
→ **Demander aux élèves ce que signifie « ATOLE »,** et pourquoi on a choisi l'image d'un atoll (un petit lagon calme où on est bien, au milieu de l'océan).

VIDÉO

La tablette (16'')
media.mdi-editions.com/s1a1

ACTIVITÉ 2

J'observe l'attention chez l'autre

Objectifs

- Identifier les indices corporels qui permettent de deviner si une personne est attentive ou non.
- Remarquer quand on est soi-même distrait.
- S'inspirer des techniques des autres pour être attentif.

Durée :
Matériel : DOCS 4 et 5
Vidéo : « La concentration d'un biathlète »

DÉROULEMENT DE L'ACTIVITÉ

Étape 1 : **Observer l'attention et l'inattention**

• **Composer deux groupes** : les élèves assis à gauche de la classe et ceux assis à droite.

• CP **Demander à un·e élève de décrire le** DOCUMENT 4 (ou une image de votre choix comportant de nombreux détails) puis de l'expliquer. Il est nécessaire que cela dure 3 à 4 minutes.

DOC 4

Pendant ce temps :
– les élèves du premier groupe doivent **fermer les yeux et écouter le descriptif ;**
– les élèves de l'autre groupe doivent **les observer attentivement.**

Durant la description de l'image, prendre soin de **faire quelques bruits distrayants** (faire tomber un objet par terre, manipuler des affaires, etc.).

• CE CM **Même chose avec la lecture d'un texte** (DOCUMENT 5 ou autre texte de votre choix) pendant 3 à 4 minutes.

VARIANTE CP CE CM
Demander à un·e élève de raconter quelque chose qu'il/elle a vu ou qui lui est arrivé. Avant que l'élève ne commence, lui préciser que son récit doit être assez long et bien détaillé. Plus le récit sera ennuyeux, plus il sera facile d'observer les signes corporels qui traduisent les décrochages attentionnels des autres élèves.

• **À la fin de la description (**CP**) ou de la lecture (**CE CM**), demander aux élèves qui observaient** si ceux qui écoutaient étaient bien attentifs ou non, et comment ils ont pu s'en rendre compte.
→ Recenser oralement ou au tableau les signes corporels qui semblent traduire l'inattention.

• **Demander aux observateurs au bout de combien de temps ils ont repéré les premiers signes de distraction** chez leurs camarades (ou à quel moment du texte ou de la description de l'image).
→ Par exemple : « dès le début », ou « quand vous avez toussé »…

• **Demander aux élèves désignés comme « distraits » par leurs camarades s'ils l'étaient vraiment.** Si oui, leur demander éventuellement ce qui les a distraits.
→ Par exemple : « Léa a tourné la tête et m'a regardée », « Mayane s'est penché pour ramasser quelque chose »…).

VARIANTE Vidéo « **La concentration d'un biathlète** » (durée 1'01'') : le biathlète français Martin Fourcade se concentre pour effectuer un tir et s'élancer dans une descente.

→ Demander aux élèves si, à leur avis, Martin Fourcade est bien attentif sur cette vidéo, et à quels signes ils le voient (regard, ajustements du corps…).

Étape 2 : **Comprendre que l'on peut utiliser des techniques pour agir sur son attention**

• **Demander aux élèves du groupe qui écoutait si, au contraire, certains ont réussi à rester attentifs** malgré les distractions. Leur demander alors d'expliciter comment ils ont fait.

→ Si aucune réponse ne semble pertinente, donner un exemple : « Quand je veux bien écouter ce que me dit quelqu'un, je le regarde. »

• **Souligner le fait qu'il existe ainsi des petites techniques** qui nous permettent de contrôler notre attention comme nous le souhaitons.

• **Demander : « Savez-vous comment parvenir à être plus attentif ? »**

→ Les élèves répondront probablement : « En faisant plus attention » ou « En étant bien concentré ».

• **Insister : « Oui, mais comment faut-il faire** exactement pour être plus attentif ? Qui a une idée ? »

→ Noter si besoin les réponses qui paraissent utiles au tableau.

• **Rappeler aux élèves qu'au fil de l'année, avec ATOLE, ils vont apprendre des techniques** qui permettent de mieux maitriser leur attention.

VIDÉO

La concentration d'un biathlète (1'01'')

media.mdi-editions.com/s1a2

RÉACTIVATION

→ **Demander aux élèves comment ils remarquent qu'une personne n'est pas attentive,** ou qu'elle est distraite.

→ **Demander aux élèves s'ils ont des « trucs et astuces »** pour se concentrer.

→ **La réactivation de l'activité 1** peut également être proposée.

ACTIVITÉ 3

Je fais attention avec mes cinq sens

Objectif

- Apprendre à déplacer son attention sur des cibles précises grâce à ses cinq sens pour répondre à des questions qu'on nous pose ou que l'on se pose.

Durée : 🕒🕒
Matériel :
- un stylo par élève
- un raisin sec par élève (optionnel)
- livret ATOLE

Vidéo : « La forêt »

DÉROULEMENT DE L'ACTIVITÉ

Étape 1 : Se concentrer sur un sens en particulier

• **Rappeler aux élèves** que dans les activités précédentes, ils ont observé et écouté leur enseignant·e et leurs camarades. **Leur demander quels sens ils ont utilisés pour être attentifs.**

→ Les élèves doivent répondre la vue et l'ouïe. Si la question n'est pas claire, leur rappeler quels sont les cinq sens principaux : la vue, l'ouïe, le toucher, le gout et l'odorat.

• **Demander aux élèves s'il est possible de faire attention à quelque chose avec un autre sens** que la vue ou l'ouïe.

→ Laisser venir les premières réponses.

• **Expliquer** qu'en effet, ils peuvent **porter leur attention sur des images et des sons, mais aussi sur des odeurs, des gouts ou ce qu'ils touchent**. En d'autres termes, sur toutes les informations qui nous parviennent grâce à nos cinq sens (la vue, l'ouïe, l'odorat, le gout, le toucher). Expliquer aux élèves qu'ils vont pouvoir le vérifier dans cette activité.

• **Demander aux élèves d'observer leur stylo** puis leur demander : « Comment décririez-vous la couleur et la forme de ce stylo ? »

• **Inviter ensuite les élèves à tracer un trait** sur une feuille tout en fermant les yeux et à **écouter le son du stylo** sur le papier. **Leur demander alors :** « Le son est-il agréable ou désagréable ? Est-il continu ou plutôt saccadé ? »

• **Demander ensuite aux élèves de toucher le stylo. Leur demander alors :** « Est-il solide ou mou ? Lorsqu'on le presse entre les doigts, résiste-t-il ou s'écrase-t-il ? »

• **Demander aux élèves de sentir l'odeur du stylo.** Une fois qu'ils l'ont reposé, leur demander : « Comment décririez-vous l'odeur de ce stylo ? Est-ce une odeur agréable ou désagréable ? **Proposer aux élèves de fermer les yeux et de sentir à nouveau le stylo.** Perçoivent-ils une différence ?

→ Certains pourront dire qu'ils sentent mieux l'odeur du stylo, ou qu'elle leur parait plus forte.

• **Distribuer à chaque élève un petit raisin sec. Inviter les élèves à croquer** dans la moitié du raisin. Demander alors : « Le gout est-il agréable ou désagréable ? Est-il plutôt sucré ou plutôt salé ? »

• **Proposer aux élèves de fermer les yeux et de croquer la deuxième moitié** du raisin sec. Demander aux élèves s'ils ressentent une différence.

→ Certains pourront dire qu'ils ressentent mieux le gout.

Étape 2 : Comprendre l'intérêt de se concentrer sur un ou plusieurs sens

• **Demander** aux élèves s'ils ont constaté que fermer les yeux leur a permis de ressentir plus fortement le gout, ou les odeurs. **Expliquer que l'attention permet de privilégier un sens par rapport aux autres** et de ressentir différemment ce qui nous entoure.

• **Expliquer :** « Lorsque vous fermez les yeux, vous ne portez plus votre attention sur ce que vous voyez, vous la portez ailleurs. Par exemple, sur les odeurs ou sur le gout (comme dans les deux exemples précédents), ou sur les deux en même temps. »

• **Faire remarquer que, souvent, on choisit la cible de notre attention pour répondre à une question :** « Est-ce que tu as faim ? », « Le son n'est pas trop fort ? », « L'eau n'est pas trop froide ? »... L'étendue des questions possibles rend compte de la variété des cibles possibles pour l'attention. Il existe de multiples manières de faire attention à une chose, par exemple à son bol de chocolat chaud (chaud, sucré, savoureux, intense ?).

VARIANTE Vidéo « **La forêt** » (durée 53") : la caméra évolue sur un chemin en forêt, sur fond sonore de bruissements de feuilles et de chants d'oiseaux.

→ Demander aux élèves de visionner la vidéo sans donner d'indication particulière. À la fin, leur demander combien de sons différents ils ont entendus. La plupart ne sauront pas – ils se seront focalisés sur la vue – ou ne seront pas sûrs. Projeter une nouvelle fois la vidéo : la réponse sera plus facile. Faire remarquer aux élèves qu'ils se seront concentrés sur un autre sens, l'ouïe, pour pouvoir répondre.

• **Expliquer** aux élèves qu'à partir de maintenant, **ils pourront identifier à quel(s) sens ils doivent être attentifs** pour ce qu'ils ont à faire.

Dans le livret ATOLE, demander aux élèves de relier chaque question au sens auquel il faut faire attention pour y répondre.

→ livrets CE et CM p. 4

VIDÉO

La forêt (53")

media.mdi-editions.com/s1a3

RÉACTIVATION

→ Demander à un·e élève de **rappeler ce que sont les cinq sens.**

→ **Demander des exemples de questions** qui amènent à poser l'attention sur un sens en particulier.

ACTIVITÉ 4

Je porte mon attention sur des sensations de mon corps

Objectif

- Apprendre à viser des sensations précises dans son corps avec son attention, et à la maintenir (pour se détendre, respirer calmement...).

Durée :
Matériel : aucun

DÉROULEMENT DE L'ACTIVITÉ

ATTENTION
Bien réaliser cette activité *après* la précédente, qui se concentrait sur la perception du monde extérieur.

• **Demander aux élèves de fermer les yeux et d'essayer de ressentir leur respiration.**
• **Demander :** « Est-il facile de ressentir sa respiration ? » puis « À votre avis, peut-on faire attention à sa respiration de différentes manières ? »
→ Laisser venir les réponses.
• **Reproduire l'exercice** en interrogeant cette fois les élèves **pendant qu'ils respirent** : « Est-ce que votre respiration est plutôt lente ou plutôt rapide ? », « L'expiration est-elle plus forte au début qu'à la fin ? », « Inspirez-vous de manière continue ? »
→ On peut faire de même avec les battements du cœur, en proposant aux élèves de prendre leur pouls au niveau du poignet ou du cou.
• **Demander aux élèves :** « Faites-vous attention à votre respiration d'habitude ? »
→ On fait attention à sa respiration quand on est essoufflé, parce que c'est une sensation forte. Sinon, en temps normal, il faut y faire délibérément attention pour en prendre conscience et se rendre compte de son rythme.

• **Faire remarquer aux élèves que lorsqu'on fait attention** tout d'un coup à quelque chose (d'externe ou d'interne), **c'est souvent pour répondre à une interrogation :** « Tu n'as pas trop froid/faim ? », « Tu n'as pas les épaules trop tendues ? », etc.
• **Demander : « Dans quel(s) cas cela peut-il être important ou utile de porter son attention sur des sensations internes**, c'est-à-dire sur quelque chose qui se passe dans notre corps ? »
→ Laisser venir les réponses. Par exemple : pour savoir où on a mal exactement, ou encore quel type de douleur (brulure, picotements, etc.) on peut ressentir.
• **Expliquer : « Faire attention à une sensation, c'est "l'écouter" pour en examiner tous les aspects.** En cas de douleur ou d'inconfort, on peut s'intéresser à cette sensation avec son attention. Cela peut permettre de corriger ce qui ne va pas. »

RÉACTIVATION

→ **Demander des exemples de questions** qui amènent à poser son attention sur une sensation du corps.
→ **Rappeler l'exercice consistant à maintenir son attention sur sa respiration** et le refaire éventuellement.

ACTIVITÉ 5

Je porte mon attention sur ma « petite voix »

Objectifs

- Découvrir ce qu'est sa « petite voix » interne (pensées verbalisées) et qu'elle peut être une cible de l'attention.
- Savoir expliquer ce qu'est la « petite voix ».

Durée : 🕐
Matériel : DOC 6
Vidéo : « La "petite voix" »

DÉROULEMENT DE L'ACTIVITÉ

• **Tracer un ensemble de points** au tableau. Demander aux élèves de **les compter « dans leur tête »**.

• **Interroger ensuite les élèves : « Qu'avez-vous fait pour y arriver ? »**

→ Laisser venir les premières réponses.

• **Demander : « Qui a eu l'impression de se parler "dans sa tête"**, en énumérant les chiffres comme s'il se les disait : "un, deux…" ? », ou demander : « **Qu'est-ce que l'on entend dans sa tête** quand on fait cet exercice ? »

→ Si certains élèves disent ne rien avoir entendu dans leur tête, c'est peut-être parce qu'ils pensent que l'on parle d'un vrai son. Leur demander si, vraiment, ils ont eu l'impression que c'était le silence dans leur tête, sans jamais entendre « un, deux… ». Dire à ceux qui sont encore perdus qu'il ne s'agit pas d'un vrai son, et que l'exercice suivant va peut-être les aider.

• **Faire remarquer** aux élèves que lorsqu'ils comptent mentalement, **ils entendent une sorte de son « dans leur tête »**, qui peut ressembler à leur propre voix.

• **Nommer cette impression auditive : « la petite voix ».**

VARIANTE ▶ Vidéo « **La "petite voix"** » (durée 16'') : une femme est manifestement en train de se dire quelque chose « dans sa tête ».

→ Demander aux élèves de décrire la scène et ce que fait cette femme selon eux. Leur faire remarquer qu'elle se parle sans doute à elle-même, mais qu'on ne peut pas l'entendre : elle se parle « dans sa tête ». Rappeler le terme de « petite voix ».

• **Proposer ensuite aux élèves de recommencer l'exercice** en comptant avec une voix plus grave, ou plus forte, toujours mentalement : « "Entendez"-vous la différence ? »

→ Pour celles et ceux qui ont des difficultés avec cet exercice, prononcer une phrase simple et leur demander de la répéter en silence une fois dans leur tête, puis une autre fois avec une voix plus aigüe ou plus grave (éventuellement, avec la voix d'un personnage qu'ils connaissent).

• **Expliquer aux élèves** que pour réaliser cet exercice, ils ont porté leur attention sur leurs propres pensées, ici sur leur « petite voix ».

VARIANTE 1

Demander aux élèves de réciter l'alphabet « dans leur tête », dire « stop » et demander à quelle lettre chacun en était.

VARIANTE 2 CE CM

Donner une lettre de l'alphabet et demander quelle est la lettre qui se situe deux rangs avant celle-ci. Faire remarquer aux élèves qu'ils se répètent probablement l'alphabet afin de pouvoir répondre à cette question.

→ Si certains élèves répondent qu'ils « voyaient » dans leur tête l'alphabet, leur dire que c'est une autre façon de faire qui peut fonctionner et que vous en parlerez juste après (activités 6 et 7).

• **Projeter le DOCUMENT 6** (voir page suivante) **et demander aux élèves de le décrire** en utilisant l'expression « petite voix ».

• **Expliquer que, parfois, la petite voix peut nous distraire,** par exemple quand on pense à quelque chose qui n'a rien à voir avec la classe. **Parfois, elle peut aussi être bien utile :** tout dépend de la manière dont on s'en sert et de ce qu'on a à faire.

VIDÉO

La « petite voix »
(16'')

media.mdi-editions.com/s1a5

RÉACTIVATION

→ **Demander à un·e élève d'expliquer ce qu'est la « petite voix ».** Si les élèves n'y parviennent pas, leur demander de compter dans leur tête jusqu'à 10 ou leur proposer l'une des variantes de l'activité.

→ **Expliquer qu'on peut se concentrer sur la « petite voix »** pour effectuer une tâche.

ACTIVITÉ 6

Je porte mon attention sur une image mentale

Objectifs

- Comprendre et savoir expliquer ce qu'est une image mentale.
- Prendre conscience que l'on peut y faire attention.
- Comprendre que l'on peut utiliser son « écran mental » pour résoudre un problème.
- Utiliser les stratégies du « perroquet » et du « photographe » pour mémoriser quelque chose.

Durée : 🕒🕒
Matériel :
- un sablier ou un minuteur sous forme de cadran
- DOCS 7 et 8
- livret ATOLE

DÉROULEMENT DE L'ACTIVITÉ

Étape 1 : **Découvrir ce qu'est une image mentale**

• **Dire aux élèves :** « Je vais mettre le sablier (trente secondes) et pendant tout ce temps-là, je vous demande d'être silencieux… de fermer les yeux quelques instants… et de **ne surtout pas penser à une… baleine noire** (bien insister) **avec une tache blanche** (bien insister). » Durant cette minute, répéter doucement à la classe : « Ne pas penser à une baleine noire avec une tache blanche. »

• **Une fois le temps écoulé, demander : « Où était la tache blanche sur la baleine ? »** Si un·e élève répond, lui faire remarquer que, malgré la consigne qui a été donnée, il/elle a sans doute imaginé, c'est-à-dire « vu » dans sa tête, une baleine.

• **Demander ensuite comment la baleine lui est exactement apparue** (seule ou avec un décor, par exemple) et si elle avait plutôt la tête vers la gauche ou vers la droite.

→ Faire remarquer aux élèves que chacun·e s'est représenté la baleine à sa manière (sous forme d'un dessin, d'une photographie réaliste, souriante, en couleur, dans l'eau…).

• **Demander à la classe :** « Imaginez que la baleine a une tache blanche sur le ventre, puis déplacez cette tache pour la placer à côté de son œil. **Pouvez-vous aussi changer la couleur de la baleine ?** »

• **Expliquer** que la manière dont chacun·e se représente la baleine est **ce que l'on appelle une « image mentale ».**

• **Ajouter que ce n'est pas une vraie image**, aussi précise qu'une image qu'on aurait sous les yeux. Ce n'est pas non plus un son, ni une odeur… L'image mentale peut avoir une couleur, une taille… et on peut la modifier comme on le souhaite. C'est un peu comme si on avait un « écran mental », une sorte de tableau dans sa tête sur lequel on peut afficher des images.

VARIANTE

• Demander aux élèves de fermer les yeux. Leur décrire un trajet qu'ils connaissent bien (par exemple, de la classe à la cour de récréation) en donnant le plus de détails possible (par exemple, les portemanteaux sur les murs, les dessins, les pièces qui s'ouvrent de chaque côté du couloir, etc.).

• Avant la fin de la description, arrêter celle-ci à un endroit facilement identifiable (par exemple, le hall avant la cour de récréation, la porte du bureau de la directrice ou du directeur, etc.) et demander aux élèves ce qui se trouve sur la droite (ou la gauche).

→ Les élèves pourront vous répondre exactement ce qui se trouve à cet endroit-là.

• Leur faire remarquer que pour pouvoir faire cette réponse, ils se sont fait une image mentale du chemin décrit, ils ont visualisé ce chemin dans leur tête.

• **Projeter le DOCUMENT 7** et demander aux élèves de le décrire en utilisant l'expression « image mentale ».

DOC 7

Étape 2 : **Comprendre que l'on peut utiliser les images mentales ou sa « petite voix » pour mémoriser**

• **Faire remarquer** aux élèves que pour répondre aux questions sur la baleine (ou sur le chemin dans l'école), **leur attention s'est portée sur leurs propres pensées**, ici sur leurs images mentales.

• **Poursuivre : « On peut aussi se fabriquer une image mentale** pour se concentrer sur une situation, comme si on la prenait en photo dans sa tête, ou comme si on la projetait sur son "écran mental". »

→ **RITUEL** « Le photographe » p. 46

• **Projeter le DOCUMENT 8 et demander aux élèves de mémoriser l'ordre des objets** sur l'image (adapter le nombre d'objets à mémoriser à l'âge des élèves).

DOC 8

• **Prévenir les élèves que vous allez ensuite cacher l'image,** puis leur demander, 15 à 20 secondes plus tard, de **vous donner la liste de ces objets dans l'ordre**, de mémoire (adapter la durée et le nombre d'images à l'âge des élèves). Mettre idéalement un chronomètre ou un « *timer* » sous forme de cadran pour que les élèves puissent visualiser cette durée.

• **À l'issue de l'exercice, interroger certains élèves** pour savoir comment ils ont fait pour y arriver.

→ Certains auront spontanément utilisé la stratégie de l'image mentale. Nommer cette stratégie : « On peut appeler cela la **"stratégie du photographe"**, parce qu'on photographie les choses dans sa tête. »

→ **RITUEL** « Le photographe » p. 46

→ D'autres auront répété le nom des différents objets à la suite les uns des autres, en boucle dans leur tête. Nommer cette stratégie : « On peut appeler cela la **"stratégie du perroquet"**, parce qu'on se répète les choses. »

→ **RITUEL** « Le perroquet » p. 46

→ **CP** **CE** Pour les plus jeunes, vous pouvez indiquer cette stratégie clairement, dès la consigne de départ.

• **Faire remarquer aux élèves** que les deux stratégies – « le perroquet » et « le photographe » – peuvent servir à mieux mémoriser.

• **Conclure : « Une pensée peut prendre différentes formes :** elle peut ressembler à une "petite voix" dans notre tête, mais aussi à une image mentale. En faisant attention à nos pensées, nous pouvons agir sur elles. »

Étape 3 : **Comprendre que les images mentales permettent aussi de réfléchir**

• **Donner une énigme aux élèves,** par exemple :

– « Un chamelier a douze chameaux, tous meurent sauf un. Combien en reste-t-il ? »

– « Un berger doit faire passer une chèvre, un chou et un loup de l'autre côté d'une rivière avec sa barque. Il ne peut transporter qu'un seul autre élément avec lui. En l'absence du berger, le loup peut dévorer la chèvre, et la chèvre peut dévorer le chou. Comment doit-il s'y prendre ? »

• **Demander aux élèves qui ont la réponse comment ils ont procédé** pour trouver.

→ La visualisation est nécessaire pour résoudre ces énigmes. Ils répondront sans doute qu'ils ont imaginé la scène dans leur tête.

• **Expliquer : « Vous voyez, pour trouver, vous vous êtes imaginé la scène,** vous avez utilisé des images mentales et cela vous a aidé à réfléchir et à trouver la solution. Les images mentales peuvent servir à mémoriser, mais aussi vous aider à réfléchir. »

RÉACTIVATION

→ **Demander à un·e élève d'expliquer ce qu'est une image mentale** et ce qu'est l'« écran mental ». Demander à quelle occasion il faut parfois y faire attention (par exemple : stratégie de mémorisation du « photographe », résolution d'énigmes).

→ **Si les élèves n'y parviennent pas, demander à un·e ou deux élèves de décrire un personnage** d'une série qu'ils aiment bien pour le faire deviner aux autres, puis leur demander comment ils ont fait. **Demander à la classe le nom que l'on donne à ces images** que l'on crée dans sa tête. Demander aux élèves qui devaient deviner s'ils ont aussi utilisé une image mentale.

→ **Redonner la stratégie du « photographe » et le terme d'« écran mental ».**

ACTIVITÉ 7

Je porte mon attention sur des émotions

Objectifs

- Comprendre que l'on peut porter son attention sur ses émotions ou celles des autres.
- Comprendre et savoir expliquer ce qu'est l'empathie et pourquoi elle dépend de l'attention portée aux émotions des autres.

Durée :
Matériel :
- DOC 9
- livret ATOLE

DÉROULEMENT DE L'ACTIVITÉ

Étape 1 : **Identifier les émotions des autres**

• **Projeter brièvement le DOCUMENT 9** puis demander aux élèves ce qu'ils ont vu.

DOC 9

• **Demander aux élèves : « Quelles sont les principales émotions** que vous connaissez ? »
→ Laisser venir les réponses.
• **Expliquer aux élèves qu'il existe de très nombreuses émotions,** mais que les principales sont : la peur, la joie, la tristesse, la surprise, la colère et le dégout. On les appelle les « émotions primaires ».
• **Projeter à nouveau le DOCUMENT 9** et demander aux élèves s'ils peuvent **identifier les différentes émotions représentées.**
→ Réponses : colère, joie, dégout, surprise, tristesse et peur.
• **Demander : « À quoi avez-vous fait attention pour répondre ? »**
→ Certains élèves répondront peut-être « la façon dont il/elle fronce les sourcils », ou « son sourire »... En réalité, il est très difficile de répondre à cette question. On sait juste qu'on a été attentif. Il y a bien des façons de faire attention à l'émotion de quelqu'un.
• **Demander aux élèves s'ils ont tous été attentifs à ces émotions** la première fois qu'ils ont vu le document.
→ Leur rappeler si besoin la description qu'ils avaient faite de ce document.
• **Leur faire remarquer que c'est une question qui les a incités à faire attention** aux émotions en particulier : « Quelles sont les émotions représentées ? »

• **Faire remarquer aux élèves** que lorsqu'ils font attention à un·e camarade, ils sont capables d'identifier ses émotions et de l'aider ou de prévenir l'enseignant·e si besoin.
• **Demander : « Que se passerait-il si on ne faisait jamais attention** aux émotions des autres ? Si on ne les remarquait pas ? »
• **Expliquer :** « En sachant faire attention aux émotions des autres, on peut les reconnaitre et avoir le comportement adapté. »
• **Demander aux élèves :** « Savez-vous ce que c'est que l'empathie ? »
• **Expliquer :** « C'est se sentir concerné par ce que ressent l'autre. »

Étape 2 : **Être attentif à ses propres émotions**

• **Demander aux élèves s'ils savent quelle émotion ils ressentent** à l'instant.

→ Même si les élèves ne savent pas vraiment répondre précisément, ils constatent qu'ils peuvent faire attention à l'émotion qu'ils ressentent.

• **Expliquer : « On peut aussi porter son attention sur ses propres émotions,** et accepter de ressentir par exemple de la frustration ou de la colère, ou savourer le fait de se sentir bien. Je peux m'intéresser à ce que je ressens moi-même, ce qui m'aide à mieux me connaitre. »

• **Indiquer aux élèves que lorsqu'ils s'interrogent sur leur émotion,** leur attention se porte aussi sur une cible interne, quelque chose qui se passe en eux. Comme avec la petite voix ou les images mentales.

Dans le livret ATOLE, faire le point avec les élèves sur ce à quoi ils peuvent être attentifs : demander aux élèves de compléter les légendes des illustrations en employant les bonnes expressions.
→ livrets CE et CM p. 5

RÉACTIVATION

→ **Rappeler aux élèves qu'ils peuvent faire attention aux émotions** des autres, mais aussi à leurs propres émotions. Demander par exemple à un·e élève : « Dis-moi ce que tu ressens quand tu t'es donné du mal pour faire une construction ou un dessin, et que tu n'es pas content·e de toi. »

→ Demander aux élèves **ce qui se passerait si on ne pouvait pas faire attention aux émotions des autres** (pas d'empathie).

ACTIVITÉ 8

Je comprends l'importance de l'attention pour communiquer

Objectifs

- Comprendre que nous avons souvent besoin de l'attention des autres pour qu'ils réagissent à ce que nous faisons ou disons.
- Comprendre que nous employons des moyens pour l'obtenir et entrer ainsi en « contact » avec l'autre, pour nous connecter et le faire réagir.

Durée : 🕒🕒
Matériel : aucun
Vidéos :
- « La tablette »
- « Le dribble »

DÉROULEMENT DE L'ACTIVITÉ

Étape 1 : **Identifier pourquoi on peut avoir besoin de l'attention de quelqu'un et ce qu'on fait pour l'obtenir**

• **Reprendre la situation vécue dans l'activité 2** (p. 30) : « Quand votre camarade parlait, je ne faisais pas attention à elle/lui. Je ne réagissais pas comme j'aurais dû le faire si j'avais été attentif/attentive. **Quand quelqu'un ne fait pas attention à nous, il ne réagit pas à ce qu'on lui dit ou à ce que l'on fait.** »

• **Donner un exemple : « Les bébés ont besoin d'attirer l'attention** de leurs parents, c'est pour cela qu'ils crient. D'ailleurs, la première chose que vous avez faite en naissant, c'est d'attirer l'attention de vos parents en criant. »

• **Demander : « Cela vous arrive-t-il de vouloir que quelqu'un fasse attention à vous ?** Que faites-vous alors pour que cela arrive ? »

VARIANTE ▶ Vidéo **« La tablette »** (durée 16'')
→ Déjà proposée en activité 1 (p. 28), cette courte vidéo illustre parfaitement le principe de la quête de l'attention de quelqu'un.

• **Demander : « À quel moment ai-je besoin en classe que vous fassiez attention à moi ? »**
→ Faire remarquer aux élèves qu'il n'est pas nécessaire qu'ils fassent attention à vous tout le temps. Cependant, à certains moments clés (quand vous donnez une consigne, par exemple), il est particulièrement important de faire attention à ce qui est dit : il ne faut pas rater ces moments-là.

• **Demander : « Comment est-ce que je fais d'habitude pour attirer votre attention ? »**
→ Laisser venir les réponses (utilisation de clochettes, taper dans les mains ou sur le tableau, etc.).

• **Demander : « Et est-ce que ça marche ? »**

Étape 2 : **Comprendre l'importance de l'attention pour communiquer**

• **Introduire la notion de « contact » avec l'image de la danse :** « Qui a déjà vu des gens danser ensemble ? Quand deux personnes dansent en étant au contact, quand l'une bouge, l'autre bouge parce qu'il y a contact entre les deux danseurs. Mais si les danseurs ne se touchent pas, il faut qu'ils fassent attention l'un à l'autre pour danser vraiment ensemble, sinon chacun fait sa danse séparément. **L'attention les connecte l'un à l'autre.** »

• **Écrire le mot « connexion »** au tableau.

• **Demander aux élèves des exemples d'activités** que des personnes pratiquent ensemble et qui les obligent à être attentives les unes aux autres pour être coordonnées.
→ N'importe quelle activité où on joue à plusieurs, ensemble.

VARIANTE Vidéo **« Le dribble »** (durée 16'') : une joueuse parvient à prendre le ballon des mains d'une autre joueuse.

→ La vidéo montre clairement l'attention maximale des deux joueuses, l'une pour garder le ballon, l'autre pour saisir la bonne occasion de le lui prendre.

• **Demander :** « En danse, au foot ou au basket, par exemple, **que se passe-t-il si l'une des personnes n'est plus connectée aux autres** parce qu'elle est distraite ? »

→ Le pas de danse ou la passe sont ratés.

• CM **Faire une analogie avec Internet :** quand il n'y a pas de réseau, il n'y a pas de connexion ni de contact possible entre deux personnes. Le « réseau Internet », c'est l'attention entre deux personnes.

CONSEIL

La pratique collective en EPS est idéale pour montrer aux élèves l'importance de l'attention envers les autres, et des autres envers soi-même. Les variantes suivantes permettent de l'expérimenter concrètement.

VARIANTE 1 EPS

Tout jeu ou toute activité où il faut être bien attentif et en connexion avec les autres pour gagner : le jeu du béret (on rate l'appel de son numéro si on n'est pas attentif), « Loup touche touche », « 1, 2, 3... soleil »...

VARIANTE 2 EPS

• Les enfants, en cercle, se passent un ballon (chacun le lance à son voisin, et le ballon tourne toujours dans le même sens) : chacun doit être attentif à celui ou celle qui lance pour se mettre en état de rattraper la balle.

• Pour augmenter le niveau d'attention requis, on peut proposer à celui ou celle qui a le ballon de le lancer à qui il/elle veut. L'attention au regard est alors essentielle pour se préparer à réceptionner le ballon.

• Variante possible : l'élève qui a le ballon fait un clin d'œil à celui ou celle qui va le recevoir...

VARIANTE 3 EPS

Les élèves, en cercle, se lancent un ballon imaginaire : un·e élève prend le ballon imaginaire dans ses mains et dit « rouge, rouge... » puis regarde quelqu'un et fait mine de lui lancer le ballon. L'élève qui le reçoit doit dire à son tour « rouge, rouge... », etc. L'exercice peut se compliquer avec un deuxième ballon (« bleu, bleu... ») lancé en parallèle par un·e autre élève.

VARIANTE 4

Le jeu du chef d'orchestre : on isole un·e élève du groupe et on désigne secrètement dans le groupe un·e chef·fe d'orchestre. Cet·te élève décide d'un mouvement et tous les autres suivent, puis il/elle change de mouvement, les autres suivent, etc. : on fait revenir l'élève extérieur, qui doit deviner qui est le chef ou la cheffe d'orchestre (l'élève peut nommer au fur et à mesure chaque élève qui lui semble être en retard par rapport aux autres et lui demander de faire la statue pour la suite du jeu).

VIDÉOS

La tablette (16'')	Le dribble (16'')
media.mdi-editions.com/s1a1	media.mdi-editions.com/s1a8

RÉACTIVATION

→ **Prendre l'exemple d'un jeu d'équipe** et demander aux élèves ce qui se passerait si un joueur ou une joueuse n'était pas attentif ou attentive aux autres joueurs.

→ **Rappeler que l'attention permet une connexion** avec son environnement.

→ **Demander aux élèves : « À quel moment ai-je besoin en classe d'un contact stable** avec vous, par l'attention ? »

ACTIVITÉ 9

Je me connecte avec mon attention

Objectifs

- Comprendre pourquoi l'attention permet de se connecter, établit un « contact » entre deux personnes ou avec ce que l'on fait.
- Expérimenter le fait que c'est grâce à l'attention de l'autre que l'on peut agir sur son environnement ou faire réagir autrui.
- Comprendre le sens de l'injonction « Contact » et apprendre à y réagir par une attitude attentive.

Durée : 🕒🕒
Matériel :
- deux balles en mousse (optionnel)
- DOC 10
- livret ATOLE

DÉROULEMENT DE L'ACTIVITÉ

Étape 1 : **Expérimenter le fait que l'attention crée une connexion**

• **Proposer à deux élèves de venir au tableau.** L'un·e doit effectuer des mouvements avec les bras et l'autre, en face de lui ou d'elle, doit reproduire ces mouvements en miroir dans les situations suivantes (au moins 30 secondes chacune), qui sollicitent chacune l'attention à travers un canal sensoriel particulier :
1. **Les deux élèves sont reliés par un contact physique** (par exemple, par une balle en mousse qu'ils tiennent tous les deux) et le suiveur a les yeux fermés.
2. **Sans contact physique**, le suiveur observe attentivement le meneur pour tenter de reproduire ses gestes.
3. Même situation que la situation 2, mais cette fois **distraire le suiveur** en lui posant des questions Le contact entre meneur et suiveur peut alors être rompu.
4. **Sans contact physique**, le suiveur a les yeux fermés et le meneur lui donne des instructions orales : « Lève la main gauche », « Lève le pied droit »...

• **Demander aux élèves pourquoi ces situations illustrent le fait que l'attention établit une connexion** entre deux personnes.
→ Dans ce jeu, il faut faire attention à l'autre pour reproduire ses mouvements, que ce soit en le regardant, en le touchant ou en l'écoutant. On accorde moins d'attention à ce qui se passe alentour et qui n'est pas utile pour l'exercice.

• **Demander aux élèves sur quoi l'élève suiveur a dû porter son attention** dans chaque situation.
→ Ce qu'il touchait, ce qu'il voyait, ce qu'il entendait.

• **Conclure : « L'attention, c'est donc ce qui assure le contact,** même quand il n'y a pas de contact physique. L'attention peut passer par plusieurs canaux. »
→ Ici, les canaux kinesthésique, visuel et auditif.

VARIANTE CP

• Faire le jeu « Je fais le tour de la maison, je ferme les volets, je m'essuie les pieds et je rentre dans la maison. » Deux possibilités :
– les élèves sont deux par deux, l'un·e chante la comptine et l'autre fait les gestes ;
– vous chantez la comptine et les élèves doivent vous suivre avec les gestes.

• Varier la vitesse de chant afin de bien montrer aux élèves qu'ils doivent faire attention à la voix, et pas simplement faire le geste par automatisme.

Étape 2 : **Se connecter grâce au mot « Contact »**

• **Expliquer : « L'attention c'est un peu comme les freins d'un vélo :** s'ils sont cassés, vous avez beau appuyer sur les freins, le vélo ne s'arrête pas. Le vélo ne réagit pas, il "n'écoute" pas, parce qu'il n'y a plus de contact entre la poignée de frein et la roue. »

• **Poursuivre : «** À partir de maintenant, quand je dirai **"Contact !"**, ce sera pour vous indiquer que **j'ai besoin que vous soyez en contact avec moi**, pour que vous puissiez réagir à ce que je dis. »

→ **RITUEL** « Contact » p. 46

→ Il est possible de choisir tout autre mot que « Contact » qui vous semble pertinent pour appeler l'attention des élèves.

→ **CP Utiliser uniquement le mot « Contact » (donc un code exclusivement auditif) peut ne pas suffire.** Vous pouvez renforcer ce rituel en demandant aux élèves, à chaque fois que vous dites « Contact », de se mettre en même temps dans une position attentive (par exemple, poser la main concrètement sur une empreinte dessinée sur le bureau, sur un mur, et ne plus bouger).

• **Projeter le DOCUMENT 10** et demander aux élèves s'ils peuvent dire ce que signifie le mot « Contact » et ce que représente le trait sur l'image.

DOC 10

Dans le livret ATOLE, demander aux élèves de compléter l'illustration « Contact » et la phrase qui la légende.

→ livrets CE et CM p. 6

RÉACTIVATION

→ **Rappeler aux élèves le rituel avec le mot « Contact ».**

Synthèse

À RETENIR

→ **L'ATTENTION** est un bien précieux dont nous avons tous besoin. Elle nous permet de nous connecter à notre entourage.

→ **« CONTACT »** : quand on fait attention à une personne ou à quelque chose, c'est comme si on était connecté à cette personne ou cette chose. L'attention crée un contact qui permet d'agir sur l'autre.

→ **LA « PETITE VOIX »** sert à lire ou à se répéter mentalement une phrase pour la retenir ou la comprendre.

→ **LES IMAGES MENTALES** nous permettent de visualiser mentalement une situation, comme si on avait une sorte d'**« appareil photo »** dans sa tête qui la prend en photo, ou une sorte d'**« écran mental »** sur lequel on la projette.

RITUELS

Le mot « Contact »

Quand ? À chaque fois qu'il est nécessaire que les élèves se « connectent » à vous, à ce que vous leur dites ou leur montrez.
Comment ? Prononcer le mot « Contact » (ou « Connexion », « Concentration » ou tout autre mot de votre choix). Ce mot indiquera aux élèves qu'il est nécessaire d'établir, pendant quelques instants, une connexion directe entre vous et les régions les plus « intelligentes » de leur cerveau, grâce à leur attention.
Pourquoi ? Pour habituer l'élève à contrôler son attention en se « connectant » grâce à un code simple.

Le perroquet

Quand ? De temps en temps.
Comment ? Au moment de donner une consigne orale ou écrite (dicter les devoirs, par exemple), proposer aux élèves de **répéter consciemment et silencieusement la consigne dans leur tête** jusqu'à ce qu'ils aient fini de la noter. Leur laisser le temps de terminer, sans répéter la consigne. Si les élèves ont bien compris cette technique, ils peuvent l'utiliser plus souvent.
→ Cette technique sera revue dans la séquence 10 (p. 178).
Pourquoi ? Cela permet aux élèves de **ritualiser l'utilisation de leur « petite voix »** et de prendre conscience de son intérêt dans la mémorisation.

Le photographe

Quand ? Lorsque les élèves doivent ranger leur bureau.
Comment ? Demander aux élèves de fermer les yeux et de poser les mains sur leur bureau, pendant que vous leur décrivez à l'oral ce qu'ils doivent laisser sur le bureau (par exemple, la trousse + la règle + l'agenda). **Proposer aux élèves d'imaginer dans leur tête ce à quoi va ressembler leur bureau après le rangement, sous forme d'une image mentale** (leur demander de « prendre une photographie dans leur tête du bureau rangé », pour qu'ils visualisent exactement à quoi celui-ci va ressembler). Ensuite, laisser les élèves agir pour que leur bureau ressemble à l'image mentale qu'ils se sont créée.
→ Cette technique sera revue dans la séquence 10 (p. 180).
Pourquoi ? Cela permet de **ritualiser l'utilisation des images mentales** avant de passer à l'action.

QUIZ CP → À L'ORAL

1. **Vrai ou faux ?**
Si je suis sage, c'est que je suis attentif.

2. **Quelle est la bonne proposition ?**
La petite voix est une voix…
❍ que tout le monde peut entendre. ❍ qu'on n'entend que dans sa tête.

3. **Vrai ou faux ?**
On peut faire attention à une image mentale de son voisin.

4. **Cherchez l'intrus.**
Je peux faire attention à :
ce que je touche – ce que pense ma voisine – mes émotions – ma respiration

5. **Quelle est la bonne proposition ?**
L'attention fonctionne :
❍ comme le frein du vélo. ❍ comme la roue du vélo.

CORRIGÉ
1. Faux : on peut être sage sans être attentif. Être attentif ne veut pas dire être sage. **2.** qu'on n'entend que dans sa tête. **3.** Faux. **4.** ce que pense ma voisine. **5.** comme le frein du vélo, qui fonctionne quand il est en contact avec la roue.

QUIZ CE et CM → livrets ATOLE p. 7

Pour ces niveaux, les quiz proposés sont individuels et écrits.
Leur corrigé se trouve à la fin de ce guide (p. 205).

BILAN DE FIN DE SÉQUENCE 1

Mes élèves savent-ils :
❍ expliquer l'objectif du programme ATOLE ?
❍ pourquoi l'attention permet d'établir un contact – donc se connecter – avec une personne ou un élément de leur environnement ?
❍ pourquoi il est utile et souvent nécessaire d'être attentif ?
❍ donner des exemples de métiers ou d'activités qui demandent d'être très concentrés, en expliquant pourquoi ?
❍ expliquer ce que sont la « petite voix » et les images mentales ?
❍ déplacer leur attention sur des cibles précises, à travers les cinq sens, dans leur corps ou autour d'eux ?
❍ réagir au mot « Contact » ?

À LA MAISON

Proposer aux élèves, au cours d'un temps en famille, par exemple à table au diner, ou avec ses amis, **de repérer si à un moment une personne n'est pas du tout attentive** – ou, au contraire, si une personne est très attentive – à ce que dit une autre. Demander ensuite à celles et ceux qui ont observé cela d'expliquer comment ils s'en sont rendus compte.

SÉQUENCE 2

L'équilibre attentionnel

Objectifs

- Découvrir la similitude entre la maitrise de son attention et le sens de l'équilibre, à travers la métaphore de la poutre de gymnastique.
- Comprendre que les distractions agissent comme des forces qui déséquilibrent notre attention.
- Être capable d'évaluer le niveau d'attention dont nous avons besoin pour réaliser une activité, à partir de deux codes : les dimensions de la poutre, les 3 « A ».

Plan de la séquence 2

PRÉREQUIS ENSEIGNANT·E AVANT LA SÉQUENCE 2

❍ J'ai compris pourquoi la capacité à garder son attention stable rappelle le sens de l'équilibre.

❍ J'ai compris pourquoi l'acquisition d'un bon sens de l'équilibre attentionnel prend du temps, pour apprendre à remarquer les signes précoces de la distraction et y réagir.

CONSEILS

- L'activité 1 peut être réalisée lors d'une séance d'EPS.
- Adapter au niveau de la classe l'outil proposé aux élèves pour évaluer le niveau d'attention requis. Par exemple, pour les CP CE, l'image de la poutre peut suffire (sans ses trois dimensions).
Il est également possible d'utiliser les 3 « A » pour les CP CE, et la poutre pour les CM.

ACTIVITÉ 1

Je fais l'expérience du sens de l'équilibre

Objectifs

- Comprendre qu'un bon sens de l'équilibre implique de remarquer tout de suite que l'on tombe, pour se rétablir sans attendre.
- Comprendre qu'il faut du temps et de l'entrainement pour acquérir le sens de l'équilibre, comme en sport.

Durée : (2 pictogrammes horloge)
Matériel : une poutre ou un banc étroit (à défaut, un ruban large de scotch de couleur)
Vidéo : « Le slackliner »

DÉROULEMENT DE L'ACTIVITÉ

• **Installer dans la salle de classe (ou bien dans la salle de motricité) une poutre ou un banc étroit**. S'il n'est pas possible de se procurer ce matériel, **coller une bande de scotch de couleur au sol**.
→ Il est possible d'installer quelques obstacles sur cette ligne pour rendre la traversée plus difficile.

• **Demander à un·e élève ou plusieurs de marcher sur cette poutre** (ou cette ligne).

• **Demander aux élèves pour qui l'exercice est compliqué d'indiquer pourquoi cela leur a semblé difficile**, et pourquoi ils n'ont pas réussi à rester simplement en équilibre debout sur la poutre.
→ Écouter leurs réponses. Les noter éventuellement d'un côté du tableau.

• **Reprendre les réponses données** pour faire émerger l'idée que lors de la traversée de la poutre, il y a des forces qui tirent de chaque côté et qui ont tendance à nous déséquilibrer (c'est l'effet de la pesanteur).

• **Solliciter quelques élèves qui y arrivent bien,** et leur demander de décrire comment ils s'y prennent.
→ Écouter leurs réponses. Les noter éventuellement de l'autre côté du tableau.

• **Questionner les élèves : « Que se passe-t-il si on attend trop** ou si on ne remarque pas qu'on est en train de pencher d'un côté ou de l'autre ? »
→ Évidemment, on tombe. Insister donc sur la nécessité de ressentir rapidement que l'on est en déséquilibre et d'y réagir immédiatement.

• **Indiquer que nous possédons tous une capacité plus ou moins développée à tenir en équilibre.** Elle nous permet de bien ressentir ces forces qui nous tirent de chaque côté et de les compenser, rapidement et constamment, par de petits mouvements. On appelle cela le **« sens de l'équilibre »**.

VARIANTE 1

Compliquer la traversée en y ajoutant des contraintes (à adapter selon le niveau), afin que les élèves ressentent mieux les difficultés que l'on peut rencontrer pour maintenir l'équilibre. Par exemple :
– leur demander de traverser en tenant un bâton en équilibre, à la verticale, dans la paume de la main ;
– les faire marcher en tenant un plateau avec une boule dessus ;
– rajouter des obstacles sur la poutre ;
– imaginer qu'il y a des crocodiles sous la poutre tout en racontant une histoire, etc.

VARIANTE 2

Remplacer la traversée de la poutre par des défis qui mobilisent l'équilibre attentionnel. Par exemple :
– marcher en tenant un œuf (dur !) dans une cuillère ;
– tenir des assiettes (en plastique ou en carton) en équilibre sur un bâton ;
– stabiliser une balle sur un plateau ;
– marcher sur une fine bordure ;
– tenir en équilibre sur une planche fixée sur une demi-sphère ;
– tenir sur un pied le plus longtemps possible (regarder qui reste le plus longtemps, éventuellement en les distrayant) ;

– marcher avec une balle posée en équilibre sur une raquette ;
– tenir debout sur un ballon de gym…

VARIANTE Vidéo **« Le slackliner »** (durée 2'12") : le slackliner Nathan Paulin traverse une highline fixée au-dessus du col de la Colombière.
→ Les élèves observeront très clairement les petits mouvements effectués par le slackliner pour trouver et rétablir en permanence son équilibre.

• **Demander aux élèves s'ils connaissent des sports ou des activités où le jeu est justement de ne pas tomber** malgré des forces, ou des adversaires, qui essaient de nous faire perdre l'équilibre.
→ Le judo, le skateboard, le surf…
• **Expliquer que dans toutes ces disciplines, on apprend à se préparer** à rester debout, et qu'on progresse à force de s'entrainer.
→ Cette idée d'entrainement est importante, elle induit dans l'esprit des élèves l'idée qu'ils peuvent progresser.
• **Enchainer rapidement avec l'activité 2,** pour que les élèves aient encore bien en mémoire ce qu'ils viennent d'expérimenter et l'associent plus facilement à l'équilibre attentionnel.

VIDÉO

Le slackliner
(2'12")

media.mdi-editions.com/s2a1

RÉACTIVATION

→ À partir de l'image du funambule ou d'autres sports où l'équilibre est important, **rappeler que pour rester stable, il faut remarquer tout de suite qu'on perd l'équilibre** pour se rétablir aussitôt.
→ **Les activités 1 et 2 peuvent être réactivées ensemble.**

ACTIVITÉ 2

Je découvre le sens de l'équilibre attentionnel

Objectifs

- Comprendre ce qu'est l'équilibre attentionnel et ce qui se passe quand on perd cet équilibre.
- Comprendre qu'il existe des forces, des distractions, qui peuvent nous pousser à rompre le contact avec l'objet de notre attention, comme entre le gymnaste et la poutre.
- Comprendre que l'on va apprendre à y réagir, et développer ainsi progressivement son sens de l'équilibre attentionnel.

Durée : 🕒🕒
Matériel : DOC 11
Vidéo : « Le slackliner »

DÉROULEMENT DE L'ACTIVITÉ

ATTENTION
Il est important de réaliser les activités 1 et 2 à la suite (ou de manière aussi rapprochée que possible) : ayant bien en mémoire le sens de l'équilibre expérimenté dans l'activité 1, les élèves y associeront ici plus facilement le sens de l'équilibre attentionnel.

Étape 1 : Faire le lien entre l'exercice de la poutre et l'équilibre attentionnel

• **Rappeler ce qui a été vu dans l'activité 1** (p. 50) **et dans la séquence 1** (p. 44) : « Lors des séances précédentes, nous avons vu que **l'attention établit un contact avec quelqu'un ou quelque chose,** et ce contact nous permet d'y réagir. Avec notre attention, nous sommes toujours en contact avec quelque chose, il y a toujours quelque chose qui nous fait réagir, comme nos pensées, le voisin, le bruit dehors, etc. »
• **Préciser : « Ce qui est difficile, c'est de faire attention longtemps à quelque chose,** de rester longtemps en contact avec cette chose. Comme lorsqu'on essaie de faire tenir un bâton en équilibre sur la paume de sa main ou quand on essaie de maintenir ses pieds sur une poutre que l'on traverse. »
• **Demander : « Qu'est-ce qui vous empêche de vous concentrer en général ? »**
→ Noter au tableau les réponses significatives.

• **Identifier les éléments** qui correspondent à des événements **externes** (bruits, mouvements...) et **internes** (soucis, pensées...).
→ Ceci permettra de montrer aux élèves que les distractions qui les déséquilibrent peuvent venir à la fois de l'environnement extérieur et de leur milieu interne. Cela permettra de réviser les différents vecteurs de l'attention présentés dans la séquence 1 (p. 27-47).

• **Demander : « Voyez-vous un rapport avec l'exercice de la poutre ? »**
• **Expliquer :** « Sur la poutre, j'essaie de maintenir mes pieds en contact avec celle-ci, mais parfois il y a des forces qui m'en empêchent. De la même manière, quand vous devez écouter en classe (ou faire un exercice), par exemple, **vous essayez de maintenir le contact avec moi** (ou avec cet exercice), mais des forces tentent parfois de vous en empêcher. »
• **Demander aux élèves de proposer à l'oral** quelques autres exemples de situations ou d'activités où il faut rester attentif (le judo, le skateboard, le surf, etc.).
• **Rappeler l'importance de l'entrainement :** « Vous êtes donc comme une judoka ou un gymnaste qui essaie de ne pas se laisser déstabiliser. Comme eux, vous n'y arriverez pas forcément tout de suite, mais vous y arriverez après vous être entrainés : c'est l'objectif du programme ATOLE. Cela peut prendre

du temps, mais c'est tout à fait normal et il ne faut pas se décourager. Vous allez progresser au fur et à mesure. »

Étape 2 : **Comprendre que l'on peut agir pour maintenir son équilibre attentionnel**

• **Projeter le DOCUMENT 11** et demander aux élèves de décrire ce qu'ils voient, puis pourquoi cela peut faire penser à l'attention.

DOC 11

• **Expliquer :** « Quand on essaie d'être attentif, **il se passe la même chose que lorsqu'on traverse une poutre.** On essaie d'aller d'un bout à l'autre de la poutre en restant en contact avec elle. Quand on réussit à rester attentif, c'est comme si on restait sur la poutre du début à la fin, d'un bout à l'autre. On réussit à **garder son équilibre attentionnel**. »

• **Poursuivre : « Quand j'explique quelque chose, je vous demande de rester en contact avec moi,** avec ma voix, du début de l'explication jusqu'à la fin. Quand vous me parlez, vous avez envie que je vous écoute du début jusqu'à la fin, c'est un peu comme si j'étais sur une poutre : si je suis distrait·e, c'est comme si je tombais de cette poutre. »

• **Demander :** « Depuis le début de la séance, **qui a senti qu'il perdait un peu son équilibre attentionnel ?** Comment l'avez-vous remarqué ? »

• **Expliquer : « Cette année, nous allons essayer d'apprendre ensemble quelles sont les forces qui nous distraient** et comment les compenser pour rester attentif. Un peu comme si nous apprenions à garder notre équilibre. »

VARIANTE Vidéo **« Le slackliner »** (durée 2'12'') proposée en activité 2 (p. 51).

• Demander aux élèves s'ils se souviennent du lien entre ce que montre ce film et l'attention.

• Rappeler que pour maintenir son attention, c'est comme pour maintenir son équilibre : il faut remarquer et corriger tout de suite nos déséquilibres. Plus on s'entraine, mieux on y arrive.

VIDÉO

Le slackliner
(2'12'')

media.mdi-editions.com/s2a1

RÉACTIVATION

→ **Demander le rapport entre le sens de l'équilibre et la maitrise de son attention** (il s'agit de remarquer tôt que l'attention est captée, pour la ramener aussitôt).

→ **Réactiver ensemble les activités 1 et 2.**

ACTIVITÉ 3 (PARTIE 1)

J'évalue correctement le niveau d'attention dont j'aurai besoin : 1 avec la poutre

Objectifs

- Comprendre que toutes les activités ne demandent pas le même niveau d'attention et comprendre qu'il est surtout important de penser à être attentif au bon moment.
- Utiliser les dimensions de la poutre pour évaluer le niveau d'attention dont on a besoin pour une activité.

Durée : 3 unités

Matériel :
- DOCS 12 à 18
- livret ATOLE

DÉROULEMENT DE L'ACTIVITÉ

CONSEIL

Ne pas hésiter à adapter au niveau de la classe l'outil proposé aux élèves pour évaluer l'attention dont ils ont besoin pour réaliser une tâche. Par exemple, pour les plus jeunes (CP CE), il n'est pas nécessaire d'aborder en détail les trois dimensions de la poutre, l'image de la poutre seule peut suffire.

Étape 1 : **Bien comprendre la métaphore de la poutre**

- **Projeter les DOCUMENTS 12 à 14** et demander aux élèves de décrire et expliquer ce qu'ils voient.

DOC 12

DOC 13

DOC 14

• **CP Pour chaque image, demander aux élèves :** « À votre avis, pour faire cette activité, est-ce qu'il faut être très attentif, ou est-ce que ce n'est pas très important d'être attentif ? »

• **Expliquer : « Toutes les activités que l'on fait ne demandent pas d'être attentif de la même façon.** Parfois, il est important de l'être beaucoup, comme si on devait traverser une poutre haute et étroite, d'autres fois on peut l'être beaucoup moins, comme si la poutre à traverser était basse et large. »

• **Projeter un par un les DOCUMENTS 15 à 18 et demander aux élèves, pour chaque photo, de lever la main** si cette activité leur demande beaucoup d'attention.

DOSC 15 À 18

→ Une partie des élèves seulement devrait lever la main à chaque fois.

• **Préciser : « Nous n'avons pas tous besoin d'être attentif de la même manière selon les activités.** Une activité qui ne demandera pas beaucoup d'attention à l'un ou l'une d'entre nous peut en demander beaucoup à quelqu'un d'autre. C'est quelque chose de personnel. »

• **CE CM Expliquer :** « Certaines activités demandent d'être attentif, comme si on devait traverser une poutre. **Parfois, il faut être très attentif, parfois moins.** Chaque tâche que l'on réalise nous demande un niveau d'attention adapté. »

• **Projeter à nouveau le DOCUMENT 12** et poursuivre : « La poutre qu'on doit traverser peut être **haute** quand il est **risqué** de se déconcentrer. »

• **Enchainer avec le DOCUMENT 13** : « Elle peut être **étroite**, si ce que l'on doit faire est **difficile** », puis finir en disant qu'elle peut aussi être longue si on doit se concentrer longtemps.

• **Projeter enfin le DOCUMENT 14 :** « Quand on n'a pas besoin d'être très attentif, ou attentive, pour faire quelque chose, c'est comme si on devait traverser une poutre basse et large. »

• **Projeter un par un les DOCUMENTS 15 à 18 et demander aux élèves, pour chaque photo, de lever la main** si cette activité leur demande beaucoup d'attention.

→ Une partie des élèves seulement devrait lever la main à chaque fois.

• **Préciser : « Nous n'avons pas tous besoin d'être attentif de la même manière selon les activités.** Une activité qui ne demandera pas beaucoup d'attention à l'un ou l'une d'entre nous peut en demander beaucoup à quelqu'un d'autre. C'est quelque chose de personnel. »

• **CM Détailler chaque critère** pour que les élèves puissent bien faire le lien avec l'équilibre attentionnel et s'approprier la métaphore. Veiller à adapter le vocabulaire à la tranche d'âge et au niveau de la classe.

→ **Poutre étroite :** mon attention doit être très continue, la tâche est « difficile » (**poutre large :** je peux me permettre d'être un peu distrait·e car la tâche est facile. Je sais la réussir de façon un peu automatique).

→ **Poutre longue :** je dois être attentif ou attentive longtemps, la tâche est longue (**poutre courte** : je dois l'être quelques instants seulement).

→ **Poutre haute :** il est vraiment important de réussir la tâche, je dois avoir une attention bien continue. En cas d'échec, les conséquences peuvent être fâcheuses, voire graves (**poutre basse** : je ne risque pas grand-chose à rater, je peux facilement recommencer, je n'ai pas besoin d'une attention très précise et continue).

• **Demander aux élèves : « Pouvez-vous me donner un exemple d'activité difficile**, qui demanderait autant d'attention que si vous deviez traverser une poutre étroite ? » Procéder de même avec une poutre haute et une poutre longue.

→ **Proposer plusieurs exemples,** pour vérifier que ces concepts sont bien compris : faire du vélo le long d'une route avec beaucoup de voitures, jouer au frisbee, faire du roller avec ou sans protections, boire un verre de sirop, manger une pêche avec une chemise blanche toute propre…

• **Demander :** « À quelle situation correspond pour vous une poutre étroite ou haute à l'école ? »

• **CP CE CM Prendre le temps** de bien faire comprendre la métaphore de la poutre aux élèves.

• **Expliquer** ensuite que cette année, vous utiliserez cette référence aux dimensions de la poutre pour leur faire comprendre le niveau d'attention dont ils auront besoin pour réaliser un exercice.

• **Rappeler que pour un même exercice, le niveau d'attention demandé par l'exercice peut varier** d'un·e élève à l'autre.

Étape 2 : **Évaluer avec la poutre le niveau d'attention dont on a besoin pour une activité et à quel moment**

• **Demander :** « Vous arrive-t-il, pour certaines activités à l'école ou ailleurs, de **sous-estimer le niveau d'attention dont vous avez besoin** ? Pouvez-vous me donner des exemples ? »

• **Expliquer : « Chaque tâche que vous réalisez est comme une poutre à traverser**, plus ou moins étroite, haute ou longue. C'est à chacun d'estimer les dimensions de cette poutre, pour juger si vous devez être très attentif ou non pour faire cette tâche. »

→ **RITUEL « La poutre » p. 60**

VARIANTE CM2

On peut faire construire un outil aux élèves pour représenter les trois dimensions de la poutre : par exemple, trois disques concentriques représentant chacun l'une des trois dimensions.

• **Proposer l'activité suivante :** « Je vais tenir cette craie dans ma main et la lâcher à un moment. Vous devez dire "stop" avant qu'elle ne tombe par terre. » Lever la main et attendre environ trente secondes avant de lâcher la craie.

→ Une majorité d'élèves devrait réagir rapidement.

• **Expliquer : « Vous voyez, vous savez déjà être attentifs quand vous le décidez.** Le problème, souvent, c'est que vous oubliez de décider d'être attentifs, parce que vous ne pensez pas que c'est nécessaire. **L'image de la poutre doit vous aider à vous rappeler à quel moment vous devez être attentif,** au moment d'aborder une activité. »

• **Récapituler : « Quand je commence une activité, c'est comme si je montais sur une poutre.** Je dois évaluer si cette activité me demande une attention particulière. Je sais être attentif si je le décide : il faut donc que je le décide au bon moment. »

→ Au fur et à mesure, l'élève va développer de lui-même ou d'elle-même la capacité à reconnaitre qu'une activité, ou un moment de cette activité, lui demande d'être particulièrement attentif ou attentive (donc que la poutre est étroite).

CONSEIL

Entrainez et habituez les élèves à comparer leur besoin d'attention estimé (avant une activité) avec l'attention qu'ils ont réellement dû mobiliser pendant l'activité (évaluée *a posteriori*).

Dans le livret ATOLE :

– proposer aux élèves de colorier en rouge ou en vert la pastille qui accompagne chaque image selon que l'activité représentée leur demande beaucoup ou peu d'attention ;

– demander aux élèves d'entourer les mots qui conviennent pour rappeler ce que signifie l'image de la poutre.

→ livrets CE et CM p. 8 et 9

RÉACTIVATION

→ **Demander aux élèves s'ils se rappellent ce que représente la poutre,** et quel est son lien avec leur attention (« Lorsque vous faites une activité, c'est comme lorsque vous traversez une poutre : vous devez vous concentrer pour garder votre attention sur ce que vous faites. »

→ CE CM **Demander aux élèves : « Vous souvenez-vous des trois dimensions de la poutre (hauteur, largeur, longueur) ?** À quelle activité correspondrait une poutre haute ? », etc.

ACTIVITÉ 3 (PARTIE 2)

J’évalue correctement le niveau d’attention dont j’aurai besoin : ② avec les 3 « A »

Objectif

- Apprendre à utiliser un second code pour évaluer l’attention requise : les 3 « A » de couleur pour évaluer rapidement si ce que l’on a à faire demande beaucoup d’attention, ou peu.

Durée :

Matériel :
- DOCS 19 à 23, DOC 28
- livret ATOLE
- DOCS 24 à 27 (optionnels)

DÉROULEMENT DE L’ACTIVITÉ

Étape 1 : Évaluer avec les 3 « A » le niveau d’attention nécessaire pour les minutes qui suivent

• **Annoncer aux élèves :** « Parfois, pour évaluer le niveau d’attention dont vous aurez besoin, nous utiliserons un autre code que la poutre. »

• **Projeter le DOCUMENT 19** et demander à un·e élève de décrire l’image.

DOC 19

• **Demander aux élèves**, pour chaque situation illustrée, si elle leur semble difficile.

• **Expliquer :** « Sur cette image, “A” signifie “attention”. » D’après vous, que signifie le “A” rouge ? le “A” orange ? le “A” vert ? »

• **Expliquer :** « Parfois, pour vous aider à bien évaluer le niveau d’attention dont vous aurez besoin, **j’utiliserai ces trois “A” de couleur,** pour aller un peu plus vite qu’avec la poutre. Grâce à ce petit code plus simple, vous saurez qu’il faut être attentif dans les minutes qui vont suivre, et s’il faut l’être un peu, normalement ou beaucoup. » → RITUEL Les 3 « A » p. 60

→ Par exemple, lorsque quelque chose de nouveau est abordé, avec une nouvelle explication, on montrera le « A » rouge.

• **À partir du DOCUMENT 19**, détailler la signification de chaque « A ».

• **Expliquer : « Avant de vous lancer dans une activité, vous pouvez également évaluer vous-même** de quel niveau d’attention vous avez besoin : rouge, orange ou vert. » → RITUEL Les 3 « A » p. 60

• **Projeter un par un les DOCUMENTS 20 à 23** (page suivante). **Pour chaque photo, demander aux élèves de lever deux mains** s’ils estiment que cette activité leur demande un niveau d’attention « A rouge », une seule main pour un niveau d’attention « A orange » et de garder les mains baissées pour « A vert ».

→ Les réponses devraient varier selon les élèves.

• **Rappeler aux élèves que le niveau d’attention pour réaliser une activité, scolaire ou non, sera variable** d’un·e élève à l’autre, selon l’habitude que chacun·e a de cette activité.

DOCS 20 À 23

→ Il est possible de proposer aux élèves de compléter un « Tableau des 3 “A” » (**DOCUMENT 24**) dans lequel ils classent les exemples d'activités proposés. Ils peuvent également choisir eux-mêmes des activités à inscrire dans le tableau. Chacun·e doit alors trouver une ou plusieurs activités qui lui demandent un niveau d'attention élevé, moyen puis plus faible.

DOC 24

LE TABLEAU DES 3 « A »

J'évalue le besoin d'attention dont je pense avoir besoin pour réaliser une activité.

A	A	A

EXEMPLES D'ACTIVITÉS

Copier une leçon	Utiliser sa règle	Écouter la maitresse ou le maitre	Calculer dans sa tête	Tracer une figure géométrique
Apprendre une leçon	Lire à haute voix	Réciter une leçon	Apprendre une carte de géographie	Faire une dictée
Lire dans sa tête	Faire une fiche d'écriture	Lire l'heure	Apprendre des dates d'histoire	
Compter dans sa tête	Poser une opération	Répondre à une question	Apprendre une poésie	

VARIANTE

À la place des 3 « A » rouge, orange et vert, il est possible d'utiliser d'autres outils (à adapter au niveau de la classe) :
- un cube de couleur avec trois faces colorées et trois blanches (la couleur de la face supérieure indique le niveau d'attention, les faces blanches indiquent juste que le cube n'est pas utilisé à ce moment-là) ;
- un cube avec deux faces rouges, deux faces orange, deux faces vertes ;
- une bande avec 4 cases de couleur (blanc, vert, orange, rouge) et un curseur ;
- un disque avec 4 cadrans de couleur (blanc, vert, orange, rouge) et une flèche...

TRAVAUX PRATIQUES

• **Proposer aux élèves de se construire un outil** qu'ils pourront garder avec eux et utiliser régulièrement, individuellement, avant une activité réalisée en classe (exercice de français, mathématiques, etc.).

• **Plusieurs modèles** sont proposés dans le bloc détachable :
→ « l'Attentifomètre » (**DOCUMENT 25**) ;
→ le « Cube des 3 “A” » (**DOCUMENT 26**) ;
→ le « Camembert des 3 “A” » (**DOCUMENT 27**).

DOC 25

L'ATTENTIFOMÈTRE

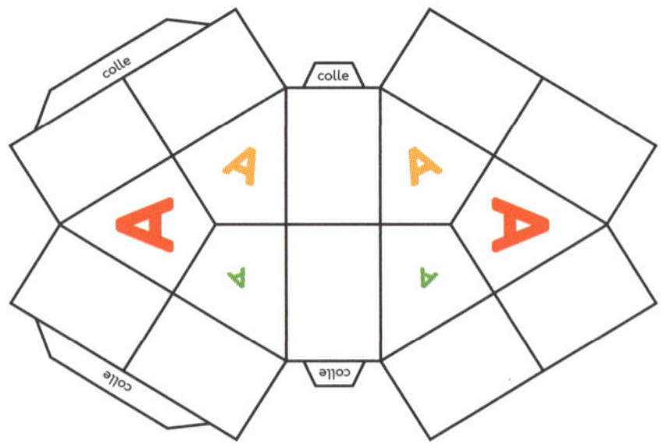

1. **Découpe ce patron.**
2. **Marque bien les pliures.**
3. **Dépose de la colle** sur les languettes et assemble-le.
4. Tu peux désormais évaluer le niveau d'attention dont tu penses avoir besoin pour réaliser une activité ! Il te suffit de poser ton attentifomètre sur la table en mettant vers le haut le A de couleur correspondant.

DOC 26

LE CUBE DES 3 « A »

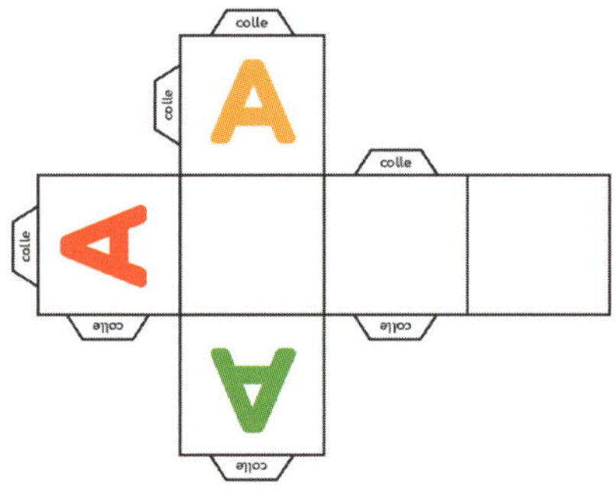

1. **Découpe ce patron.**
2. **Marque bien les pliures.**
3. **Dépose de la colle** sur les languettes et assemble-le.
4. Tu peux désormais évaluer le niveau d'attention dont tu penses avoir besoin pour réaliser une activité ! Il te suffit de poser ton cube sur la table en mettant devant toi le « A » de couleur correspondant.

DOC 27

LE CAMEMBERT DES 3 « A »

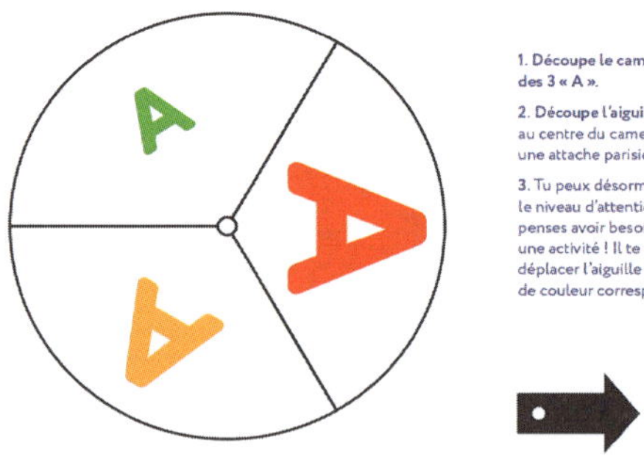

1. **Découpe le camembert des 3 « A ».**
2. **Découpe l'aiguille et fixe-la** au centre du camembert avec une attache parisienne.
3. Tu peux désormais évaluer le niveau d'attention dont tu penses avoir besoin pour réaliser une activité ! Il te suffit de déplacer l'aiguille vers le « A » de couleur correspondant.

CONSEIL

Comme pour la poutre, entrainez et habituez les élèves à comparer leur besoin d'attention estimé (avant une activité) avec l'attention qu'ils ont réellement dû mobiliser pendant l'activité (évaluée *a posteriori*).

Étape 2 : **Faire le point sur les outils proposés : la poutre et les 3 « A »**

• **Projeter le DOCUMENT 28** et demander aux élèves de lire à voix haute le texte de l'image (pour les CP, le lire aux élèves).

→ Il est possible d'afficher ce document en classe de manière permanente. Il sera ainsi plus facile d'y faire référence durant les cours.

Dans le livret ATOLE, demander aux élèves de relier chaque poutre et chaque activité à un « A ».

→ livrets CE et CM p. 10

RÉACTIVATION

→ **Réactiver ce qui a été vu au sujet de la poutre** dans la première partie de l'activité (voir p. 54).

→ CE CM **Demander aux élèves : « Vous souvenez-vous des trois dimensions de la poutre (hauteur, largeur, longueur) ? À quelle activité correspondrait une poutre haute ? », etc.**

→ **Rappeler le sens et l'utilisation des 3 « A »** en utilisant le **DOCUMENT 19**. **Demander des exemples d'activité** pour chaque « A ».

SÉQUENCE 2

Synthèse

À RETENIR

→ **LA POUTRE** évoque le sens de l'équilibre attentionnel. Les dimensions de la poutre (largeur, hauteur, longueur) précisent le niveau et la durée d'attention nécessaires pour réaliser une activité.

→ **LES 3 « A »** de couleur permettent d'indiquer à l'élève si, dans les minutes qui suivent, il lui faudra être très attentif, modérément attentif ou entre les deux.

RITUELS

La poutre

Quand ? Avant chaque activité où cela peut être utile.

Comment ?

• **Demander aux élèves de se représenter cette activité comme une poutre à traverser.** Indiquer ensuite : « Quand vous serez prêts, montez sur la poutre et préparez-vous à rester bien stables, même si vous êtes distraits par des choses autour de vous. »

• **CE** **CM** Pour les plus grands, leur faire évaluer le niveau et la durée de concentration dont ils vont avoir besoin : « Pour vous, pour cette activité, la poutre est-elle étroite ou large ? Courte ou longue ? Haute ou basse ? »

Pourquoi ? Pour que les élèves se rappellent **l'importance d'être bien concentrés**, mais aussi pour les ramener dans une attitude de vigilance.

Les 3 « A »

Quand ? Avant chaque activité où cela peut être utile.

Comment ? De deux manières :

– **en alternance avec la poutre**, demander de temps en temps aux élèves d'évaluer en quelques secondes, à l'aide des 3 « A », le niveau d'attention dont ils pensent avoir besoin pour cette activité ;

– **mobiliser les 3 « A » de manière directe**, par exemple au moment d'aborder quelque chose de nouveau, une nouvelle explication : « Attention, "A" rouge pendant trois minutes ! », et afficher au tableau un grand "A" de couleur rouge pendant ces trois minutes (bien penser à l'enlever à la fin de l'explication).

Pourquoi ? Pour amener progressivement les élèves à **gérer l'intensité de leur concentration** dans le temps.

QUIZ CP → À L'ORAL

1. **Trouvez l'intrus.** Pour ne pas tomber de la poutre, il faut…
remarquer vite qu'on perd l'équilibre – se rétablir tout de suite quand on remarque qu'on perd l'équilibre – réfléchir à ce qu'il faut faire si on tombe.

2. **Quelle est la bonne proposition ?**
Rester concentré pour réussir une activité difficile, c'est comme traverser une poutre…
❍ haute et étroite. ❍ basse et large.

3. **Quelle est la bonne proposition ?**
Si je vous montre un « A » rouge, cela veut dire que dans les minutes qui viennent…
❍ vous n'avez pas besoin d'être très concentrés sur votre activité.
❍ vous devez être bien concentrés sur votre activité.

4. **À quel « A », rouge ou vert, correspond chacune de ces activités ?**

5. **Vrai ou faux ?**
L'essentiel, c'est d'être bien attentif tout le temps.

CORRIGÉ
1. réfléchir à ce qu'il faut faire si on tombe. **2.** haute et étroite. **3.** vous devez être bien concentrés sur votre activité.
4. Volley : A ; se promener : A. **5.** Faux : l'essentiel est d'être attentif au bon moment.

QUIZ CE et CM → livrets ATOLE p. 11

Pour ces niveaux, les quiz proposés sont individuels et écrits.
Leur corrigé se trouve à la fin de ce guide (p. 205).

BILAN DE FIN DE SÉQUENCE 2

Mes élèves savent-ils :
❍ expliquer pourquoi être attentif s'apparente à garder son équilibre sur une poutre ?
❍ expliquer, à la fin d'un exercice réalisé en classe, à quel moment ils sont tombés de leur poutre et pourquoi ?
❍ évaluer, avant de réaliser une activité, le niveau d'attention dont ils auront besoin en s'aidant des 3 « A » ?
❍ CM évaluer, avant de réaliser une activité, le niveau d'attention dont ils auront besoin en référence aux dimensions de la poutre ?

À LA MAISON

Demander aux élèves de penser à leurs activités en dehors de l'école (maison, loisirs) et de **repérer une activité qui correspond à une poutre étroite, et une autre à une poutre large**. Ils doivent également **observer s'ils tombent de la poutre**, et pourquoi.
Lors de la séance suivante, proposer aux élèves de décrire ces situations.

SÉQUENCE 3

Le cerveau et les neurones

Objectifs

- Découvrir le cerveau et ses principales fonctions.
- Découvrir les neurones et leur fonctionnement.
- Comprendre comment le cerveau traite les informations.

Plan de la séquence 3

PRÉREQUIS ENSEIGNANT·E AVANT LA SÉQUENCE 3

❍ Je sais décrire de façon sommaire l'organisation du cerveau, avec ses grandes fonctions.

❍ J'ai compris que les neurones fonctionnent en réseau pour parvenir à réaliser des tâches complexes.

ACTIVITÉ 1

Je découvre ce qu'est le cerveau

Objectifs

- Découvrir l'aspect général du cerveau.
- Comprendre à quoi sert le cerveau dans la vie de tous les jours.

Durée :
Matériel :
- DOCS 29 à 32
- maquette de cerveau (optionnelle)

DÉROULEMENT DE L'ACTIVITÉ

Étape 1 : **Découvrir l'aspect du cerveau**

• **Demander aux élèves s'ils savent où se trouve le cerveau.**
→ Ils répondront probablement : « Dans la tête ». Confirmer qu'il se trouve dans la boite crânienne.
• **Projeter le DOCUMENT 29**, ou montrer aux élèves une maquette de cerveau en plastique s'il y en a à disposition dans la classe. Les laisser réagir.

DOC 29

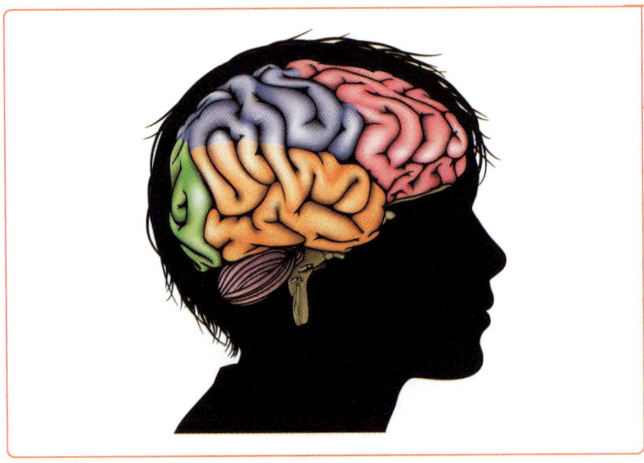

• **Demander : « À quoi ressemble le cerveau ? »**
→ On peut dire que le cerveau ressemble par exemple à un gant de boxe.
• **Projeter** le **DOCUMENT 30** pour illustrer cela.
• **Demander :** « À votre avis, combien pèse-t-il ? »
→ Le cerveau pèse un peu plus d'un kilo.
• **Demander : « Pourquoi semble-t-il "plié" ? »**
→ Les élèves peineront probablement à répondre.
• **Expliquer :** « Le cerveau, c'est un peu comme

À QUOI RESSEMBLE LE CERVEAU ?

DOC 30

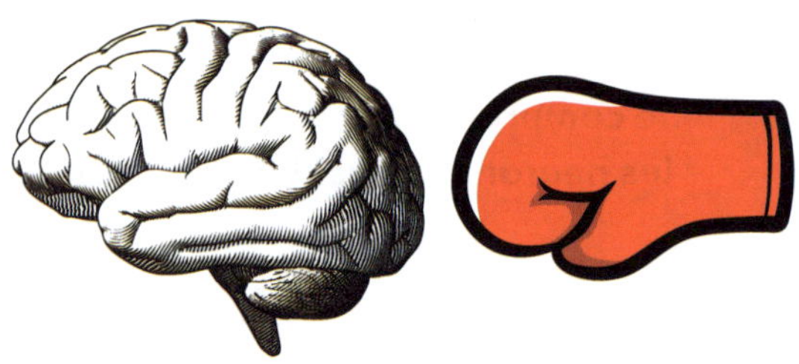

une taie d'oreiller qu'on aurait tenté de faire rentrer dans un petit bocal : pour que l'oreiller rentre dans le bocal, il faut le plier ! De la même manière, pour rentrer dans la boite crânienne, le cerveau doit être replié, ce qui explique son aspect. »
→ CM On peut préciser que dépliée, la surface du cerveau correspond à peu près à celle d'une taie d'oreiller (50 cm x 50 cm).

Étape 2 : **Comprendre à quoi sert le cerveau**

• **Demander : « À quoi sert le cerveau ? »**
→ Les élèves répondront sans doute qu'il sert à réfléchir. Ajouter qu'il permet aussi de se concentrer, donc de « faire attention ».
• **Projeter les DOCUMENTS 31** et **32** (voir page suivante). Demander à un·e ou plusieurs élèves de **décrire ce qu'ils voient et de lire les textes** (les lire directement aux CP).

DOC 31

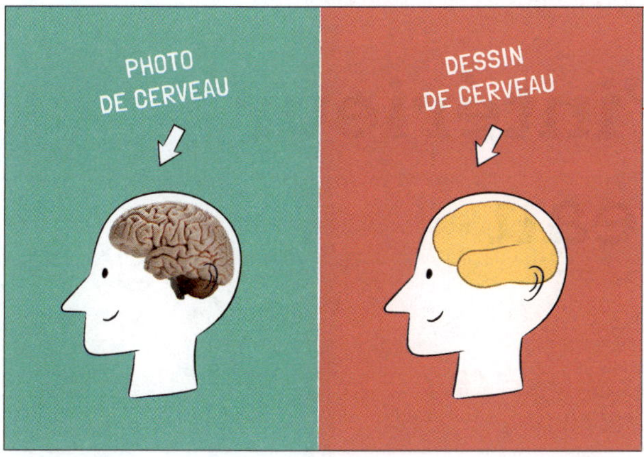

DOC 32

• **Expliquer** les images avec eux.

• **Conclure :** « Le cerveau ne nous sert pas seulement à réfléchir. Il nous sert aussi à **percevoir**, c'est-à-dire à remarquer et à comprendre les informations qui nous arrivent par les yeux, les oreilles, le nez, la peau… et aussi à agir. Il nous sert également à apprendre et à mémoriser. »

RÉACTIVATION

→ **Demander à un·e élève de rappeler à quoi fait penser la forme du cerveau** (le gant de boxe) et demander à quoi il sert.

→ **Rappeler qu'il sert à réfléchir, à remarquer et reconnaitre les informations** que nous transmettent nos sens, et à agir.

ACTIVITÉ 2

Je découvre l'intérieur du cerveau

Objectifs

- Découvrir que le cerveau est composé de différentes parties, les lobes.
- Comprendre que chaque partie du cerveau possède un rôle spécifique.

Durée :
Matériel :
- DOC 33
- livret ATOLE
- pâte à modeler (optionnelle)
- maquette de cerveau (optionnelle)

DÉROULEMENT DE L'ACTIVITÉ

• **Projeter le DOCUMENT 33.**

LES LOBES DU CERVEAU

DOC 33

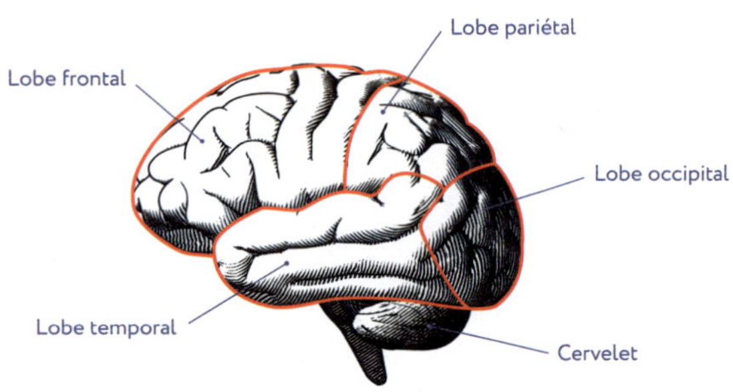

• **Comparer le cerveau à la planète Terre.** On appelle sa surface le « cortex », ce qui signifie « écorce », comme l'écorce terrestre. Le cerveau aussi a des continents, qu'on appelle des « lobes » (quatre de chaque côté, dans chaque hémisphère).

• **Montrer les quatre lobes du cerveau** et indiquer qu'ils servent tous à faire des choses différentes. Par exemple (en simplifiant) : « Sans lobe occipital, je suis aveugle. Sans lobe temporal, je n'ai plus de mémoire et je suis sourd·e. Sans lobe frontal, je ne plus me concentrer, ni parler. Sans lobe pariétal, je ne peux plus saisir et utiliser des objets. »
→ Si les élèves demandent si un cerveau a des mers, dire que le cerveau contient des poches de liquide, appelées « ventricules ».

VARIANTE
CE CM Proposer aux élèves de « créer » un cerveau en pâte à modeler, avec différentes couleurs de pâte.

• **Dans le livret ATOLE,** faire colorier aux élèves les différents lobes du cerveau et leur demander de compléter la légende.
→ livrets CE et CM p. 12

RÉACTIVATION

→ **Rappeler que le cerveau est composé de différentes parties, les « lobes »,** et que chacun sert à faire des choses différentes.

ACTIVITÉ 3

Je découvre les neurones et leurs connexions

Objectifs

- Savoir décrire sommairement un neurone.
- Comprendre que les neurones sont connectés entre eux.

Durée : 2 séances

Matériel :
- DOCS 33 à 37
- livret ATOLE

Vidéo : « Dessine-moi un cerveau »

DÉROULEMENT DE L'ACTIVITÉ

Étape 1 : **Découvrir ce qu'est un neurone**

• **Projeter à nouveau le DOCUMENT 33** présentant les lobes du cerveau.

DOC 33

LES LOBES DU CERVEAU

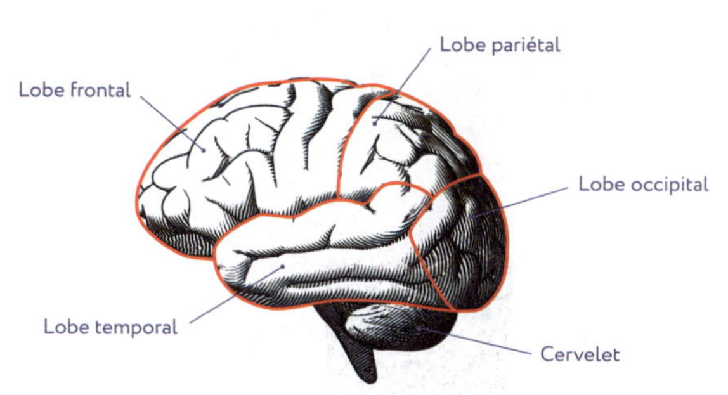

• **Expliquer que chaque lobe du cerveau est composé de neurones** (de la même façon que si on s'approche d'une forêt, on voit qu'elle est composée d'une multitude d'arbres).

• **Projeter le DOCUMENT 34 et expliquer : « Voilà à quoi ressemble l'un de ces neurones** lorsqu'on l'observe au microscope. »

• **Poursuivre** : « Derrière lui, on voit d'autres neurones. **Ils forment ensemble un réseau de neurones**, c'est-à-dire qu'ils s'envoient des messages, comme dans les réseaux sociaux. Nous y reviendrons. »

• **Demander :** « À quoi cette photo de neurone vous fait-elle penser ? »

→ Ce neurone ressemble à un arbre en hiver vu d'en bas.

• **Projeter ensemble les DOCUMENTS 34 et 35** pour que les élèves perçoivent la ressemblance.

DOC 34

DOC 35

Étape 2 : **Comprendre que les neurones sont reliés entre eux et travaillent ensemble**

• **Projeter le DOCUMENT 36** et demander à un·e élève de lire à voix haute les différents textes de l'image.

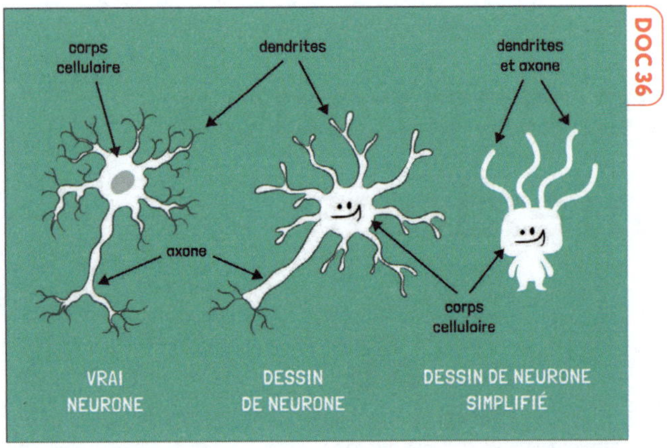

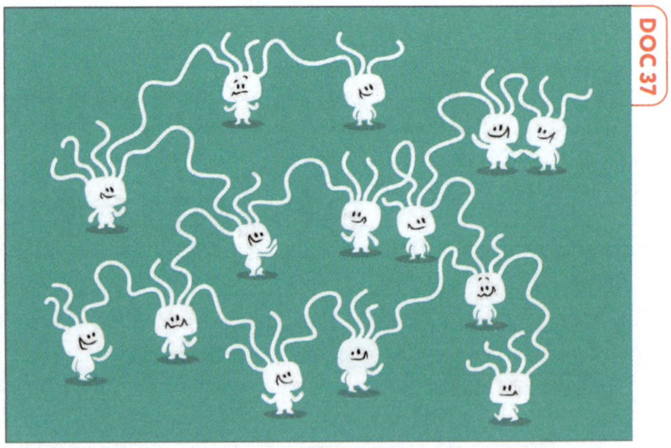

• **Expliquer : « Dans le cerveau, il y a environ cent milliards de neurones** comme celui-ci, c'est-à-dire qu'il y a à peu près autant de neurones dans le cerveau que d'étoiles dans notre galaxie. Il y a aussi autant de neurones que de grains de sable dans une boite cubique d'un mètre de côté ! »

→ En réalité, notre cerveau contient deux fois moins de neurones qu'il n'y a d'étoiles dans notre galaxie, mais l'ordre de grandeur est le même. De la même manière, notre cerveau contient dix fois moins de neurones que le nombre d'arbres sur Terre.

• **Projeter le DOCUMENT 37 et expliquer : « Ces neurones sont connectés les uns aux autres**, c'est-à-dire qu'ils peuvent s'envoyer des messages pour travailler ensemble. On peut dire aussi qu'ils forment des forêts qui recouvrent toute la surface du cerveau, et où les arbres communiqueraient entre eux. »

VARIANTE CE CM Vidéo « **Dessine-moi un cerveau** » (durée 2'58'')

→ Ce petit film du CEA présente de manière très claire et accessible les composantes du cerveau et la communication entre les neurones.

Dans le livret ATOLE, demander aux élèves d'entourer les mots indiquant ce à quoi servent les neurones.

→ livrets CE et CM p. 13

RÉACTIVATION

→ **Projeter les DOCUMENTS 33 et 37 et demander aux élèves de décrire** ce qu'ils voient.

→ **Reformuler avec les élèves ce que sont les neurones et à quoi ils servent** en utilisant les mots « cerveau », « neurones », « réseau » et « connectés ».

VIDÉO

CE CM

« Dessine-moi un cerveau » (2'58'')

media.mdi-editions.com/s3a3

ACTIVITÉ 4

Je comprends à quoi servent les neurones

Objectifs

- Comprendre que certains neurones servent à percevoir et fonctionnent comme des « détecteurs », et que d'autres neurones servent à agir.
- Comprendre que l'attention rend certains neurones « détecteurs » plus sensibles.
- Comprendre que les neurones qui servent à agir font parfois équipe avec les neurones qui servent à percevoir, pour créer des automatismes.

Durée : 🕒🕒🕒
Matériel :
DOCS 38 à 44
Vidéos :
- « À quoi sert le cerveau ? »
- « Comment notre cerveau apprend-il à lire ? »

DÉROULEMENT DE L'ACTIVITÉ

Étape 1 : **Comprendre le rôle central du cerveau**

• **Demander** : **« Qui peut me rappeler quels sont les cinq sens principaux ?** Et à quels organes ils correspondent ? »

→ On peut éventuellement rajouter le sens de l'équilibre (ou sens vestibulaire) et la proprioception (sentir la position de son corps dans l'espace).

• **Poursuivre : « Imaginez-vous dans la forêt.** Vous apercevez une biche et vous voulez vous rapprocher sans qu'elle s'enfuie. Vous devez rester discret. Il ne faut pas que la biche vous voie, ni qu'elle vous … ? »

→ Laisser venir les réponses : « entende, sente… »

• **Demander aux élèves quel verbe/mot désigne tout cela à la fois** : voir, entendre, sentir… Si les élèves ne trouvent pas, **leur donner le mot « percevoir »** : « Pour qu'elle ne vous remarque pas, la biche ne doit pas vous percevoir. »

→ Si ce mot déroute les élèves, l'expliquer à l'aide de l'adjectif « imperceptible » : ce qui est imperceptible, c'est ce qu'on ne remarque pas. On ne se rend pas compte que c'est là.

• **Expliquer que notre cerveau nous permet de reconnaitre ce que nous percevons,** c'est-à-dire ce que nous voyons, entendons, ressentons... Nous avons des yeux pour voir, des mains pour attraper, mais c'est notre cerveau qui sait reconnaitre un objet et comment s'en servir.

• **Demander aux élèves des exemples d'actions de la vie quotidienne.**

• **Choisir quelques exemples parmi les réponses et demander** ensuite, par exemple, pour « nager » : « Est-ce que ce sont tes bras et tes jambes qui savent comment nager ? » ; pour « lire un livre » : « Est-ce que ce sont tes yeux qui savent comment lire ? » ; pour « courir » : « Est-ce que ce sont tes pieds qui savent comment courir ? »…

• **Expliquer :** « C'est notre cerveau qui sait shooter dans un ballon, pas nos muscles. C'est notre cerveau qui sait danser, pas nos pieds. Notre cerveau décide comment nous allons réagir à ce que nous percevons. ».

VARIANTE ▶ Vidéo **« 1 jour, 1 question : À quoi sert le cerveau ? »** (durée 1'42'')

→ Accessible dès le CP, ce petit film explique simplement le fonctionnement du cerveau et de ses neurones.

Étape 2 : **Comprendre que certains neurones servent à percevoir, d'autres à agir**

• **Expliquer : « Certains neurones sont connectés directement aux organes des sens** et servent à percevoir. **D'autres neurones sont connectés aux muscles** et peuvent les faire bouger, donc nous faire agir. Ensemble, en communiquant les uns avec les autres, ils permettent de réagir à ce que nous percevons ».

• **Projeter ensuite le DOCUMENT 38.**

DOC 38

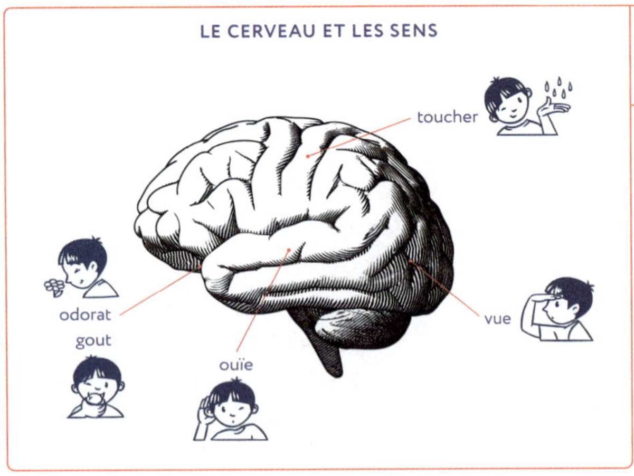

• **Expliquer :** « Les informations provenant de nos cinq sens sont toutes traitées dans le cerveau, mais **chacune est traitée dans une zone du cerveau bien spécifique**, selon le sens concerné. » Donner des exemples en décrivant l'image.

→ Remarque : pour l'olfaction et pour le gout, la zone est en réalité située en profondeur.

• **Projeter les DOCUMENTS 39 et 40** et expliquer : « Certains neurones nous servent à identifier ce que

DOC 39

DOC 40

nous percevons, pour reconnaitre un objet, le parfum d'une fleur, la voix d'un ami... Chacun d'eux réagit plus à certaines choses qu'à d'autres et envoie de petits messages dès qu'il les reconnait. Il agit comme une sorte de petit détecteur. »

• **Donner aux élèves des exemples de détecteurs,** pour qu'ils comprennent bien le principe : détecteurs de fumée, ouverture automatique d'une porte, lumière dans un jardin...

VARIANTE CM Vidéo « **Comment notre cerveau apprend-il à lire ?** » (durée 3'07'')

→ Une animation très claire qui montre comment le fait de lire mobilise et coordonne l'action de différentes zones de notre cerveau.

Étape 3 : **Comprendre que d'autres neurones servent à agir**

• **Projeter le DOCUMENT 41 puis expliquer :** « Voyons maintenant pour les actions : en plus des neurones

DOC 41

qui servent à percevoir, **d'autres neurones, situés ailleurs dans le cerveau, servent à faire bouger chaque partie de notre corps.** Ils envoient aux muscles des informations, pour leur dire par exemple de lever le pied, ouvrir la bouche, etc. »

→ Pour aller plus loin, on peut expliquer qu'en plus de percevoir et agir, le cerveau sert aussi à :
– reconnaitre (qu'un objet est un stylo) ;
– localiser l'objet dans l'espace ;
– se souvenir de la manière dont il faut agir (la manière de prendre un stylo) : les organes des sens et les muscles ne peuvent pas y arriver seuls.

• **Projeter le DOCUMENT 42** (voir page suivante) **et expliquer :** « Chaque neurone a des amis, qui forment son réseau et avec qui il préfère discuter. Un peu comme nous, finalement. Les neurones deviennent amis à force de travailler en même temps. Quand certains neurones se réveillent et sont actifs, ils peuvent réveiller les autres neurones de leur réseau. »

DOC 42

• **Projeter le DOCUMENT 43 et expliquer :** « Les neurones qui servent à percevoir et ceux qui servent à agir peuvent **former des connexions entre eux et devenir amis.** Par exemple, comme vous prenez souvent votre stylo quand vous le voyez devant vous, les neurones qui réagissent au stylo sont devenus amis avec ceux qui savent le prendre avec la main. »

DOC 43

• **Rappeler l'image du détecteur :** « Un détecteur remarque que quelqu'un arrive, il envoie un message au mécanisme de la porte, qui s'ouvre. Le détecteur perçoit quelque chose, la porte s'ouvre. Cela fonctionne à chaque fois, c'est automatique. »
• **Poursuivre :** « Avec les neurones, c'est le même principe : quand certains neurones perçoivent quelque chose, ils envoient un message à leurs neurones amis, qui agissent, et parfois c'est automatique. »
• **Développer : « C'est ainsi que se forment des habitudes** : je fais quelque chose par habitude, parce que je le fais très souvent, à force je n'ai pas besoin de réfléchir, c'est automatique. »
• **Préciser : « Parfois, ces automatismes sont pratiques** car ils nous permettent d'utiliser correctement des objets sans trop réfléchir (par exemple, pour nous brosser les dents) ou de réagir vite à ce que nous voyons (par exemple, pour rattraper un objet qui est en train de tomber), ou à ce que nous entendons, touchons, sentons ou goutons. Mais **parfois, ils ne se déclenchent pas au bon moment** (quand on se met à jouer avec sa trousse, par exemple). »

Étape 4 : **Comprendre qu'il existe aussi des neurones pour faire attention**

• **Demander aux élèves :** « Pouvez-vous me rappeler les deux sortes de neurones dont nous avons parlé pour l'instant ? »
→ Les neurones qui servent à percevoir et ceux qui servent à agir.
• **Projeter le DOCUMENT 44 et expliquer : « Il existe aussi des neurones qui nous permettent de faire attention.** Par exemple, pour chercher un objet bleu, le cerveau fait travailler les neurones qui détectent ce qui est bleu. Notre attention est alors attirée par tout ce qui est bleu. »

DOC 44

• **Poursuivre :** « C'est comme ça qu'on peut faire attention aux fautes d'orthographe, reconnaitre un air de guitare dans une musique, etc. : en réveillant les bons neurones à chaque fois, ceux qui nous permettent d'y faire attention. »
• **Demander aux élèves d'autres exemples de situations** où ils doivent se concentrer sur quelque chose de particulier pour agir.

• **Expliquer : « Ces neurones qui servent à se concentrer vont rendre plus efficaces certains neurones qui servent à percevoir ou à agir.** Par exemple, pour tracer un trait bien droit, les neurones qui servent à se concentrer vont rendre plus efficaces les neurones qui contrôlent le geste de la main, et ceux qui vérifient que le trait est droit. Pour taper sur un tambour, ils vont rendre plus efficaces ceux qui contrôlent la main pour taper juste comme il faut, ni trop doucement, ni trop fort, et ceux qui vont écouter le son pour vérifier. »
→ Selon les questions des élèves, il peut être essentiel de bien préciser, pour ne pas les confondre, ce que sont :

– les perceptions : des expériences sensorielles (vision, audition, odorat, gout, toucher) en réponse à des éléments présents dans l'environnement externe (physique) ou interne (pensée) ;
– l'attention : une faculté cognitive qui permet d'amoindrir ou d'amplifier la manière dont le cerveau traite nos perceptions, mais aussi d'organiser nos actions ;
– les actions : ce que réalise une personne suite à une perception.
• **Préciser qu'il existe aussi des neurones qui ont d'autres rôles,** et que nous les découvrirons plus tard.

VIDÉOS

1 jour, 1 question : À quoi sert le cerveau ? (1'42'')

media.mdi-editions.com/s3a4

Comment notre cerveau apprend-il à lire ? (3'07'')

media.mdi-editions.com/s3a42

RÉACTIVATION

→ Réexpliquer brièvement l'existence de neurones spécialisés pour **percevoir** (voir, entendre...) et de neurones spécialisés pour **générer des mouvements du corps**.

→ **Rappeler qu'ensemble, il peuvent créer des automatismes** (perception/action) en reprenant l'exemple du détecteur.

ACTIVITÉ 5

Je comprends par l'expérience comment les neurones travaillent ensemble

Objectif

- Comprendre par l'expérience qu'en communiquant entre eux, les neurones peuvent faire ensemble des choses compliquées alors que chacun ne sait faire que des choses simples.

Durée : ⏲⏲⏲
Matériel :
- DOCS 45 à 55, 37, 58 et 59
- DOCS 56 et 57 (optionnels)
- livret ATOLE

DÉROULEMENT DE L'ACTIVITÉ

• **Expliquer aux élèves que vous allez faire un jeu en groupe** pour comprendre comment des neurones peuvent faire des choses compliquées ensemble alors qu'individuellement, chacun ne sait faire que des choses très simples.

Étape 1 : **Jouer le rôle d'un neurone pour comprendre comment les neurones communiquent entre eux**

→ Pour cette activité, chaque élève va jouer le rôle d'un neurone et, ensemble, la classe va mimer le comportement d'un réseau de neurones pour se transmettre des informations. Les informations seront ici : « Le champignon perçu est intéressant » ou « Le champignon perçu n'est pas intéressant ».

ATTENTION
Le jeu doit être reproduit en inversant les rôles, sans quoi ceux qui ont les yeux fermés pendant le jeu ne se rendront pas compte que le système fonctionne.

• **Mettre en place le jeu de rôles suivant** :

1. **Former deux groupes :** un groupe observe, l'autre fait le jeu de rôles.
2. **Demander aux élèves de former un grand cercle** en se tenant la main.
3. **Demander à ce que tous les élèves ferment les yeux** (jusqu'à la fin du jeu), **sauf deux voisin·e·s qui gardent les yeux ouverts et *ne se tiennent pas* la main** :
   – l'un·e est le neurone « perception de la couleur rouge » ;
   – l'autre est le neurone « perception de la couleur blanche ».
4. **À l'opposé de ces deux neurones « perception », désigner un·e élève qui joue le rôle du neurone « détecteur de champignon intéressant ».** Cet·te élève va reconnaitre si le champignon l'intéresse ou pas. Lui/elle seul·e a la possibilité de parler, tout en gardant les yeux fermés, pour dire soit « Je le ramasse », soit « Je ne le ramasse pas ».
5. **Expliquer aux autres élèves qu'ils jouent le rôle de « neurones du réseau ».** Ils transmettent l'information entre les neurones « perception » et le neurone « décision ».
6. Préciser à chacun son rôle :
   – **l'élève jouant le rôle du neurone « perception de la couleur blanche »** doit, si le champignon contient du blanc, serrer un peu plus fort la main de son voisin ou de sa voisine pendant une seconde. Si le champignon n'est pas blanc, il/elle ne le fait pas ;
   – **l'élève jouant le rôle du neurone « perception de la couleur rouge »** doit faire pareil si le champignon présenté contient du rouge ;
   – **les élèves « neurones du réseau »** transmettent les informations : si l'un d'entre eux se fait serrer la main, il peut à son tour serrer la main de l'élève suivant.

À l'inverse, si sa main n'est pas serrée, il ne transmet aucune information. Ainsi, l'information se propage le long du réseau des deux côtés du cercle : un côté pour la perception de la couleur rouge, l'autre côté pour la perception de la couleur blanche ;

7 **Lorsque l'information arrive au dernier neurone, le « détecteur de champignon intéressant », celui-ci peut choisir s'il ramasse ou non le champignon.**
Expliquer à cet·te élève que :
– si le champignon est rouge et blanc, ou seulement rouge, alors il ne l'intéresse pas : il/elle doit alors dire « Je ne le ramasse pas » ;
– s'il est seulement blanc, alors il l'intéresse : il/elle doit alors dire « Je le ramasse ».

• **Projeter si besoin les DOCUMENTS 45 et 46** pour que le protocole de jeu soit bien compris des élèves.

DOC 45

DOC 46

• **Commencer le jeu en projetant une première image de champignon**, puis les autres une par une (**DOCUMENTS 47** à **55**).
→ Le but du jeu est d'aller de plus en plus vite dans la communication entre les élèves/neurones pour qu'ils prennent conscience de la rapidité à laquelle l'information se propage dans notre cerveau.

• **Reproduire le jeu en inversant les groupes**, afin que ceux qui avaient les yeux fermés puissent se rendre compte que le système fonctionne.

DOCS 47 À 55

• **Expliquer ensuite aux élèves pour conclure :**
« En branchant les neurones les uns aux autres, on crée un réseau qui peut reconnaitre le champignon intéressant. Chaque neurone fait quelque chose de très simple, mais l'ensemble des neurones est plus intelligent. »

• **Développer :** « On pourrait aussi ajouter des neurones pour détecter si le champignon est rond ou carré, s'il est près ou trop loin pour l'attraper, etc. **Plus il y a de neurones, plus on peut faire des choses compliquées.** »
→ Pour aller plus loin, il est possible de faire le jeu en ajoutant d'autres images, en faisant plusieurs cercles…

• **Expliquer que ce système de travail en équipe fonctionne pour la perception, mais aussi pour tout ce que fait le cerveau** (par exemple, faire des gestes compliqués comme lacer ses chaussures, lire…).

VARIANTE CM Reconnaitre des lettres

• **Expliquer à la classe le but du jeu** : les élèves vont mimer le comportement d'un réseau de neurones pour reconnaitre des lettres écrites au tableau à partir de traits verticaux et horizontaux.

• **Présenter la règle du jeu :**
– **projeter cette grille au tableau (DOCUMENT 56) :**

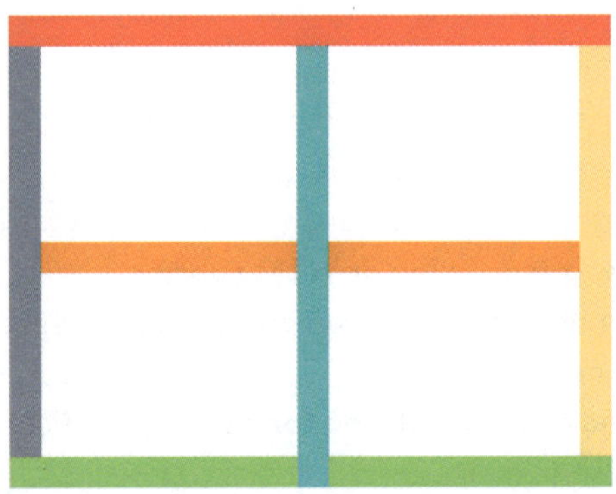
DOC 56

– **désigner 6 élèves « traits »** au fond de la classe et **attribuer à chacun l'un des 6 traits** de couleur représentés. Demander à toute la classe de bien mémoriser qui est en charge de détecter quel trait ;
– **attribuer à 7 autres élèves l'une de ces lettres : T, C, O, A, F, E et L**. Expliquer à ces élèves « lettres » qu'ils vont se retourner pour regarder les 6 élèves « traits » du fond de la classe et que vous allez pendant ce temps projeter une lettre au tableau. Les autres élèves observent et vérifient que le système fonctionne ;
– **si l'un des 6 élèves « traits » repère dans la lettre le trait qu'il doit détecter, il lève la main** ;
– **chaque élève « lettre » doit surveiller les élèves « traits »** dont les traits composent sa lettre (par exemple, l'élève « **L** » doit surveiller l'élève « trait vertical gauche » et « trait horizontal bas ») : **dès qu'il voit que ce groupe d'élèves uniquement lève la main, il lève la main à son tour** et dit « **L** » à haute voix.
→ Si les élèves sont à l'aise, on peut annoncer au départ qu'on va faire deviner un mot très simple composé de plusieurs lettres (**COL**, **FACE**, **COLLE**...) et faire deviner celles-ci successivement. Les élèves observateurs doivent essayer de trouver le mot.

• **Donner un exemple** pour bien faire comprendre le principe aux élèves (**DOCUMENT 57**) :

DOC 57

• **Commencer le jeu**.
• **À l'issue du jeu, expliquer :** « Comme chacun des élèves du fond de la classe, un neurone tout seul ne sait rien faire de compliqué. Mais **avec d'autres neurones comme lui, il peut réaliser des choses complexes**. Dans le cerveau, les neurones réagissent de la même manière : quand certains neurones sont réveillés (les élèves qui détectent leur trait), ils peuvent en réveiller d'autres (celui ou celle qui observe et devine la lettre). »

Étape 2 : **Comprendre comment les neurones communiquent et permettent d'agir**

• **Montrer à nouveau le DOCUMENT 37** et rappeler que les neurones sont connectés et qu'ils communiquent entre eux.

DOC 37

• **Montrer les DOCUMENTS 58 et 59** et demander aux élèves ce qu'ils observent sur les images.

DOC 58

DOC 59

• **Expliquer : « Dans le cerveau, les neurones réagissent quand d'autres neurones leur envoient des messages** : à leur tour, ils peuvent envoyer un message à d'autres neurones. »

• **Poursuivre : « Comme dans le jeu, les neurones ne peuvent traiter que des informations simples, mais l'ensemble du réseau entraine une action** : dans le jeu, l'ensemble de la classe a permis au dernier neurone de reconnaitre si le champignon était intéressant ou non, et de décider de le ramasser ou non. »

• **Conclure :** « Chaque neurone ne sait faire qu'une chose, et il la fait bien. **Pour faire des choses compliquées, les neurones doivent travailler en équipe.** »

Dans le livret ATOLE, demander aux élèves de tracer avec des flèches le chemin emprunté par les informations qui circulent entre les neurones.
→ livrets CE et CM p. 13

RÉACTIVATION

→ **Demander aux élèves s'ils se souviennent de l'exercice des champignons** et s'ils ont retenu le message principal (chaque neurone ne sait faire que des choses simples, les neurones doivent travailler en équipe pour réaliser des choses compliquées).

→ **Refaire si besoin le jeu ou sa variante.**

SÉQUENCE 3

Synthèse

À RETENIR

→ **LE GANT DE BOXE** : le cerveau ressemble à un gant de boxe.

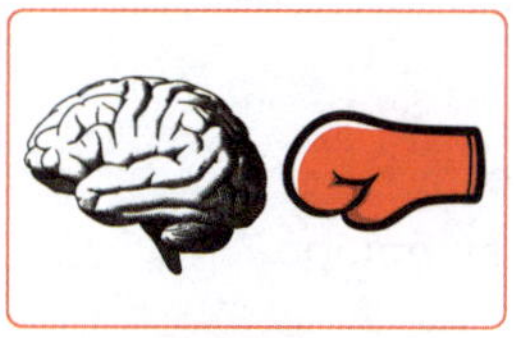

→ **LE CERVEAU ET SES CONTINENTS** : le cerveau peut être comparé à une planète, avec ses différents « continents » (les lobes).

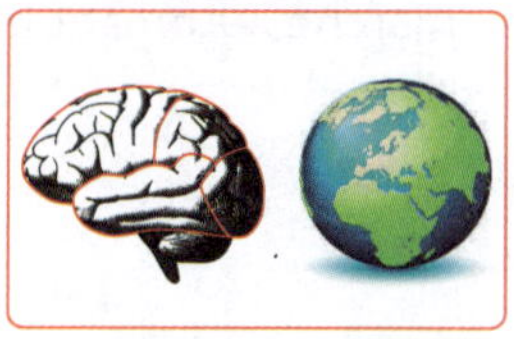

→ **LA FORÊT DE NEURONES** : le cerveau contient des milliards de neurones, comme une immense forêt, qui communiquent entre eux.

→ **LES NEURONES TRAVAILLENT EN ÉQUIPE** : chaque neurone ne sait faire qu'une chose à la fois, et il la fait bien. Pour faire des choses compliquées, les neurones doivent travailler en équipe.

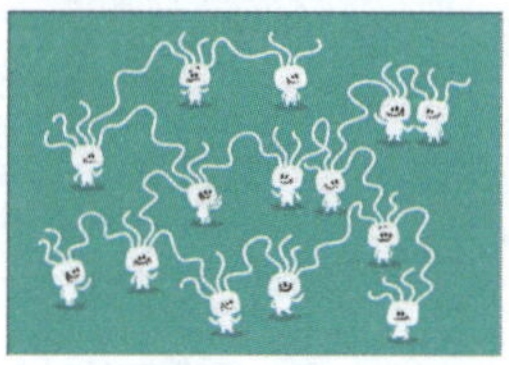

RITUELS

Il n'y a pas de rituels associés à cette séquence, qui vise à aider les élèves **à comprendre les mécanismes de l'attention** et **comment leur cerveau fonctionne**.
Il est possible de revenir régulièrement sur cette séquence au fil de l'année si besoin ou si les élèves le demandent.

QUIZ CP → À L'ORAL

1. **Quelle est la bonne proposition ?**
Le cerveau ressemble à…
❍ un gant de boxe. ❍ une chaussure.

2. **Quelle est la bonne proposition ?**
Un neurone ressemble à…
❍ une étoile. ❍ un arbre.

3. **Vrai ou faux ?**
Ce sont les muscles de tes jambes qui savent comment danser.

4. **Quelle est la bonne proposition ?**
Les neurones réalisent des choses compliquées…
❍ chacun dans leur coin. ❍ en travaillant en équipe.

5. **Quelle est la bonne proposition ?**
Une habitude fonctionne un peu comme…
❍ la sonnette de la boulangerie, qui se met en marche automatiquement dès qu'elle détecte un mouvement.
❍ une télévision, qui affiche des images sur un écran.
❍ la roue du vélo.

CORRIGÉ
1. un gant de boxe. **2.** un arbre. **3.** Faux : c'est ton cerveau qui sait danser, pas tes muscles. **4.** en travaillant en équipe. **5.** la sonnette de la boulangerie.

QUIZ CE et CM → livrets ATOLE p. 14

Pour ces niveaux, les quiz proposés sont individuels et écrits.
Leur corrigé se trouve à la fin de ce guide (p. 205).

BILAN DE FIN DE SÉQUENCE 3

Mes élèves savent-ils :
❍ décrire globalement le cerveau (dans la boite crânienne, plusieurs lobes, forme de gant de boxe, plis) ?
❍ nommer les principales fonctions du cerveau (percevoir, agir…) ?
❍ que le cerveau contient de très nombreux neurones (environ cent milliards) ?
❍ que chaque neurone transmet une information simple ?
❍ qu'il existe des neurones pour percevoir, pour agir, mais aussi pour être attentif ?
❍ que les neurones sont connectés ensemble en réseau et communiquent entre eux ?
❍ que les neurones peuvent réaliser des tâches complexes en travaillant en équipe ?

À LA MAISON

Demander aux élèves d'**expliquer à quelqu'un de leur famille ou à un·e ami·e à quoi ressemble le cerveau**, et à quoi servent ses différentes parties.

Les mécanismes de la distraction

Objectifs

- Identifier, parmi nos distractions, celles qui sont dues à des habitudes inadaptées ou à l'action du « circuit de la récompense ».
- Comprendre l'origine, dans notre cerveau, de ces distractions.
- Savoir comment réagir à ces distractions en freinant notre impulsivité et en décidant réellement de notre façon d'agir.

Plan de la séquence 4

PRÉREQUIS ENSEIGNANT·E AVANT LA SÉQUENCE 4

❍ J'ai remarqué la sensation d'excitation légère que je ressens au moment de regarder si j'ai de nouveaux messages ou *likes* sur mon téléphone, ou au moment de faire un jeu, ou de regarder l'épisode suivant de ma série.

❍ J'ai bien senti qu'il est très facile de se laisser entrainer en oubliant ce qu'on cherche à faire vraiment.

❍ J'ai aussi remarqué la sensation de déplaisir à l'idée de faire une tâche que je n'aime pas.

CONSEIL

- **Bien réaliser la séquence 3 avant de commencer cette séquence 4.** Les activités de la séquence 4 supposent en effet que les élèves sachent ce qu'est un neurone et comment il s'active et communique.

ACTIVITÉ 1

Je découvre les automatismes et le « mode marionnette »

Objectifs

- Comprendre ce qu'est un automatisme.
- Comprendre que nos automatismes peuvent nous faire réagir comme une marionnette, sans que nous le décidions vraiment, et nous distraire.

Durée : 2 (icônes horloge)
Matériel :
- DOCS 60 à 65
- objets type trombone, post-it, boule de pâte à modeler (optionnel)

DÉROULEMENT DE L'ACTIVITÉ

Étape 1 : **Comprendre ce qu'est le « mode marionnette »**

• **Demander aux élèves s'il leur arrive de saisir certains objets** de la vie courante pour les manipuler sans trop savoir pourquoi.
• **Projeter les DOCUMENTS 60 à 63** (à défaut, montrer plusieurs objets présents dans la classe, comme un stylo, une gomme, des ciseaux et un bâton de colle).

DOCS 60 À 63

• **Inviter les élèves à regarder fixement l'un de ces objets** tout en portant leur attention sur leur main dominante (la main droite pour les droitiers, la gauche pour les gauchers).
• **Demander ensuite aux élèves si certains d'entre eux ont ressenti l'envie de saisir l'objet** qu'ils fixaient.
→ Certains peuvent ressentir de légères sensations dans leur main, comme s'ils s'apprêtaient à le saisir.

VARIANTE 1
Poser un objet sur chaque table avant que les élèves n'entrent dans la classe (un trombone, un post-it, une boule de pâte à modeler...). Une fois les élèves entrés en classe et au bout de 5 à 10 minutes, demander à ceux dont le trombone est plié, dont le post-it a bougé, etc. de lever la main. Faire remarquer ainsi qu'il est bien difficile de s'empêcher de manipuler ce qu'on a sous les yeux.
VARIANTE 2
Demander quel objet (qu'ils ont avec eux, dans leur trousse ou leur cartable) chaque élève aime le plus manipuler (règle, élastique, feutre d'ardoise et ardoise, ciseaux, barrette...), puis leur demander de le placer sur leur table devant eux. Attendre quelques minutes (durée à faire varier selon l'âge des élèves), puis faire parler les élèves sur ce qu'ils ont fait de cet objet pendant cette durée et ce qu'ils ont ressenti.

• **Expliquer** qu'il arrive souvent de percevoir quelque chose grâce à nos sens (par exemple, on voit quelque chose) et que **cette perception enclenche presque automatiquement une action de notre part sans qu'on l'ait forcément décidée.** La perception et l'action forment donc très souvent des paires : une perception (je vois, j'entends, je touche telle ou telle chose...) va entrainer, le plus souvent, la même action.
• **Développer :** « Ces paires de perceptions et d'actions vont avoir tendance à se répéter à chaque fois : quand je perçois (vois, entends...) ceci ou cela,

je réagis souvent en faisant ceci ou cela, même si ça ne sert à rien. Par exemple, quand je vois ma trousse fermée devant moi, j'ai tendance à l'ouvrir, même si ça ne sert à rien. »

• **Rappeler l'image du détecteur :** « C'est la même chose pour la sonnette d'une boulangerie : elle se déclenche automatiquement dès que le détecteur perçoit une présence, même si parfois, ça ne sert à rien parce qu'il y a déjà du monde et que le vendeur ou la vendeuse sait déjà qu'il y a des clients. »

• **Demander aux élèves des exemples** de perceptions et d'actions souvent associées.

→ S'ils ne formulent aucune réponse, leur donner quelques exemples et les encourager à en trouver d'autres : « J'entends le téléphone qui sonne, je le prends et je réponds » ; « J'entends la porte qui s'ouvre, je tourne la tête » ; « J'entends la maitresse frapper dans les mains, je me mets en rang » ; « Un stylo tombe par terre et je le ramasse » ; « Je rentre chez moi, j'allume la télévision »...

• **Expliquer : « Quand des neurones travaillent souvent ensemble, cela crée une habitude**, comme se balancer sur sa chaise, ou se retourner au moindre bruit. Cela devient des automatismes. On agit de façon automatique, comme un automate, comme une machine. On dit d'ailleurs qu'on fait les choses machinalement. »

• **Poursuivre :** « Si je me retourne quand la porte s'ouvre, c'est parce que mes neurones qui ont vu la porte s'ouvrir ont réveillé leurs amis "bougeurs de tête". C'est comme si ma tête était tirée vers la porte par des fils invisibles ! »

• **Projeter le DOCUMENT 64 et expliquer :** « Quand mon corps réagit à tout ce qui se passe autour de moi, selon mes habitudes, **je suis comme une marionnette tirée par des fils** : je suis en **"mode marionnette"** ».

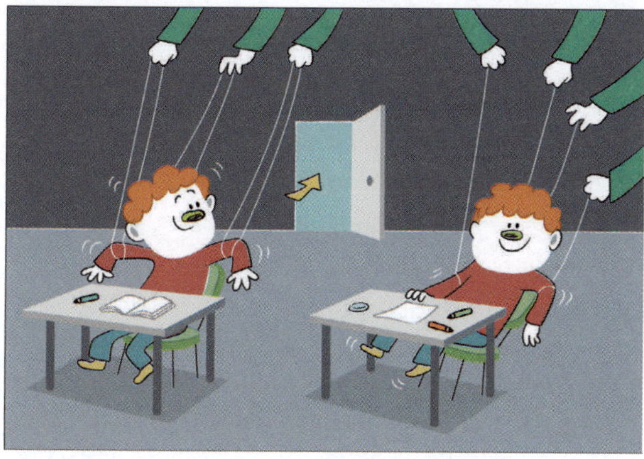

DOC 64

→ Si cela n'est pas clair, on peut aussi dire : « Être en "mode marionnette", c'est se comporter comme un sac en plastique balloté en tous sens dans le vent. On se laisse guider par ce qui nous entoure et par nos automatismes. On fait les choses sans vraiment faire exprès, sans les décider. »

Étape 2 : Faire le lien entre le « mode marionnette » et la perte d'attention

• **Rappeler l'image de la poutre :** « Vous vous rappelez de ce que nous avons vu : qu'être bien concentré, c'est comme marcher d'un bout à l'autre d'une poutre sans tomber ? »

• **Demander des exemples d'habitudes, d'automatismes,** qui peuvent faire tomber de la poutre.

• **Demander : « Pourquoi les habitudes peuvent-elles faire tomber de la poutre ?** Pourquoi peuvent-elles vous faire perdre le contact avec l'objet de votre attention ? »

→ Cela nous fait faire quelque chose d'autre, et on n'est alors plus concentré.

• **Projeter le DOCUMENT 65** et demander aux élèves de décrire l'image.

DOC 65

• **Rappeler :** « Quand vos habitudes vous font réagir de manière inappropriée à ce qui se passe autour de vous, vous êtes en "mode marionnette". **L'une de ces habitudes peut vous faire tomber de la poutre**, même quand vous êtes concentrés. Nous allons apprendre à ne pas nous laisser bouger dans tous les sens comme une marionnette. »

RÉACTIVATION

→ **Demander pourquoi nos automatismes peuvent nous distraire** et nous faire réagir comme des marionnettes.

→ **Demander à un·e élève d'expliquer ce qu'est une marionnette** et des exemples où nous sommes en « mode marionnette ».

→ **Rappeler le rituel du « mode marionnette »** (référence à ce mode quand un·e élève réagit par automatisme dans une situation inappropriée).

ACTIVITÉ 2

Je distingue les automatismes qui m'aident de ceux qui me distraient

Objectifs

- Comprendre qu'un automatisme peut être gênant ou non en fonction du contexte.
- Comprendre que ce sont les habitudes inadaptées qui font basculer en « mode marionnette ».
- Comprendre que si on se laisse distraire par ses automatismes, c'est parce qu'ils sont si rapides qu'on n'a pas le temps de prendre en compte le contexte.

Durée : ⏲⏲
Matériel :
- DOCS 66 et 67
- livret ATOLE

DÉROULEMENT DE L'ACTIVITÉ

Étape 1 : **Distinguer « bonnes » et « mauvaises » habitudes**

• **Expliquer aux élèves que les habitudes ne sont pas toutes mauvaises.** Certaines d'entre elles nous aident au contraire à aller vite. Tout dépend du contexte, de ce qu'on a à faire.

• **Demander** : **« Pouvez-vous me donner des exemples** de choses que vous pouvez faire bien, rapidement et automatiquement, sans vraiment avoir besoin de réfléchir ? »

→ On peut demander à un·e élève de décrire tout ce qui se passe entre le moment où il/elle se lève le matin et celui de son départ à l'école et identifier avec la classe toutes ces petites choses. Par exemple : « J'arrête de verser du lait dans mon bol quand je vois que ça va déborder », « Je mets mes chaussettes », « Je boutonne ma chemise », « Je vois que le feu piéton passe au rouge, je m'arrête »…

• **Pour chaque exemple donné, demander à l'élève pourquoi c'est une bonne habitude** et pourquoi elle lui est utile.

• **Expliquer : « Certaines habitudes ne vont pas nous faire tomber de la poutre**, car elles deviennent des automatismes utiles, elles évitent d'avoir à se souvenir à chaque fois de ce qu'il faut faire et/ou elles permettent de réagir rapidement. »

• **Donner des exemples :** se décaler quand on fait du vélo et qu'on voit qu'on va rentrer dans un autre vélo qui arrive en face (on se décale même souvent vers la droite) ; éteindre une lumière restée allumée dans une pièce, saluer avant un combat au judo…

• **Projeter le DOCUMENT 66.**

DOC 66

BLEU	JAUNE	BLEU	ROUGE	BLEU
VERT	JAUNE	ROUGE	VERT	JAUNE
VERT	ROUGE	VERT	JAUNE	JAUNE
JAUNE	ROUGE	JAUNE	VERT	BLEU

• **Demander à un·e élève de dire le plus rapidement possible la couleur** dans laquelle est écrit chaque mot.
→ Les élèves constateront que c'est très difficile, car nous sommes habitués à lire les mots qu'on nous présente, et cette habitude est si automatique qu'elle devient souvent un réflexe.
• **Demander : « Pourquoi est-il difficile de donner rapidement la couleur de l'encre ?** Qu'a-t-on tendance à faire en premier lorsqu'on regarde le mot ? Est-ce une mauvaise habitude ? »
→ Dans ce contecte précis, oui.
• **Demander alors :** « Pourquoi est-ce généralement une bonne habitude de lire immédiatement le mot qu'on a sous les yeux ? »
→ Cette habitude nous permet de lire rapidement, quelle que soit la couleur des mots qu'on a sous les yeux.

VARIANTE 1
Dessiner Monsieur Content (qui a l'air triste) et Monsieur Triste (qui a l'air content). Pointer rapidement un des deux visages, de manière aléatoire. Les élèves doivent dire le plus vite possible le nom du bonhomme (Content/Triste).
→ On peut aussi dire aléatoirement l'un des deux noms et demander aux élèves de mimer aussitôt l'expression du bonhomme correspondant.
→ On peut également proposer Monsieur Contente/Madame Content, Madame Peureux/Monsieur Peureuse… Les élèves doivent alors dire très vite « Contente », « Peureux », etc.

VARIANTE 2
Poser des questions aux élèves (« Est-ce qu'un chien a deux pattes ? », « Est-ce que la mer est bleue ? »…) et leur demander de répondre « Oui » avec un mouvement de la tête de côté et « Non » en faisant un mouvement de bas en haut.

VARIANTE 3
Demander aux élèves de taper doucement sur la table deux fois lorsqu'ils entendent « Taper une fois », et une fois lorsqu'ils entendent « Taper deux fois ». Ensuite, réitérer l'exercice en demandant de taper une fois quand ils entendent « Taper une fois » et de ne pas taper quand ils entendent « Taper deux fois ».

• **Donner quelques exemples d'habitudes** et demander aux élèves de dire si elles leur paraissent utiles dans ce contexte :
– s'arrêter de courir quand un vélo passe ;
– regarder la route avant de traverser ;
– ajouter un « s » au pluriel des mots lorsqu'on écrit ;
– se retourner au moindre bruit en traversant la route ;
– se retourner au moindre bruit en classe…

Étape 2 : **Comprendre qu'une habitude peut être bonne ou mauvaise selon le contexte**

• **Interpeller un·e élève, lui lancer une petite boule de papier** et observer sa réaction.
→ Il/elle tentera probablement de la rattraper.
• **Demander** : **« Si je vous lance une balle, que devez-vous faire en général ? »**
→ Les élèves devraient répondre qu'il faut la rattraper.
• **Expliquer que rattraper la balle est donc une sorte d'automatisme.**
• **Montrer le DOCUMENT 67 et demander : « Comment la personne sur cette image doit-elle réagir** si on lui lance une boule de papier ? »

DOC 67

• **Demander à un·e élève de tenir un cahier à l'horizontale avec sa trousse ouverte posée dessus.** Interpeller un·e autre élève et lancer sur lui/elle une boulette de papier (par automatisme, l'élève devrait la rattraper). Demander à la classe si l'élève qui tenait sa trousse aurait dû réagir de la même manière, par automatisme.
• **Conclure :** « Il est important de savoir freiner un automatisme quand ce n'est pas le moment et de savoir s'adapter au contexte. »

• **Écrire au tableau quelques exemples d'habitudes** (en CP, les donner à l'oral) : « répondre quand on nous appelle », « ramasser un objet qui vient de tomber », « courir après son ballon qui s'en va »… puis **demander aux élèves des exemples de contextes** dans lesquels ces habitudes sont adaptées ou non.
• **Faire une liste avec les élèves de choses qui les distraient quand ils travaillent** en classe et qui les font s'arrêter dans ce qu'ils font. Identifier celles qui sont dues à des habitudes (par exemple, lever la tête parce qu'il y a un bruit, se tourner pour voir ce que fait le voisin…).
• **Expliquer** : « S'il est difficile de ne pas se laisser entrainer dans le "mode marionnette", c'est parce que

nos habitudes nous font souvent réagir très vite, sans que nous ayons le temps de prendre en compte le contexte. »

→ On peut préciser : « On dit de quelqu'un qui réagit toujours très vite par habitude, sans s'adapter au contexte, qu'il est impulsif. Il se comporte un peu comme la sonnette d'une boulangerie, sans s'adapter. »

Dans le livret ATOLE, demander aux élèves de barrer les images sur lesquelles l'automatisme leur semble inapproprié. → livrets CE et CM p. 15

RÉACTIVATION

→ **Demander aux élèves d'expliquer ce qu'est le contexte.** Prendre éventuellement l'image du fond vert au cinéma : on filme un personnage devant et on peut changer le contexte à volonté (une salle de classe, la surface de la Lune, un troupeau de dinosaures...).

→ **Demander des exemples d'automatismes utiles ou distrayants,** en spécifiant le contexte à chaque fois.

→ **Rappeler à quoi servent les automatismes** (réagir vite, sans réfléchir), et que leur utilité dépend du contexte. On doit donc s'adapter au contexte (la tâche qu'on souhaite faire, le lieu où on se trouve...).

ACTIVITÉ 3

J'apprends à réagir aux propositions de mes « neurones aimants »

Objectifs

- Découvrir le rôle des « neurones aimants ».
- Reconnaitre la sensation qui survient lorsqu'ils veulent nous obliger à faire ou ne pas faire quelque chose.
- Comprendre que l'on peut s'aider des neurones aimants pour bien se concentrer.
- Comprendre l'image du carrefour à vélo et la technique des 4 « R ».

Durée :

Matériel :
- DOCS 68 à 77
- 1 bille ou 1 petit objet métallique, 1 aimant et 1 morceau de pâte à modeler
- livret ATOLE
- un paquet de post-it (optionnel)

Vidéos :
- « La console »
- « Le test du chamallow »

DÉROULEMENT DE L'ACTIVITÉ

Étape 1 : **Découvrir l'action des « neurones aimants »**

• **Prendre une bille métallique, un aimant et un petit serpentin de pâte à modeler.** Tracer une ligne et placer l'aimant à proximité de cette ligne. Expliquer aux élèves que la ligne représente la poutre. Fixer la bille au bout du serpentin de pâte à modeler. Demander à un·e élève de tirer doucement sur le serpentin pour trainer la bille le long de la ligne.

• **Demander aux élèves ce qu'ils observent.** Vérifier qu'ils constatent que le parcours de la bille est constamment dévié par l'aimant et l'empêche de parcourir correctement sa trajectoire.

→ On peut leur faire remarquer que plus la bille s'approche de l'aimant, plus il devient difficile de lui faire garder une trajectoire rectiligne.

VARIANTE

Projeter le **DOCUMENT 68** qui montre un jeu où il faut faire évoluer une bille dans un labyrinthe. Demander aux élèves d'imaginer que l'on place un gros aimant sous le jeu : est-ce que cela compliquerait les choses ? Que se passerait-il ?

• **Projeter le DOCUMENT 69** et demander aux élèves de décrire l'image.

DOC 68

DOC 69

• **Expliquer à partir de l'image :**
– **« certains neurones se souviennent de ce que vous faites d'habitude** quand vous voyez un objet ou que vous entendez quelque chose, et ils vous encouragent à agir à chaque fois comme d'habitude. Par exemple : "Ça sonne ! Vite, sortir de la classe !" C'est ce qui fait basculer en "mode marionnette", ce que nous avons vu lors de l'activité précédente ;
– **d'autres neurones se souviennent de ce que vous aimez faire ou non :** ils crient sur les autres pour les empêcher de faire ce que vous n'aimez pas faire, ou pour les forcer à faire ce que vous aimez bien faire. Ils se situent tout à l'intérieur du cerveau. »
• **Demander aux élèves des exemples de situations** dans lesquelles ils ont l'impression que ces différents neurones agissent pour les encourager à faire quelque chose (par exemple, jouer à la console).

• **Projeter le DOCUMENT 70** et expliquer : « Si vous les laissez faire trop souvent, ces neurones qui se souviennent de ce que vous aimez faire ou non peuvent prendre le contrôle de votre cerveau et vous obliger à faire uniquement ce qu'ils aiment. C'est ce qui se passe quand vous devenez accro à une activité particulière et que tout le reste vous semble nul. »

DOC 70

• **Demander aux élèves de décrire** ce qu'ils voient sur l'image.
• **Expliquer : « Ces neurones-là, nous les appellerons les "neurones aimants", comme les aimants qui attirent la bille en dehors de la poutre.** Quand ils vous attirent vers autre chose mais que vous ne pouvez pas faire ou obtenir cette chose, vous pouvez vous sentir frustré et en colère. »
VARIANTE Vidéo **« La console »** (durée 14") : une fille joue à la console, les yeux fixes, comme hypnotisée.
→ Demander aux élèves s'ils voient comment les neurones aimants fonctionnent à ce moment-là, ce qui se passerait si on éteignait tout d'un coup la console.

• **Expliquer la différence avec le « mode marionnette » :** « Quand vous vous tournez parce qu'une ambulance arrive avec sa sirène, vous vous tournez parce que vous êtes en "mode marionnette", pas forcément parce que vous aimez les ambulances. Les neurones aimants, eux, attirent votre attention vers ce qui vous fait plaisir. »
• **Expliquer :** « Dans votre cerveau, ces neurones sont actifs et créent ces forces, et il faut **éviter de les laisser devenir les chefs**. »
• **Demander :** « Que se passerait-il si ces neurones prenaient totalement le pouvoir dans votre cerveau lors d'une journée ? »
→ Par exemple : « Je passerais mon temps à jouer à la console et à manger des chips et des bonbons. » Les réponses varieront selon ce que les élèves aiment faire.

Étape 2 : **Comprendre que les neurones aimants peuvent nous déconnecter de ce que nous sommes en train de faire**

• **Projeter le DOCUMENT 71** et demander aux élèves de décrire ce qu'ils voient.

DOC 71

• **Récapituler :** « À gauche, on voit un personnage qui est tellement attiré par quelque chose qu'il semble oublier tout le reste. À droite, on voit un autre personnage qui a bien du mal à se concentrer sur une autre activité, car elle ne lui plait apparemment pas du tout. »
• **Demander aux élèves :** « Quelles sont les activités qui vous rendent comme le personnage de gauche ? Quelles sont les activités qui vous rendent comme le personnage de droite ? »

• **Distribuer ou projeter le DOCUMENT 72** (voir page suivante) dans sa version CP ou CE CM et demander aux élèves de compléter le tableau.

DOC 72

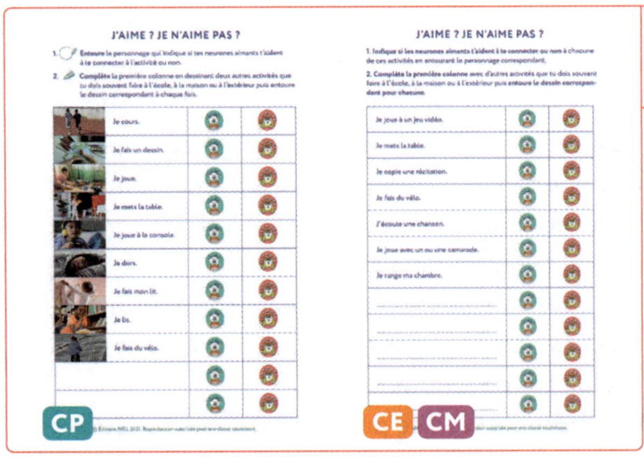

J'AIME ? JE N'AIME PAS ?

1. **Entoure** le personnage qui indique si tes neurones aimants t'aident à te connecter à l'activité ou non.
2. **Complète** la première colonne en dessinant deux autres activités que tu dois souvent faire à l'école, à la maison ou à l'extérieur puis entoure le dessin correspondant à chaque fois.

Je cours.		
Je fais un dessin.		
Je joue.		
Je mets la table.		
Je joue à la console.		
Je dors.		
Je fais mon lit.		
Je lis.		
Je fais du vélo.		

CP

J'AIME ? JE N'AIME PAS ?

1. **Indique si les neurones aimants t'aident à te connecter ou non à chacune de ces activités en entourant le personnage correspondant.**
2. **Complète la première colonne** avec d'autres activités que tu dois souvent faire à l'école, à la maison ou à l'extérieur puis **entoure le dessin correspondant pour chacune.**

Je joue à un jeu vidéo.		
Je mets la table.		
Je copie une récitation.		
Je fais du vélo.		
J'écoute une chanson.		
Je joue avec un ou une camarade.		
Je range ma chambre.		

CE CM

VARIANTE

- Faire une liste au tableau des différentes activités scolaires et extrascolaires.
- À droite, créer deux colonnes : « Connecté grâce aux neurones aimants » (avec un smiley heureux) et « Repoussé par les neurones aimants » (avec un smiley triste).
- Donner ensuite deux post-it par élève et leur faire dessiner un smiley heureux sur l'un et un smiley triste sur l'autre.
- Pour chaque activité inscrite au tableau, demander à quelques élèves de venir poser leurs post-it selon si, pour eux, les neurones aimants interviennent pour rester connectés à cette activité ou non.

- **Demander ensuite : « Pensez à une activité que vous devez faire et qui ne vous plait pas**, où vous êtes comme le personnage de droite. Comment faites-vous pour malgré tout "vous concentrer" sur cette activité ? Que ressentez-vous ? »
- **Expliquer** que dans ces situations très précises, ce sont les « neurones aimants » qui envoient ces signaux de déplaisir intense.

- **Demander aux élèves des exemples de situations** durant lesquelles les neurones aimants les ont fait tomber de la poutre.
- **Poursuivre : « Avez-vous l'impression que ces neurones voulaient alors vous connecter à autre chose ?** Et vous déconnecter de ce que vous étiez en train de faire ? »

→ **Pour faire prendre conscience aux élèves de l'attraction** que peuvent exercer sur eux les neurones aimants, on peut par exemple :

– placer un bonbon sur certaines tables et demander aux élèves de ne pas y toucher pendant toute l'heure ;
– demander aux élèves de sortir en récréation sans crier et sans courir, puis constater la manière dont ils sortent ;
– projeter un extrait de dessin animé en faisant semblant de se tromper, puis constater et commenter la réaction des élèves en lien avec les neurones aimants.

Étape 3 : **Comprendre que les neurones aimants peuvent aussi nous aider à nous concentrer**

- **Expliquer : « Quand vous faites quelque chose que vous aimez,** à l'inverse, les neurones aimants vous envoient des signaux de plaisir. »
- **Demander aux élèves des exemples de situations** où les neurones aimants les aident à se concentrer.

→ Les élèves pourront répondre « pendant un jeu vidéo », « pendant une activité que l'on aime bien »…

- **Reprendre des exemples d'activités que les élèves aiment faire ou qui les passionnent.** Ont-ils l'impression qu'ils pourraient y consacrer des heures sans voir le temps passer ? Ont-ils l'impression de progresser plus rapidement que dans des activités qui les intéressent moins ? Sur la base de leurs réponses, leur faire remarquer que les neurones aimants peuvent donc aussi être une aide précieuse pour bien se concentrer et apprendre.
- **Bien faire comprendre que les neurones aimants exercent juste une force d'attraction :** ils peuvent être utiles à certains moments, et pas à d'autres. S'ils nous aident à faire une activité et à rester sur la poutre, par exemple, il peut être bon de les laisser faire.

Étape 4 : **Apprendre à contrôler l'action de ses neurones aimants**

- **Insister sur le fait que les neurones aimants veulent tout le temps prendre le contrôle :** pour ne pas les laisser devenir les chefs, il faut ralentir et réfléchir pour décider si, oui ou non, on les laisse faire.
- **Projeter les DOCUMENTS 73 et 74** demander aux élèves de décrire la scène.

DOC 73

DOC 74

• **Commenter : « Quand on traverse un carrefour à vélo, on ne le traverse pas à toute vitesse, on ralentit** au moment de l'aborder pour voir si c'est bon, si on peut traverser ou non. Si c'est bon, on y va. C'est la même chose ici. »

• **Expliquer :** « Quand vous remarquez que vos neurones aimants sont en train de "réclamer" (que vous fassiez attention à quelque chose, que vous agissiez d'une certaine façon) ou quand vous remarquez que vous êtes en "mode marionnette" et que vous risquez de tomber de la poutre, c'est comme si vous arriviez à un carrefour à vélo avec de l'élan : **ralentissez pour voir si c'est bon, si vous pouvez vous laisser entrainer ou non**, parce que c'est vous le chef, pas vos neurones aimants ni vos habitudes. »

→ Cela doit devenir, au fil de l'année, un véritable automatisme pour les élèves. Ils doivent être capables de remarquer la sensation d'attirance (ou de répulsion) causée par l'action des « neurones aimants » et y réagir en ralentissant, comme dans toutes les situations de perte de contrôle (quand tout « s'emballe »), comme s'ils abordaient un carrefour à vélo.

• **Projeter le DOCUMENT 75 et indiquer :** « On peut utiliser plus simplement la formule des **4 « R »**, utilisable toute l'année :
– je **R**essens que je me laisse entrainer ;
– je **R**alentis, au lieu de foncer vers ce qui m'attire ;

DOC 75

– je **R**egarde ce qui va se passer si j'obéis aux neurones aimants pour savoir si c'est une bonne idée et décider de ce que je fais ;
– je **R**éagis : j'y vais ou non.
Cette succession d'étapes doit être aussi rapide que si on arrive à un carrefour à vélo.

→ **RITUEL** « Les 4 "R" » p. 92

VARIANTE Vidéo « **Le test du chamallow** » (durée 3'44'') : on pose un chamallow devant un enfant et on lui dit que si, à l'issue du temps où il sera laissé seul, il ne l'a pas mangé, il en aura un deuxième.
• Ce film très parlant pour les élèves montre bien les mécanismes à l'œuvre face à la force d'attraction des neurones aimants.

• **Projeter le DOCUMENT 76** et demander aux élèves de le décrire.

DOC 76

• **Bien rappeler qu'il ne faut surtout pas voir les neurones aimants uniquement comme les « méchants » du cerveau.** Par exemple, lorsqu'on fait quelque chose qui nous fait plaisir, les neurones aimants nous aident à être concentrés. **Être attiré par une activité est une puissante source de motivation !** Mais il arrive qu'on doive se concentrer sur quelque chose qu'on n'aime pas beaucoup, ou moins qu'une autre chose qui peut nous distraire. Quand on sent l'action de ses neurones aimants, la bonne attitude à adopter est donc de s'interroger un instant pour savoir où ils vont mener notre attention. Si « tout est bon », on peut les laisser faire.

• **Expliquer :** « On peut toujours essayer d'utiliser ses neurones aimants pour se concentrer. **L'astuce, c'est de rendre amusant ce qu'on a à faire.** Par exemple, si vous devez mettre la table et que ce n'est pas drôle, imaginez que vous vous occupez d'un grand restaurant pour que ça devienne amusant. Si vous devez ranger votre chambre, **imaginez que des monstres vont venir prendre dans un quart d'heure tout ce qui n'est pas rangé**. Cherchez vos fautes dans une dictée comme un détective qui cherche des indices ! »

• **Projeter le DOCUMENT 77** et demander aux élèves de le décrire.

DOC 77

• **Expliquer pour conclure :** « Les neurones aimants sont comme des conseillers du président. Le président les écoute, mais c'est lui qui décide. Et le président, c'est toi. »

Dans le livret ATOLE :

– faire compléter aux élèves les phrases expliquant ce que sont le « mode marionnette » et les « neurones aimants » → livrets CE et CM p. 16 ;

– demander aux élèves de compléter le sens des 4 « R » → livrets CE et CM p. 17.

VIDÉOS

La console (14")	Le test du chamallow (3'44")
media.mdi-editions.com/s4a3	media.mdi-editions.com/s4a32

RÉACTIVATION

→ **Demander pourquoi certains neurones sont appelés « neurones aimants »** dans ATOLE et à quel(s) moment(s) on peut les sentir s'activer (quand on ressent une attirance ou une répulsion subite pour une activité).

→ Demander pourquoi les neurones aimants peuvent **nous faire « tomber de la poutre ».**

→ **Demander un exemple où les neurones aimants nous aident,** ou au contraire **nous empêchent de nous concentrer.** Faut-il toujours les laisser décider, faut-il toujours les « faire taire » ?

→ **Rappeler la situation du carrefour en vélo :** que faut-il faire quand on arrive avec de l'élan ?

→ **Rappeler la signification des 4 « R »** et l'attitude à développer quand on sent que les automatismes ou les neurones aimants prennent le contrôle.

ACTIVITÉ 4

Je comprends comment les écrans peuvent capturer mon attention avec les neurones aimants

Objectif

- Prendre conscience que certains produits et contenus sur écrans sont spécifiquement conçus pour plaire aux neurones aimants.

Durée :
Matériel : toute publicité ou capture d'écran (publicité ou jeu vidéo)

DÉROULEMENT DE L'ACTIVITÉ

• **Projeter une publicité ou une capture d'écran de film publicitaire ou de jeu vidéo adapté à l'âge des élèves et susceptible de leur plaire.**

• **Demander :** « Regardez avec moi cette publicité. **Quels sont les éléments qui vont plaire à vos neurones aimants ?** »

→ Les réponses peuvent éventuellement être notées au tableau.

• **Insister sur le fait que la publicité ou certains jeux sont volontairement construits pour plaire** aux neurones aimants.

• **Demander à la classe de donner des exemples** de choses qui plaisent généralement aux neurones aimants dans les publicités et dans les jeux vidéo (on peut même élargir aux dessins animés).

• **Expliquer que les adultes réfléchissent beaucoup pour rendre les publicités, les jeux et les films attrayants :** ceci permet d'activer les neurones aimants du public. Si les neurones aimants sont attirés par quelque chose, mais qu'on ne fait pas cette chose ou que l'on ne se la procure pas, on se sent alors frustré.

• **Développer :** « À la télévision, lorsqu'on est concentré sur un film, **les publicités vont nous déconcentrer et nous pousser à vouloir obtenir ou faire des choses alors que ce n'est pas du tout ce à quoi nous étions en train de penser.** Par exemple, imaginez que vous regardez des dessins animés, et qu'une publicité pour un jouet passe : si vos neurones aimants sont très actifs parce que vous aimez ce jouet, vous pouvez être très attiré par ce jouet, vouloir l'obtenir et demander à vos parents de vous l'acheter. Pourtant, vous étiez juste en train de regarder un dessin animé ! Vos neurones aimants vont donc s'activer en voyant des choses que vous aimez et vous distraire : ils peuvent ainsi vous faire tomber de la poutre à tout moment. »

• **Conclure : « Nous sommes sans arrêt stimulés par des choses qui excitent nos neurones aimants.** Mais comme nous l'avons vu, quand nous nous rendons compte qu'ils nous attirent, nous pouvons toujours décider de nous laisser entrainer ou pas. »

→ **RITUEL** « Les 4 "R" » p. 92

RÉACTIVATION

→ Demander aux élèves de rappeler pourquoi les écrans captent aussi facilement notre attention, en évoquant les **automatismes** et les **neurones aimants.**

SÉQUENCE 4

Synthèse

À RETENIR

→ **LES NEURONES AIMANTS** et leur action sur nos décisions et notre attention : nous sommes facilement distraits par les choses qui nous paraissent immédiatement excitantes, plaisantes, amusantes.

→ **LE « MODE MARIONNETTE »** : l'image de la marionnette signale à un·e élève qu'il/elle s'est laissé·e distraire par une habitude. C'est cette habitude qui tire les fils et guide son comportement.

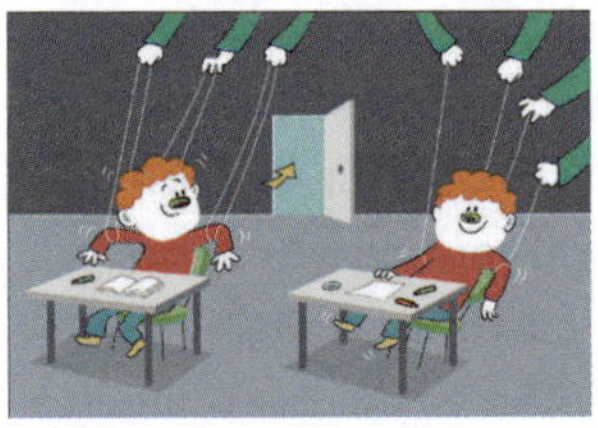

→ **JE RALENTIS... EST-CE QUE J'Y VAIS ?** Cette formule simple résume l'action suivante : « Quand je remarque que je suis en train de tomber de la poutre, je ralentis et je décide si c'est bon, si je me laisse entrainer ou non, parce que c'est moi le chef, pas mes neurones aimants ni mes habitudes. »

RITUELS

Les 4 « R »

Quand ?

Régulièrement, quand un élève se laisse distraire.

Comment ?

• Faire référence au mode marionnette ou aux neurones aimants pour **lui rappeler la raison précise de sa distraction :** « J'ai l'impression que là, tes neurones aimants viennent de décider pour toi de prendre ton bâton de colle pour jouer avec. Qu'est-ce que tu en penses ? N'oublie pas qu'ils ne doivent pas décider de tout dans ton cerveau. »

• Rappeler l'attitude à adopter pour bien réagir à l'action de ses neurones aimants, en « 4 "R" » :

– je **R**essens que je me laisse entrainer ;

– je **R**alentis, au lieu de foncer vers ce qui m'attire ;

– je **R**egarde ce qui va se passer si j'obéis aux neurones aimants pour savoir si c'est une bonne idée et décider de ce que je fais ;

– je **R**éagis : j'y vais ou je n'y vais pas, selon ce que j'ai décidé.

Pourquoi ?

Pour amener les élèves à identifier et à **reconnaitre de plus en plus clairement et systématiquement, dès qu'elle se met en œuvre, l'action des automatismes et du circuit de récompense** sur leur attention. L'objectif est qu'au fil du temps, les élèves apprennent à reconnaitre les sensations caractéristiques qui accompagnent cette envie – par exemple, l'envie pressante de foncer sur la console, d'aller jouer... mais aussi l'envie de ne pas faire quelque chose – et qu'elles lui servent de signal d'alarme : « Suis-je vraiment d'accord pour me laisser emporter par ces neurones ? »

QUIZ CP → À L'ORAL

1. **Quelle est la bonne proposition ?**
Je suis en « mode marionnette » quand…
❍ mes automatismes me font réagir trop vite.
❍ je joue avec des personnages.

2. **Vrai ou faux ?** Il existe de bons automatismes, qui peuvent nous aider.

3. **Donnez la bonne réponse.**
Pourquoi parle-t-on de « neurones aimants » dans ATOLE ?
❍ Parce que ces neurones nous attirent vers ce qui est en métal.
❍ Parce que ces neurones nous maintiennent bien en contact avec la poutre.
❍ Parce que ces neurones nous attirent vers ce qu'on aime.

4. **Quelle est la phrase juste ?**
❍ Les neurones aimants sont les méchants du cerveau, ils sont là pour nous distraire et nous faire tomber de la poutre.
❍ Les neurones aimants peuvent être utiles, ils nous aident à être concentrés quand on fait quelque chose qui nous fait plaisir.

5. **Complétez avec moi la signification des 4 « R ». Attention, il y a des intrus !**
Quand mes neurones aimants m'attirent vers autre chose, je peux, dans l'ordre :

1 R...
2 R...
3 R...
4 R...

ressentir   réagir   reculer

rire   regarder   ralentir

CORRIGÉ

1. mes automatismes me font réagir trop vite. **2.** Vrai. **3.** Parce que ces neurones nous attirent vers ce qu'on aime. **4.** Les neurones aimants peuvent être utiles, ils nous aident à être concentrés quand on fait quelque chose qui nous fait plaisir. **5.** 1. ressentir 2. ralentir 3. regarder 4. réagir.

QUIZ CE et CM → livrets ATOLE p. 18

Pour ces niveaux, les quiz proposés sont individuels et écrits.
Leur corrigé se trouve à la fin de ce guide (p. 205).

BILAN DE FIN DE SÉQUENCE 4

Mes élèves savent-ils :
❍ ce qu'est un automatisme ?
❍ expliquer le rôle des « neurones aimants » ?
❍ identifier et nommer certains moments où ils basculent en « mode marionnette » ?
❍ identifier certains moments où ils sont distraits par leurs « neurones aimants » (envie soudaine de faire ou de ne pas faire quelque chose) ?
❍ réagir à ces deux sortes de distraction en ralentissant pour décider de suivre ou non cette envie soudaine ou cette impulsion ?
❍ expliquer la technique des 4 « R » ?

À LA MAISON

Proposer aux élèves de **noter une situation où ils se sont laissé distraire**, à la maison ou dans leurs loisirs, par des automatismes ou par les neurones aimants, puis de **la décrire à la classe** au cours d'une séance suivante.

SÉQUENCE 5

Comment le cerveau se concentre

Objectifs

- Comprendre ce qu'est une intention et comment les intentions sont maintenues activement en mémoire dans le cerveau.
- Être capable de déterminer si l'on agit avec une intention claire ou non, ou avec plusieurs intentions contradictoires.
- Être capable d'expliquer à partir d'exemples pourquoi une intention claire, unique et à court terme facilite la concentration et diminue les sensations de fatigue mentale et de stress.

Plan de la séquence 5

PRÉREQUIS ENSEIGNANT·E AVANT LA SÉQUENCE 5

❍ J'ai bien compris ce qu'est une intention et qu'il est fréquent d'oublier ce qu'on cherchait à faire quelques minutes ou quelques secondes auparavant.

❍ J'ai aussi pu constater qu'avoir plusieurs intentions en même temps génère de la fatigue, du stress et de la surcharge mentale.

CONSEIL

- L'activité 6, qui prolonge les découvertes de l'activité 5 en les appliquant à un exercice scolaire, est facultative pour les CP.

ACTIVITÉ 1

Je découvre ce qu'est une intention

Objectifs

- Savoir expliquer à l'aide d'un exemple ce qu'est une intention.
- Comprendre que notre intention guide notre attention.
- Comprendre que nos intentions sont gardées en mémoire par des neurones à l'avant de mon cerveau (les « neurones chefs »).
- Comprendre que lorsque les « neurones chefs » cessent d'être actifs, on oublie son intention.

Durée : 🕒🕒🕒
Matériel :
- DOCS 78 à 80
- DOC 4
Vidéo : « Le plat dans le four »

DÉROULEMENT DE L'ACTIVITÉ

Étape 1 : **Comprendre ce qu'est une intention**

• **Jouer au jeu « Ni oui ni non »** avec les élèves, ou leur en rappeler simplement le principe. Leur demander pourquoi ce jeu est difficile.
→ Les élèves devraient répondre qu'à force, on finit par oublier qu'il ne faut dire ni oui ni non.

VARIANTES
• Le jeu du tabou : un élève doit faire deviner un mot aux autres sans utiliser certains mots définis à l'avance.
• **CP** Demander aux élèves de compter de 25 à 38 (ils oublient de s'arrêter).
• **CP** Demander aux élèves de taper dans les mains en récitant l'alphabet (ils doivent dire à quelle lettre ils en sont quand les mains s'arrêtent de taper).
• **CP** Proposer le « jeu des contraires » en motricité : lorsqu'on dit « ouvre les yeux », l'élève doit les fermer, etc.
→ N'importe quel jeu qui demande d'éviter de dire un ou deux mots particuliers ou de réagir comme d'habitude convient ici.

• **Expliquer qu'au fur et à mesure du jeu, « le naturel reprend le dessus » :** on finit par oublier son intention de ne dire ni oui ni non. L'intention, c'est le but que nous souhaitons atteindre et que nous gardons à l'esprit : c'est ce que l'on cherche à faire.

• **Écrire en haut du tableau : « Mon intention »** et, en dessous, plusieurs lignes qui commencent toutes par « Je cherche à… », « Je serais content/contente si… ».
• **Demander à l'oral aux élèves des exemples de situations simples** pour compléter ces lignes (par exemple : « préparer mon sac », « éviter de renverser de l'eau en remplissant le verre », etc.). **Écrire au tableau quelques exemples significatifs.** Vérifier ainsi que les élèves ont bien compris ce qu'est une intention.
→ Pour aider les élèves à bien identifier une intention, on peut leur proposer d'imaginer qu'ils demandent à quelqu'un de faire quelque chose à leur place. Pour savoir s'ils peuvent remercier cette personne une fois qu'elle aura fini, il faut qu'ils se rappellent ce qu'ils voulaient qu'elle fasse, pour vérifier si ce qu'elle a fait correspond à leur intention de départ.

Étape 2 : **Découvrir le rôle des « neurones chefs »**

• **Expliquer qu'il existe dans le cerveau des neurones qui nous permettent de contrôler volon-**

tairement notre attention : on les appellera ici les « neurones chefs » (les situer à l'avant du « gant de boxe », en projetant éventuellement à nouveau le **DOCUMENT 30**).

• **Préciser que lorsque ces « neurones chefs » sont bien « réveillés »,** leur travail consiste notamment à garder notre intention en mémoire : ils permettent de **ne pas oublier ce que l'on cherche à faire**, ce qui a un effet direct sur notre attention. Par exemple, si je cherche une chaussette bleue dans ma chambre, je vais faire naturellement plus attention aux habits bleus, grâce aux neurones chefs qui considèrent ces habits comme plus importants que les autres à ce moment-là.

• **Projeter le DOCUMENT 78** et expliquer : **« Comme un chef d'orchestre, les neurones chefs peuvent dire aux autres neurones de jouer ou de rester silencieux.** Par exemple, si ton intention est de trouver une chaussette bleue, les neurones chefs vont faire travailler les neurones qui détectent ce qui est bleu, comme sur cette image.

DOC 78

• **Poursuivre :** « Ils peuvent aussi, par exemple, réveiller les neurones qui écoutent ce qui se passe sur ta droite, ou ceux qui repèrent les monstres dans un jeu. Cela t'aide à **mieux percevoir ce qui les intéresse**. »

• **Expliquer :** « Lorsqu'on a une intention précise en tête, les neurones chefs sont bien réveillés, et cela guide notre attention. Notre attention se porte sur ce qui va nous permettre de réaliser notre intention de départ. »

• **Projeter à nouveau le DOCUMENT 4** et faire repérer sur l'illustration 5 chapeaux à plumes, un dragon à lunettes, 2 valises orange, 2 livres bleus ouverts.

• **Demander aux élèves :** « Quand on cherche un chapeau à plumes, est-ce que les valises sont importantes ? » (évidemment, non).

DOC 4

• **Poursuivre :** « Donc les neurones chefs ne s'y intéressent pas, sauf si on change pour chercher les valises. »

• **Faire ainsi prendre conscience aux élèves** que lorsqu'on doit trouver un nouvel objet, un nouveau personnage ou une nouvelle couleur, les neurones chefs doivent s'adapter à chaque fois.

• **Faire également remarquer aux élèves qu'ils ont besoin de bien se rappeler ce qu'ils cherchent** pour réussir à le trouver sur l'image. C'est donc grâce à la mémoire qu'ils peuvent rester concentrés.

VARIANTE

Cette activité peut être réalisée avec tout ouvrage du type *Où est Charlie ?* ou *La Famille Oukilé*.

Étape 3 : **Comprendre le lien entre les neurones chefs et l'oubli de l'intention**

• **Expliquer que, parfois, on oublie son intention,** c'est-à-dire ce que l'on voulait faire. Demander : « Cela vous est-il déjà arrivé ? Donnez-moi des exemples. »

• **Développer quelques exemples :** « On veut marquer un but mais on se met à regarder la tête du gardien au lieu de viser le but », « En classe, on se met à écouter ses pensées plutôt que ce que la maitresse ou le maitre dit ». Expliquer qu'en oubliant son intention, on oublie ce qui est important et on n'y fait plus attention.

• **Projeter le DOCUMENT 79** (voir page suivante) et demander aux élèves de décrire l'image.

• **Expliquer : « Les neurones chefs nous permettent de ne pas nous laisser constamment distraire** par tout ce qui nous entoure et de résister aux tentations que provoquent les neurones aimants. Grâce à eux, nous pouvons garder en tête ce que nous cherchons à faire, c'est-à-dire notre intention ! Ici, ils rappellent à l'enfant que c'est son cartable qu'il doit aller chercher. »

DOC 79

• **Poursuivre : « Les neurones chefs se rappellent de notre intention de départ.** Ils la gardent en mémoire et avant chaque action, ils décident si cette action va nous aider à réussir ce que l'on voulait faire ou pas. »

• **Ajouter : « Le problème, c'est que les neurones chefs s'endorment facilement. »**

• **Projeter le DOCUMENT 80** et demander aux élèves de décrire ce qui se passe sur cette image.

• **Demander aux élèves :** « Que se passe-t-il quand nos neurones chefs s'endorment ? »

→ On oublie ce qu'on voulait faire, comme dans l'image où l'enfant ne sait plus ce qu'il est venu chercher.

VARIANTE Vidéo **« Le plat dans le four »** (durée 24'') : un homme réalise tout d'un coup qu'il a oublié dans le four un plat qu'il avait mis à cuire.

→ Une illustration concrète de l'oubli de l'intention de départ.

DOC 80

• **Expliquer :** « Comme les neurones chefs s'endorment facilement, on peut facilement oublier ce qu'on voulait faire. C'est pour cela qu'il est difficile d'être concentré longtemps, sauf quand on est aidé par les neurones aimants (quand on joue des heures à la console ou qu'on lit sans pouvoir s'arrêter). »

VIDÉO

Le plat dans le four
(24'')

media.mdi-editions.com/s5a1

RÉACTIVATION

→ **Demander aux élèves ce qu'est une intention.**

→ **Demander aux élèves quel est le rôle des « neurones chefs »** (notamment garder en mémoire l'intention et diriger l'action des autres neurones en calmant les neurones aimants).

ACTIVITÉ 2

Je constate ce qui se passe quand j'oublie mon intention de départ

Objectifs

- Constater par l'expérience le problème qui se pose quand on oublie son intention de départ.
- Faire le lien entre l'oubli de l'intention de départ et le difficile maintien en éveil des neurones chefs.

Durée :
Matériel : DOC 81

DÉROULEMENT DE L'ACTIVITÉ

• **Demander aux élèves de compter leurs respirations** pendant que vous leur lisez à voix haute le texte « Le sage et l'enfant » fourni dans le **DOCUMENT 81**. À chaque fois qu'ils expirent, ils doivent ajouter « 1 » au décompte mental qu'ils effectuent dans leur tête.

• **Arrêter la lecture du texte au bout de quelques minutes et questionner les élèves :** « Que celles et ceux qui ont bien compté leurs respirations tout le long de l'exercice sans jamais perdre le fil lèvent la main. Et pour celles et ceux qui ont oublié de compter à certains moments, pouvez-vous me dire ce qui s'est passé ? Pourquoi était-il difficile de se rappeler de les compter ? »

VARIANTE

On peut augmenter le risque d'oubli de l'intention :
– en demandant aux élèves de faire cet exercice les yeux fermés, pour qu'ils ne voient pas les autres en train de se concentrer ;
– en distrayant les élèves avec différentes sortes de bruits (par exemple, en écrivant au tableau).

• **Expliquer : « Celles et ceux parmi vous qui ont perdu le fil ont oublié leur intention** : même si on ne s'en rend pas forcément compte, il est difficile de maintenir correctement une intention en mémoire, même pendant quelques minutes seulement. »

• **Demander aux élèves :** « Pour celles et ceux qui ont oublié leur intention de départ, **qu'ont fait les neurones chefs** qui étaient chargés de vous la rappeler ? »

→ Ils se sont endormis.

• **Demander éventuellement aux élèves qui n'ont pas perdu de vue leur intention** comment ils se sentent à présent : plus calmes, plus attentifs ?

→ La focalisation sur la respiration est une technique de stabilisation de l'attention très utilisée dans l'apprentissage de la méditation, avec des effets bénéfiques sur la concentration.

VARIANTES

• **CP** Demander aux élèves (dans le silence, sans leur lire de texte) de compter leurs respirations en allant jusqu'à cinq ou dix, puis repartir de zéro.

• Retourner un sablier bien visible de tous, demander aux élèves de bien penser à lever la main dès que le sable aura fini de couler, puis raconter autre chose pour les distraire.

• Demander à un·e élève de vous rappeler de vous faire signe dans 10 minutes précisément, puis voir s'il/elle est capable de se souvenir de cette consigne.

→ **CM** Pour les plus grands, cette dernière consigne leur permet de se rendre compte de l'intérêt de régler une alarme, pour ne pas avoir à penser sans arrêt à ce qu'ils doivent faire.

• Avant la récréation, prévenir les élèves que lorsqu'ils reviendront en classe, ils devront bien penser à réaliser une action particulière, prévue à l'avance… puis constater le nombre d'élèves ayant oublié cette action au retour en classe.

• Raconter une histoire ou lire un texte aux élèves. Avant la lecture, préciser : « Dès que je m'arrête, vous devez lever la main et répéter le dernier mot (ou la dernière phrase) prononcé(e) ». Plus le texte lu est intéressant et distrayant, ou plus la lecture est longue, plus il est probable que la consigne de lever la main à l'arrêt de la lecture soit oubliée.

• Toute activité où il faut vérifier régulièrement quelque chose – que l'on finit par oublier…

RÉACTIVATION

→ **Demander aux élèves des exemples de situations** où on peut oublier son intention.

→ **Demander aux élèves :** « Pourquoi faut-il mieux se concentrer sur des tâches courtes ? »

ACTIVITÉ 3

Je détecte le moment où j'ai oublié mon intention de départ

Objectifs

- Reconnaitre lorsqu'on a oublié son intention de départ, et comprendre que c'est la raison pour laquelle on s'est déconcentré.
- Adopter un code pour désigner ce type de problème : le code « OUIN » (OUbli de l'INtention).
- Comprendre pourquoi on se concentre plus facilement sur des tâches courtes.

Durée :
Matériel :
- DOCS 82 à 85
- livret ATOLE

DÉROULEMENT DE L'ACTIVITÉ

Étape 1 : **Découvrir le code « OUIN » et apprendre à l'utiliser**

• **Rappeler : « Dans l'activité précédente, vous deviez compter vos respirations** pendant que je vous lisais un texte. Compter vos respirations était votre intention, mais certains d'entre vous l'ont oubliée au cours de la lecture. »

• **Projeter les DOCUMENTS 82 à 84** et demander à un·e élève de décrire ce qui se passe sur ces images.

• **Demander : « Quelle était l'intention** que le neurone chef du gardien de but devait retenir ? » puis « Que s'est-il passé ensuite ? »

• **Expliquer : « Tant que vos neurones chefs sont bien réveillés, vous êtes bien concentrés.** Sur la première image, le neurone chef chargé de se rappeler de

DOC 82

DOC 83

DOC 84

garder le but est bien réveillé. Mais les neurones chefs s'endorment vite, et les habitudes reprennent alors le dessus. »

• **Poursuivre** : « C'est ce qui arrive sur les autres images : le gardien aperçoit un papillon, il se met à l'observer, par automatisme, mais il a oublié son intention ! »

• **Faire remarquer aux élèves le mot « OUIN »** sur la dernière image et l'écrire au tableau.

• **Expliquer : « OUIN, c'est un mot code pour dire "oubli de l'intention".** "OU" comme "Oubli", "IN" comme "Intention". Ce mot code, nous l'utiliserons régulièrement quand l'un de nous oubliera son intention de départ, pour bien se rappeler d'où vient le problème. Vous pourrez l'utiliser à chaque fois que vous oublierez votre intention ("Mince, j'ai fait un OUIN !"). »

• **Donner un exemple :** « Imaginez que dans une dictée, vous devez écrire le mot "chat". Mais au lieu d'écrire le mot "chat", vous vous mettez à penser au chat de votre voisin. Vous oubliez votre intention d'écrire la dictée : OUIN ! Vous tombez de la poutre. »

Étape 2 : **Apprendre à ne pas oublier son intention de départ**

• **Projeter le DOCUMENT 85.**

DOC 85

• **Demander aux élèves d'observer cette image de la poutre :** « Voyez-vous ce neurone chef en train de tenir les mains de ce personnage pendant qu'il traverse ? Qu'est-ce que cela signifie ? »

→ Les neurones chefs, lorsqu'ils sont bien réveillés, aident à rester en équilibre sur la poutre, en maintenant en mémoire l'intention de départ.

• **Demander ensuite ce qui se passerait si, dans cette situation, le neurone chef s'endormait**, et pourquoi.

→ Le personnage tomberait. Les élèves doivent comprendre que c'est parce qu'il oublierait qu'il doit traverser la poutre. Il oublierait même qu'il est sur une poutre et il pourrait aller dans n'importe quelle direction.

• **Expliquer : « Cette image rappelle donc qu'il ne faut pas laisser les neurones chefs s'endormir.** Pour être attentif, il faut bien avoir à l'esprit ce que l'on cherche à faire. Il faut savoir clairement quelle intention garder en mémoire grâce au travail de neurones chefs bien réveillés. »

• **Demander aux élèves :** « Savez-vous comment faire pour ne pas oublier son intention ? » et laisser venir les réponses.

• **Expliquer :** « Ce qui aide à ne pas oublier son intention, c'est par exemple de **bien visualiser ce qu'on cherche à faire**, en utilisant une image mentale (par exemple, celle de l'objet qu'on doit chercher), ou bien se répéter ce qu'on doit faire avec sa petite voix. »

• **Poursuivre : « L'autre astuce, puisqu'il est facile d'oublier son intention, c'est qu'il vaut mieux se fixer des petites tâches courtes** pendant lesquelles on est bien concentré sur ce qu'on a à faire pendant quelques minutes, jusqu'à ce que toutes ces petites tâches courtes soient finies. »

Dans le livret ATOLE, demander aux élèves de compléter la signification du code « OUIN ».
→ livrets CE et CM p. 19

RÉACTIVATION

→ **Demander aux élèves ce que signifie le code « OUIN »** et rappeler le rituel « Quelle est ton intention ? » → RITUEL p. 110

→ **Demander aux élèves** : « Pourquoi faut-il mieux se concentrer sur des tâches courtes ? »

→ **Faire avec les élèves l'activité « La petite voix et l'aphabet »** (→ RITUEL p. 110) pour commencer à leur donner l'habitude de garder en tête une intention sans se laisser distraire.

ACTIVITÉ 4

Je constate qu'on ne peut pas faire attention à tout

Objectifs

- Comprendre que l'attention est sélective.
- Comprendre pourquoi il est plus facile de se concentrer avec une intention très claire.

Durée : ◔◔
Matériel :
- 3 gobelets de même couleur
- 3 objets de couleurs différentes
- DOCS 86 et 87

Vidéos : « Le gorille », « Le magicien »

DÉROULEMENT DE L'ACTIVITÉ

Étape 1 : **Constater qu'il est difficile de faire attention à plusieurs choses à la fois**

CONSEIL

Dans l'activité suivante, si la manipulation avec les gobelets n'est pas parfaitement réalisée, ce n'est pas un problème : l'idée n'est pas de faire un « tour de magie », mais simplement de montrer aux élèves comment fonctionne leur attention.

• **Prendre trois gobelets et trois objets de couleurs différentes** (par exemple, rouge, bleu, vert), puis en placer un sous chaque gobelet. Lever les gobelets pour découvrir les objets, puis les cacher à nouveau et demander aux élèves de **suivre les déplacements de l'objet rouge**.

• **Demander,** après quelques mouvements sans grande difficulté, **où est l'objet rouge**. Demander ensuite : « Combien d'élèves ont réussi à suivre l'objet rouge ? »

• **Demander aux élèves quelle était leur intention de départ** durant le jeu des gobelets.

→ Les élèves devraient répondre que c'était de suivre l'objet rouge.

• **Demander aux élèves qui ont perdu de vue l'objet rouge** ce qui les a empêchés de maintenir leur attention.

→ Durant cette activité, certains ont pu se laisser distraire par les mouvements des gobelets, les camarades autour d'eux, etc.

• **Reproduire l'activité avec la même consigne,** puis demander où se trouvent les autres objets.

→ Les élèves auront probablement plus de difficultés à indiquer où se trouvaient les autres objets, puisque leur intention était de suivre uniquement l'objet rouge.

• **Expliquer : « Il est difficile de faire attention à plusieurs choses à la fois** : on dit que l'attention est sélective. Nous devons donc sélectionner, c'est-à-dire choisir, ce à quoi nous faisons attention. »

• **Demander aux élèves s'ils ont déjà vécu des situations analogues** : ne pas voir arriver une voiture parce qu'ils étaient en train de parler, ne pas se rendre compte que l'enseignant·e demande le silence, etc.

• **Interroger les élèves sur un détail concernant l'école** que les élèves qui ne sont pas très observateurs n'ont probablement jamais remarqué (par exemple, la couleur des couloirs ou de telle ou telle porte) : « De quelle couleur est... (la porte du couloir, la porte du bureau de la directrice, la porte de la cantine...) ? »

VARIANTE

Faire sortir un·e élève de la classe, puis demander aux autres comment il/elle était habillé·e.

• **Faire remarquer que l'on peut, dans la vie quotidienne, passer totalement à côté d'éléments** que d'autres remarquent pourtant. Parce que l'attention ne peut pas être partout à la fois et que l'on ne remarque pas tout.

VARIANTES

Vidéo **« Le gorille »** (durée 1'21'') : deux équipes (blanche et noire) se font des passes. La tâche consiste à compter le nombre de passes de l'équipe habillée en blanc. Pendant le jeu, un gorille passe parmi les joueurs. Dans la majorité des cas, il passe complètement inaperçu.

→ Cette vidéo illustre de manière ludique et frappante le principe de l'attention sélective.

Vidéo **« Le magicien »** (durée : 9'')

→ Les élèves voient comment le magicien utilise le détournement d'attention pour réaliser son tour. À 6'', on peut le voir déplacer la pièce dans sa paume à l'insu de la spectatrice.

Étape 2 : **Comprendre que l'attention est sélective**

• **Projeter le DOCUMENT 86** et demander aux élèves ce qu'ils voient sur l'image.

DOC 86

• **Vérifier qu'ils parviennent à repérer les deux formes possibles :** le vase au milieu, et les deux visages qui se font face.

• **Leur faire constater qu'il n'est pas possible de voir les deux en même temps :** on fait attention soit au vase au milieu, soit aux deux visages.

• **Projeter le tableau d'Arcimboldo *L'Automne*** (**DOCUMENT 87**) et demander aux élèves de décrire ce qui est représenté.

DOC 87

• **Demander aux élèves de bien regarder un légume** ou un fruit et leur demander si, quand ils se concentrent sur ce légume (ou ce fruit), ils voient le visage global. Leur faire constater qu'ils regardent soit le visage en entier, soit un détail du tableau (le légume ou le fruit), mais pas les deux en même temps.

• **Expliquer : « Notre attention est sélective :** elle se porte soit sur un objet, soit sur un autre, soit sur des détails, soit sur l'ensemble. Quand on fait attention à quelque chose, on perçoit moins bien le reste : notre cerveau a donc besoin de savoir ce qui est vraiment important pour ce que l'on a à faire. »

• **Expliquer : « C'est pour ça qu'il faut savoir clairement ce qu'on cherche à faire,** sinon notre cerveau ne sait pas ce qui est important. »

VIDÉOS

Le gorille (1'21'')	Le magicien (9'')
media.mdi-editions.com/s5a4	media.mdi-editions.com/s5a42

RÉACTIVATION

→ **Montrer l'un des films proposés en variante,** ou réutiliser les **DOCUMENTS 86** ou **87**.

→ **Demander un exemple de situation difficile** parce qu'elle demande de faire attention à deux choses à la fois.

→ **Rappeler qu'on ne peut pas faire attention à tout en même temps** et que notre attention est sélective.

ACTIVITÉ 5

J'apprends à me concentrer sur une intention claire à la fois

Objectifs

- Constater que l'on est plus efficace lorsque l'on fait les choses une par une plutôt que simultanément.
- Comprendre qu'il est difficile et fatiguant de se concentrer avec deux intentions différentes en même temps.
- Comprendre pourquoi il est plus facile de se concentrer avec une intention unique, claire et courte.

Durée :
Matériel :
- DOCS 88 à 90
- livret ATOLE

DÉROULEMENT DE L'ACTIVITÉ

Étape 1 : **Expérimenter qu'il est difficile de se concentrer sur plusieurs choses à la fois**

• **Écrire au tableau :** « Les escargots de Bourgogne n'aiment pas beaucoup les fêtes de fin d'année » (ou autre texte simple : adapter la longueur et la complexité du texte selon la classe).
• **Demander aux élèves de compter le plus vite possible le nombre total de « e », « s » et « t »** en ne « lisant » la phrase qu'une seule fois (à chaque fois qu'ils voient un « e », un « s » ou un « t », ils ajoutent « 1 » au compte qu'ils font dans leur tête). Lorsqu'ils arrivent à la fin du texte, ils doivent lever la main pour donner ce nombre.
• **Chronométrer le temps** au bout duquel le premier doigt se lève.
• **Demander aux élèves s'ils ont trouvé cela agréable à faire.** Les laisser s'exprimer, pour qu'ils parviennent à nommer et décrire le sentiment d'inconfort qu'ils ont pu ressentir lors du décompte des trois lettres à la fois. Ont-ils parfois cette impression pendant leur travail scolaire ?
→ Expliquer que s'ils ressentent cet inconfort, c'est que trois neurones chefs se battent dans leur cerveau, l'un pour faire attention aux « e », l'autre aux « s » et l'autre aux « t ».
→ Certains élèves ont peut-être d'eux-mêmes compté séparément les différents types de lettres lors du premier essai. Il n'est pas rare que le cerveau mette naturellement en place des stratégies qui évitent de diviser l'attention pour que nous soyons plus efficaces dans ce que nous faisons.

VARIANTE CP
Projeter le DOCUMENT 88 et demander aux élèves de compter en même temps et le plus rapidement possible, en partant du haut de la feuille, le nombre total de points rouges, bleus et orange.

DOC 88

Étape 2 : **Comprendre qu'il vaut mieux se concentrer sur une intention claire à la fois**

• **Demander ensuite à la classe de recommencer** en comptant d'abord le nombre de « e », puis le nombre de « s », puis le nombre de « t », ceci en mesurant à chaque fois le temps mis.

• **Additionner ces trois durées et comparer à la première durée enregistrée** (lorsqu'il faut compter toutes les lettres en même temps). Qu'obtient-on ?
→ En principe, la somme des temps mis pour compter toutes les lettres séparément est inférieure au temps mis pour compter toutes les lettres à la fois. Il est bien moins fatigant et difficile de s'y reprendre à trois fois.
• **Faire remarquer aux élèves** que même s'il est plus simple de faire les choses les unes après les autres, **on est souvent tenté de tout faire en même temps** pour aller plus vite. Leur demander : « Cela vous arrive-t-il parfois ? Qu'en pensez-vous ? »

• **Projeter les DOCUMENTS 89 et 90** et demander aux élèves de décrire les images.
• **Expliquer : « Parfois, deux neurones chefs se disputent**, comme deux entraineurs de foot qui donneraient deux consignes différentes, où comme deux professeurs qui donneraient tous les deux un exercice à faire en même temps. Quoi que vous fassiez, l'un des deux neurones chefs dira que ce que vous faites est mal. »
• **Poursuivre :** « Dans ce cas là, c'est comme si vous essayez de marcher sur deux poutres en même temps ! Vous commencez à stresser parce que **votre cerveau ne voit plus comment faire**. »
• **Conclure avec les élèves :** « Quand vous n'arrivez pas à vous concentrer, **vérifiez d'abord que vous n'essayez pas de faire deux choses difficiles à la fois.** Demandez-vous : "Qu'est-ce que je cherche à faire vraiment ? **Quelle est mon intention ?"** Il faut se concentrer sur une intention claire à la fois pour éviter les disputes entre neurones chefs. »
→ **RITUEL « Quelle est ton intention ? » p. 110**

DOC 89

DOC 90

Dans le livret ATOLE, demander aux élèves de relier les bonnes parties de phrases pour comprendre les caractéristiques d'une intention qui permet de bien se concentrer. → livrets CE et CM p. 20

RÉACTIVATION

→ **Demander aux élèves un exemple de situation qui montre qu'on ne peut pas se concentrer sur plusieurs tâches à la fois** (comme compter le nombre de « e », de « s » et de « t » dans un texte).

→ **Leur demander d'autres exemples** issus de la vie quotidienne ou scolaire.

ACTIVITÉ 6

Je constate que je ne peux pas faire deux choses en même temps

Objectifs

- Appliquer ce qui a été vu dans l'activité 5 dans le cadre d'un exercice scolaire.
- Réaliser par soi-même que les conflits de neurones chefs peuvent nuire au travail scolaire.

Durée :
Matériel :
DOC 91

DÉROULEMENT DE L'ACTIVITÉ

→ À la différence de l'activité 5, cette activité est en lien avec le travail scolaire : elle permet de montrer aux élèves que la compréhension d'un texte dépend directement de la quantité et de la qualité de l'attention qu'ils vont accorder à sa lecture.

• **Annoncer aux élèves que vous allez projeter un texte** au tableau.

• **Expliquer aux élèves qu'ils devront compter le plus rapidement possible** le nombre de mots du texte, puis lever la main quand ils auront fini.

• **Afficher le texte du DOCUMENT 91** (adapter la longueur au niveau de la classe).

• **Chronométrer le temps** mis par le premier ou la première élève pour lever la main. Lui demander le nombre de mots puis **de raconter de quoi parlait le texte** (ou lui poser quelques questions simples dessus).

→ L'élève peut avoir du mal à répondre.

• **Demander à un·e élève qui n'a pas bien compris** ce texte pour quelles raisons il/elle pense ne pas l'avoir compris.

→ Sa réponse sera probablement : « Parce que je n'ai pas vraiment lu les mots. »

• **Enchainer en demandant ce qu'il faudrait faire** pour lire les mots et pas seulement les voir.

→ Il faudrait les regarder différemment. On ne fait pas attention aux mots de la même façon si c'est pour les lire ou pour les compter.

• **Conclure :** « Lire et compter sont deux intentions contradictoires. Il faut privilégier l'une puis l'autre pour **éviter les combats entre neurones chefs**. »

VARIANTES

• Décliner l'exercice à l'oral : faire écouter ou lire un texte et demander aux élèves de compter le nombre de « le », par exemple, ou bien le nombre de verbes. Puis leur demander ce qu'ils ont retenu du sens de l'histoire.

• Demander aux élèves de lire un texte dans leur tête tout en répétant « blablabla » puis leur demander ce qu'ils ont compris du texte.

• **EPS** En classe ou en salle de motricité : faire parcourir à un·e élève un chemin avec des obstacles, et lui demander en même temps de guider un·e autre élève suivant le chemin à l'envers les yeux bandés.

RÉACTIVATION

→ **Rappeler aux élèves que si l'on essaie de faire deux choses à la fois, les neurones chefs vont se disputer.** Il faut donc essayer d'avoir **une seule intention claire à la fois.** On se concentre bien mieux avec une intention unique, claire et concrète et à court terme.

ACTIVITÉ 7

J'identifie ce que je peux faire ou non en même temps

Objectifs

- Comprendre que les tâches qui demandent de la concentration ne se mélangent pas, comme l'huile et l'eau.
- Être capable d'identifier des activités qui sont difficiles – voire impossibles – à réaliser en même temps, car elles entrainent un combat des neurones chefs dans le cerveau.

Durée :
Matériel :
- de l'huile, de l'eau et du sirop
- DOCS 92 et 90

DÉROULEMENT DE L'ACTIVITÉ

Étape 1 : **Comprendre l'intérêt de réaliser une seule chose à la fois**

• **Mélanger devant les élèves de l'huile et de l'eau** (qui ne se mélangent pas) **ou de l'eau et du sirop** (qui se mélangent). Demander aux élèves ce qu'ils observent.
→ Certains produits se mélangent bien, d'autres ne se mélangent pas. Quand on remue l'huile et l'eau, l'huile se réfugie dans des centaines de gouttelettes.
• **Faire un parallèle avec deux activités difficiles à faire ensemble :** quand on essaie de les mélanger, on est alors obligé d'alterner entre les deux en faisant chacune lentement **par tout petits bouts**, ce qui peut être compliqué et donc fatigant (compter un peu les « e », puis les « t », puis les « s » comme dans l'activité 5, ou bien écouter un peu l'histoire, puis regarder par la fenêtre…).
• **Projeter le DOCUMENT 92.**
• **Montrer les récipients d'eau et d'huile et expliquer** qu'essayer de faire deux activités difficiles ensemble, c'est comme vouloir mélanger l'huile et l'eau : on doit faire chacune de ces activités par tout petits bouts, comme les gouttelettes d'huile dans l'eau.
• **Demander aux élèves s'il leur arrive d'agir de cette manière au quotidien.**
→ Par exemple, je lis (ou je mange) et je jette un œil régulièrement à la télé, ou je fais un jeu tout en regardant autour de moi.

DOC 92

• **Préciser qu'il est souvent plus simple de réaliser une activité en entier**, avant de passer à l'autre, « pour ne pas faire de gouttelettes comme l'huile dans l'eau ».
• **Reprendre des exemples d'activités qui ne se mélangent pas bien**, comme par exemple écouter (ce que dit l'enseignant·e) et lire (l'énoncé qui vient d'être distribué), ou faire un exercice et regarder ce que font les autres.
• **Faire remarquer que dans le jeu des lettres (activité 5, p. 105), il y a plusieurs neurones chefs en compétition**, qui donnent des ordres différents : certains nous encouragent à compter les « e », d'autres à compter les « s », d'autres à compter les « t »… L'exercice est donc plus difficile que lorsqu'il n'y a qu'un seul ordre à suivre.

• **Projeter à nouveau le DOCUMENT 90** puis demander aux élèves comment la fille devrait s'y prendre pour traverser les deux poutres.
→ Évidemment, l'une après l'autre.

Étape 2 : **Identifier les activités qui peuvent être réalisées ou non en même temps**

• **Demander des exemples d'activités (en classe ou en dehors) qui ne peuvent pas être combinées** et en noter quelques-uns d'un côté du tableau.
→ Si les élèves répondent par des exemples évidents du type « écrire la lettre A et dessiner un carré en même temps », essayer de les pousser à décrire plutôt des situations en rapport avec leurs pensées, par exemple : « Pendant que je faisais mes devoirs, je pensais sans cesse à ce nouveau jeu vidéo auquel j'allais pouvoir jouer lorsque j'aurais terminé. »
Exemples d'activités incompatibles :
– commencer à chercher une réponse dans sa tête avant d'avoir entendu la fin de la question (entendre et se parler à soi-même, cela ne se mélange pas bien) ;
– écouter une histoire et compter ses respirations en même temps (activité 2, p. 99).

• **Demander aux élèves des exemples de choses qu'il est possible de réaliser en même temps** (comme par exemple faire du vélo et chanter) et en noter quelques-uns de l'autre côté du tableau. Leur faire remarquer que ces activités peuvent souvent être réalisées de manière automatique, car elles ne sont pas très compliquées ou qu'ils ont l'habitude de les faire.

• **Poursuivre en expliquant : « Il faut beaucoup répéter une tâche pour qu'elle ne demande presque plus d'attention.** C'est pour cela qu'on vous demande parfois à l'école de répéter une même chose encore et encore, par exemple pour savoir tout de suite que 4x5 font 20 sans avoir besoin de se concentrer ni de réfléchir. C'est tout l'intérêt de la répétition, y compris dans les activités en dehors de l'école. »

• **Demander aux élèves des exemples de choses qu'ils savent faire sans trop se concentrer** après les avoir beaucoup répétées : placer sa raquette de badminton pour frapper dans le volant, faire un service au volley, placer ses doigts pour faire un accord ou une note sur un instrument de musique...

RÉACTIVATION

→ **Demander des exemples de tâches que l'on peut faire en même temps** et demander pourquoi c'est possible (à force de répétition pour développer des automatismes).

→ **Rappeler l'utilité de la répétition** (pouvoir faire des choses simples tout en se concentrant sur autre chose).

→ **Demander à un·e élève d'expliquer la métaphore de l'huile et de l'eau** (certaines tâches ne se mélangent pas, on doit les faire par tout petits bouts en les alternant, comme des gouttelettes).

Synthèse

À RETENIR

→ **LES NEURONES CHEFS** : ils gardent en mémoire ce que nous avons à faire. Ils nous aident à faire attention à ce qui est important.

→ **OUIN** : ce code indique un **OU**bli de l'**IN**tention de départ, quand quelqu'un a oublié ce qu'il cherchait à faire (ses neurones chefs se sont endormis).

→ **L'HUILE ET L'EAU** : elles ne se mélangent pas. Quand on essaie de les mélanger, l'huile se regroupe dans une multitude de petites gouttelettes.

« Agir (ou travailler) en gouttelettes », ce serait accomplir une activité petit bout par petit bout, en se laissant très fréquemment distraire par d'autres activités.

→ **LE COMBAT DES NEURONES CHEFS** : quand on essaie de faire deux choses compliquées à la fois, les neurones chefs se battent dans notre cerveau. Il est plus facile d'être bien concentré quand on se fixe des intentions claires (« Souligne les phrases qui ne te paraissent pas très bien écrites » n'est pas forcément très clair ; « Souligne les phrases où tu vois une répétition » est très clair), uniques et à court terme.

RITUELS

Quelle est ton intention ?

Quand ? Régulièrement, au fil de la classe.

Comment ?

• Demander à un·e élève qui se jette tête baissée dans une activité de faire une petite pause pour **expliquer le plus précisément possible ce qu'il/elle cherche à faire**. Pour vérifier qu'il/elle est assez clair·e dans sa description, on peut lui poser les questions suivantes : « Si je répète à ton voisin ce que tu viens de m'expliquer, penses-tu qu'il aura suffisamment bien compris pour pouvoir finir à ta place ? » ou bien « Est-ce que tu vois bien comment tu vas t'y prendre ? De combien de temps as-tu besoin ? », ou bien encore « Dans cinq minutes, quand tu auras fini, qu'est-ce que tu verras devant toi sous tes yeux ? »

On peut également demander : « As-tu besoin d'être très attentif/attentive ? » (voir « Les 3 "A" », séquence 2, p. 57 et p. 60).

• Lorsque l'on constate que l'élève a oublié ce qu'il/elle cherchait à faire, **faire référence, régulièrement, au code « OUIN »**.

Pourquoi ? Pour amener les élèves, par la répétition, à toujours agir avec une intention claire et unique qui guidera d'autant plus facilement leur attention.

La « petite voix » et l'alphabet : garder en tête une intention

Quand ? Régulièrement, au fil de la classe.

Comment ? Régulièrement, pour calmer l'attention des élèves avec la « petite voix », **commencer à prononcer à voix haute une séquence de quatre lettres de l'alphabet** (« A... B... C... D... ») à un rythme lent et bien cadencé, puis continuer mentalement en suivant l'alphabet. Les élèves doivent également poursuivre l'alphabet dans leur tête au même rythme jusqu'à un signal « Stop » donné par l'enseignant·e. Demander ensuite : « Qui en est à la lettre... G ? Qui en est à la lettre... H ? etc. » Le but du jeu est d'arriver à la même lettre que l'enseignant·e.

Pourquoi ? Pour donner aux élèves l'habitude de garder en tête une intention, sans se laisser distraire.

QUIZ CP → À L'ORAL

1. **Quelle est la bonne proposition ?** Mon intention, c'est…
❍ ce que je cherche à faire.
❍ ce que je suis tenté de faire.

2. **Vrai ou faux ?**
Les neurones chefs permettent de se souvenir de ce qu'on doit faire.

3. **Quelle est la bonne proposition ?**
On fait un « OUIN » quand on…
❍ oublie son intention de départ. ❍ quand on se fait mal parce qu'on est distrait.

4. **Quelle est la bonne proposition ?**
On se concentre plus facilement sur des tâches :
❍ longues. ❍ courtes.

5. **Indiquez la bonne réponse.**
Que faut-il faire pour aller plus vite ?
❍ Se concentrer sur une chose à la fois.
❍ Se concentrer sur plusieurs choses à la fois.

CORRIGÉ
1. ce que je cherche à faire. **2.** Vrai **3.** oublie son intention de départ. **4.** courtes. **5.** Se concentrer sur une chose à la fois.

QUIZ CE et CM → livrets ATOLE p. 21

Pour ces niveaux, les quiz proposés sont individuels et écrits.
Leur corrigé se trouve à la fin de ce guide (p. 205).

BILAN DE FIN DE SÉQUENCE 5

Mes élèves savent-ils :
❍ décrire et expliquer le rôle des neurones chefs ?
❍ indiquer, au moment où on les interroge, s'ils ont une intention claire ou non en tête (c'est-à-dire s'ils savent précisément ce qu'ils cherchent à faire) ?
❍ remarquer quand ils sont distraits parce qu'ils ont oublié ce qu'ils cherchaient à faire (oubli de l'intention de départ : « OUIN ») ?
❍ reconnaitre rapidement quand ils ont deux intentions contradictoires à la fois et rappeler l'image de l'huile et de l'eau qui ne se mélangent pas ?
❍ expliquer l'intérêt d'avoir une intention claire et concrète et à court terme, en utilisant l'image de la poutre ?

À LA MAISON

Proposer aux élèves de noter une situation, à la maison ou dans leurs loisirs, où **ils ont essayé de se concentrer sur plusieurs choses à la fois** et où ils n'ont pas réussi, puis de raconter cette situation à la classe.

SÉQUENCE 6

Maximoi et Minimoi

Objectifs

- Apprendre à alterner concrètement entre deux attitudes, planification et exécution (représentées par les personnages de Maximoi et Minimoi), pour découper des tâches complexes en une suite de petites missions courtes, claires et concrètes (les « minimissions ») et minimiser ainsi les conflits attentionnels.
- Savoir reconnaitre quand il faut mobiliser cette technique : lorsqu'on agit sans intention claire, ou avec plusieurs intentions contradictoires à la fois.

Plan de la séquence 6

PRÉREQUIS ENSEIGNANT·E AVANT LA SÉQUENCE 6

❍ Il m'arrive de découper des tâches complexes en minimissions pour éviter la surcharge mentale ou pour arriver à être efficace dans des situations où il m'est très difficile de me concentrer pour réfléchir.

❍ J'ai bien compris la différence avec une « to do list » standard (« préparer la séquence de mardi », « faire refaire des clefs ») et une liste de vérification composée de minimissions.

ACTIVITÉ 1

Je découvre Maximoi et Minimoi

Objectifs

- Découvrir la méthode « Maximoi et Minimoi » et les rôles respectifs de ces deux personnages.
- Comprendre comment cette méthode permet d'éviter d'agir en suivant plusieurs intentions contradictoires à la fois.

Durée : 🕒🕒
Matériel :
- DOCS 93 à 95
- livret ATOLE
Vidéo : « Les fondamentaux : Maximoi et Minimoi »

DÉROULEMENT DE L'ACTIVITÉ

CONSEIL
Commencer par projeter la **VIDÉO « Les fondamentaux : Minimoi et Maximoi »** (Canopé, durée : 3'53''). Ce film court permet d'introduire d'emblée les deux personnages et leur utilité pour l'élève.

- **Annoncer aux élèves :** « Pour ne pas risquer d'agir avec deux intentions contradictoires à la fois, vous allez apprendre à jouer le rôle de deux personnages : **Maximoi et Minimoi**. »
- **Projeter les DOCUMENTS 93 et 94.**

DOC 93

- **Présenter les deux personnages : « Maximoi est sage et intelligent, mais faible. Minimoi est moins malin, mais il est rapide et fort.** Minimoi ne comprend que les consignes simples et il a une mauvaise mémoire, mais ce qu'il a compris, il le fait bien si ce n'est pas trop long. »

DOC 94

- **Projeter le DOCUMENT 95.** Demander aux élèves de décrire ce qu'ils voient.

DOC 95

- **Expliquer :** « Maximoi est là pour éviter les disputes entre les neurones chefs. Il nous aide à ne pas nous lancer en même temps dans deux activités qui ne peuvent pas se mélanger, comme l'huile et l'eau (voir p. 108). **Maximoi découpe les choses compliquées à faire en missions courtes, claires et concrètes**, qui nous aident à savoir à quoi faire attention à chaque fois, comme un chemin avec des petites poutres à traverser. »

- **Poursuivre : « Chaque Minimoi exécute une petite mission sans se poser de question,** il ne se laisse pas distraire par les neurones aimants, car il sait exactement où il va et ce qu'il a à faire, c'est-à-dire quelle poutre il doit traverser. »
- **Expliquer : « À cause de sa mauvaise mémoire, Minimoi oublie souvent sa mission** au bout de quelques minutes. Maximoi lui confie donc des missions courtes (pas plus de quelques minutes à chaque fois). »
- **Poursuivre : « Chaque Minimoi n'a donc qu'une poutre à traverser à chaque fois**, avec une seule intention claire et des neurones chefs bien réveillés, qui sont tous d'accord sur ce qu'il faut faire. De mini-mission en minimission, les Minimoi accumulent les succès ! »

→ Il est important d'insister sur cette notion de succès répété et fréquent, qui aide les élèves à prendre conscience de tout ce qu'ils font bien et à prendre confiance en eux.

- **Conclure :** « Ensemble, **Maximoi et les Minimoi nous aident à ne pas nous laisser prendre par le mode marionnette**, à mieux résister aux neurones aimants et à faire attention à ce qui est important. Ils nous aident donc à bien voir la poutre et à nous tenir dessus ! »

→ Voir ce qui est le plus parlant pour les élèves :
– plusieurs Minimoi qui travaillent les uns après les autres ;
– un seul Minimoi qui enchaine les petites missions.
La première option peut donner à l'élève le sentiment confortable d'avoir une équipe à sa disposition et qu'« avec beaucoup de Minimoi, j'arrive à tout faire » (par exemple, « J'ai besoin de 8 Minimoi pour construire ce Lego », « Je prépare mon sac pour faciliter la vie de mon Minimoi suivant »...).

Dans le livret ATOLE, demander aux élèves de dessiner leur propre Maximoi et leurs propres Minimoi dans les cartes correspondantes.
→ livrets CE et CM p. 22

VIDÉO

Les fondamentaux : Maximoi et Minimoi
(3'53")

media.mdi-editions.com/s6a1

RÉACTIVATION

→ **Projeter la vidéo « Maximoi et Minimoi »** (ou la projeter à nouveau si cela avait déjà été fait).

→ **Demander aux élèves de décrire Maximoi, Minimoi** et leurs rôles respectifs.

ACTIVITÉ 2

Je comprends les rôles de Maximoi et Minimoi grâce à un exemple simple

Objectifs

- Constater l'utilité d'alterner les deux rôles de Maximoi et Minimoi, même pour des tâches d'apparence très simple.
- Comprendre que la technique Maximoi/Minimoi permet de bien se concentrer sur une chose simple à la fois.
- Savoir utiliser le code « Mmmmm ».

Durée :

Matériel : DOCS 96 et 97

DÉROULEMENT DE L'ACTIVITÉ

• **Projeter le DOCUMENT 96.**

• **Demander à un·e élève de jouer le rôle de Maximoi et de choisir trois Minimoi** parmi les autres élèves. L'objectif est de parvenir à **compter le nombre total d'étoiles orange, de losanges violets et de carrés orange.**

• **L'élève qui joue le rôle de Maximoi demande à un premier Minimoi de compter les étoiles orange,** puis à un deuxième Minimoi de compter les losanges violets, enfin au dernier Minimoi de compter les carrés orange.

→ Les élèves peuvent travailler simultanément. Leur faire remarquer cependant que lorsqu'ils sont tout seuls, leurs Minimoi doivent effectuer les minimissions les unes après les autres.

• **Proposer ensuite aux élèves qui jouaient Minimoi d'essayer de compter chacun d'un seul coup** toutes les figures demandées. Les interroger ensuite : « Qu'avez-vous trouvé le plus facile à faire ? »

• **Conclure avec les élèves** qu'une tâche en apparence complexe est beaucoup plus simple lorsqu'on la découpe en petites tâches élémentaires réalisées séparément.

VARIANTE 1

• **Composer des groupes de 4 élèves.**

• **Dans chaque groupe, demander à un·e élève de compter le nombre total de « e », de « s » et de « t »** dans un texte en mobilisant son équipe de 3 Minimoi.

→ Exemple de texte à adapter à l'âge des élèves : « Les escargots de Bourgogne sortent pendant la nuit se promener sous la pluie. Ils parcourent les chemins en essayant de trouver le plus de feuilles tendres possibles pour les manger. Si on observe le sol, on peut apercevoir toutes leurs petites coquilles qui se déplacent lentement. »

• **Demander aux Minimoi de l'équipe d'essayer de compter chacun toutes les lettres** demandées d'un seul coup. Qu'ont-ils trouvé le plus facile à faire ?

VARIANTE 2 CP

Même principe que la VARIANTE 1, avec une image au lieu d'un texte : former des groupes de 4 élèves, projeter le **DOCUMENT 97** et demander à un·e élève de chaque groupe de compter combien il y a de poissons jaunes, de chats rouges et de chouettes bleues en tout dans l'image en mobilisant son équipe de 3 Minimoi.

DOC 97

• **Introduire le code visuel « Mmmmm »,** « M » désignant Maximoi et « m » Minimoi, pour représenter le déroulement de la mission globale, ou « maxi-mission ».

→ On peut préciser aux élèves que de temps en temps, au fil de la mission, ils peuvent reprendre le rôle de Maximoi pour vérifier que Minimoi a bien fait sa mission et pour visualiser la suivante. Expliquer que c'est comme quand on cherche son chemin dans la forêt : on sait où on veut aller au final mais on réfléchit d'abord pour savoir comment se rendre à une première étape. Arrivé à cette étape, on refait le point, etc.

• **Expliquer pour conclure :** « Nous allons voir comment utiliser de plus en plus cette alternance entre les deux rôles, pour ramener tout ce que nous avons à faire à des petites missions aussi simples que possible, qui aident à être bien concentré et à ne pas s'éparpiller. »

RÉACTIVATION

→ **Demander aux élèves ce que doit faire Maximoi face à une tâche complexe,** et ce que doit faire Minimoi.

→ Demander aux élèves l'intérêt d'**alterner ces deux rôles.**

→ **Rappeler le code « Mmmmm »** (qui incite à utiliser la technique Maximoi/Minimoi au moment d'aborder une tâche).

ACTIVITÉ 3

Je comprends bien ce qu'est une minimission

Objectif

- Apprendre à découper une tâche complexe (« maximission ») en minimissions adaptées à son savoir-faire, ni trop simples ni trop compliquées.

Durée : 🕒🕒
Matériel :
- DOCS 98 et 99
- livret ATOLE

DÉROULEMENT DE L'ACTIVITÉ

Étape 1 : **Identifier une minimission**

• **Expliquer : « Nous allons apprendre à découper une mission** de Maximoi, la "maximission", en minimissions pour les Minimoi. »
• **Détailler : « Une minimission, c'est une mission courte et simple** pour laquelle vous pouvez vous dire : "Ça, je sais faire" (par exemple : aller chercher une chaise, l'éponge, ouvrir mon cahier…). Si vous vous dites plutôt : "Je crois qu'en réfléchissant, je trouverai comment faire" ou "Ça ne doit pas être si compliqué", c'est qu'il faut sans doute la découper à nouveau en missions plus simples. »
→ Avec les plus grands, on peut introduire la notion de durée : « Ça, je sais faire et je sais combien de temps cela me prendra à peu près. » L'évaluation du temps nécessaire sera propre à chaque élève, selon son expertise (par exemple, pour réaliser une division).
• **Donner des exemples de tâches** pour bien faire comprendre la différence aux élèves : demander pour chacune d'elles s'il s'agit d'une minimission ou si elle doit être découpée davantage.
→ Par exemple : faire un dessin (si on part de zéro, il faut trouver du papier, des feutres, etc. : c'est une maximission), plier un pull (c'est simple si on sait le faire, sinon c'est une maximission)…

Étape 2 : **Distinguer maximissions et minimissions**

• **Projeter le DOCUMENT 98 (CP) ou les deux pages du DOCUMENT 99 (CE CM).** Le premier est une liste d'activités illustrée, le second est un tableau **« À découper » / « Je sais faire »** accompagné d'une liste d'activités.

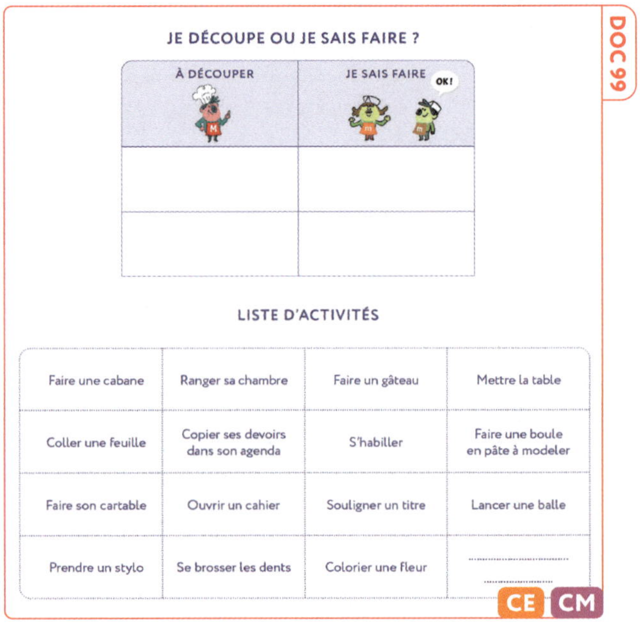

• **Passer en revue les activités et voir avec les élèves comment les entourer (CP) ou les ranger (CE CM).** Lorsque des élèves ne sont pas d'accord, en discuter ensemble et rappeler qu'une tâche simple pour quelqu'un peut être complexe pour quelqu'un d'autre. Chacun évalue pour soi-même la complexité d'une tâche.

• **Demander aux élèves de proposer d'autres exemples de tâches.** Interroger ensuite un·e élève pour chaque tâche en lui demandant dans quelle catégorie il/elle la classerait (« Je sais faire » ou « À découper ») puis, éventuellement, quand il s'agit d'une minimission, le temps qu'il/elle estime nécessaire pour la réaliser.

Dans le livret ATOLE, demander aux élèves si les images correspondent selon eux à des minimissions ou à des maximissions, puis d'entourer le personnage qui doit donc s'en occuper.
→ livrets CE et CM p. 23

RÉACTIVATION

→ Donner des exemples de tâches (ou en demander à la classe) et demander aux élèves de **dire si elles sont assez simples pour être des minimissions.**

→ Rappeler qu'au moment d'aborder une minimission, **on doit voir exactement ce qu'il faut faire, et comment le faire.**

ACTIVITÉ 4

J'apprends à découper des tâches de la vie quotidienne en minimissions

Objectifs

- Découper des activités de la vie quotidienne à l'aide de Maximoi et Minimoi.
- Être capable de définir clairement les missions de chaque personnage pour mieux rester sur la poutre et rester bien concentré durant tout l'exercice.

Durée : ⏲⏲⏲
Matériel :
DOCS 100 à 106
Vidéo : « Le golf »

DÉROULEMENT DE L'ACTIVITÉ

Étape 1 : **Apprendre à découper des tâches en minimissions**

• **Projeter la liste de vérification « Copier ses devoirs dans son agenda »** (**DOCUMENT 100**) et proposer à un·e élève de la lire (pour les CP, la lire directement).

• **Demander aux élèves s'ils sont d'accord avec cette liste de minimissions** et échanger avec eux à ce sujet le cas échéant (pour les plus grands, certaines minimissions seront peut-être combinées en une seule, comme la première et la deuxième, par exemple).
• **Proposer des exemples d'activités de la vie quotidienne** et demander aux élèves de les découper en missions suffisamment simples pour Minimoi.

→ Exemples à adapter à l'âge des élèves :
– préparer son sac d'école pour le lendemain ;
– ranger sa chambre ;
– se préparer à faire une peinture ;
– trier des déchets : verre, carton… ;
– faire une cabane ;
– faire un gâteau qui ressemble à un train…

→ **RITUEL** « **Maximoi et le découpage en minimissions » p. 131**

• **Expliquer aux élèves que pour chaque minimission, ils doivent pouvoir visualiser exactement** comment ils vont procéder : ils doivent avoir l'impression claire qu'ils « savent faire » et qu'ils vont y arriver. Si ce n'est pas le cas, il faut découper la mission davantage.
• **Lorsque les élèves ont fini, leur demander le nombre de Minimoi nécessaires** pour accomplir chacune de ces activités : « Il faut … Minimoi pour… »).
→ Cela permet aux élèves d'évaluer le niveau de complexité d'une tâche. Plus il faut de Minimoi, plus elle est complexe.

VARIANTE

Séquencer une recette de cuisine pour la réaliser efficacement

• Proposer aux élèves une recette de gâteau complexe (adapter le niveau à la classe).
• Donner aux élèves des exemples de missions pour

la réaliser, de moins en moins compliquées, qu'ils doivent classer comme « Trop compliquées pour Minimoi » ou bien « Assez simples pour Minimoi ».

• CM **Comparer au golf** en projetant le **DOCUMENT 101 :** la golfeuse ou le golfeur ne cherche pas à mettre sa balle dans le trou directement. Elle/il va plutôt chercher à placer sa balle successivement à différents endroits pour se rapprocher du trou. On parle de « par 5 » pour un trou que l'on est censé atteindre en 5 coups. On peut reprendre ce vocabulaire avec les élèves pour des tâches de la vie quotidienne ou scolaire : « C'est un "par 7" ».

DOC 101

VARIANTE Vidéo **« Le golf »** (durée 2'18'') : cet extrait d'un championnat montre que le trou ne s'atteint pas en un seul coup.
→ L'exemple du golf permet d'illustrer le principe du découpage d'une tâche complexe en succession de petites tâches courtes, claires et concrètes.

• **Reprendre un exemple d'activité et demander aux élèves de visualiser la première étape sous forme d'image,** comme s'ils l'imaginaient terminée. Par exemple, si la première étape est « Casser 4 œufs », visualiser les 4 œufs cassés dans le bol. Expliquer que visualiser le résultat escompté aide à voir très clairement ce qu'on cherche à faire.

OUTIL ATOLE

La carte « Maximoi »/« Minimoi »

• Selon l'âge et le besoin des élèves, leur proposer d'utiliser de temps en temps la carte recto verso « **Maximoi** »/« **Minimoi** » (à découper à partir des **DOCUMENTS 102** et **103**).

• À l'occasion d'un exercice, l'élève doit afficher :
– la face « Minimoi » (« m ») lorsqu'il ou elle a en tête une petite mission très simple et très concrète à réaliser ;
– la face « Maximoi » (« M ») lorsqu'il ou elle joue le rôle de Maximoi.

DOC 102 (recto)

DOC 103 (verso)

• Pour vérifier que le principe d'alternance Maximoi/Minimoi est bien maitrisé, vérifier que si un·e élève affiche la face Minimoi, cet·te élève a une idée très claire de ce qu'il/elle cherche à faire.

Étape 2 : **Comprendre comment Maximoi et Minimoi travaillent ensemble**

• **Projeter les DOCUMENTS 104 à 106** et demander aux élèves de décrire ce qui se passe sur ces images.
• **Expliquer :** « Entre deux missions, tes neurones chefs peuvent discuter pour décider de qui sera le chef juste après. Tu réfléchis, comme Maximoi. **Quand tu es Maximoi, tu découpes ce que tu dois faire** en petites missions simples. »

DOC 104

DOC 105

DOC 106

• **Poursuivre :** « Minimoi ne commence une mission qu'une fois qu'il a compris ce qu'il doit faire. **Il le voit dans sa tête**, comme si c'était déjà fait. Comme les missions sont courtes, elles sont vite réussies. Minimoi enchaine les victoires ! »

• **Préciser** : « Si Minimoi ne voit pas bien ce qu'il doit faire, Maximoi doit lui confier une mission plus simple. »

RÉACTIVATION

→ Prendre l'exemple d'une tâche quotidienne, ou d'une activité en classe, et demander aux élèves de **la découper en minimissions.**

VIDÉO

Le golf
(durée 2'18'')

media.mdi-editions.com/s6a4

ACTIVITÉ 5

Je réalise des listes de vérification pour mes tâches récurrentes

Objectif

- Être capable de construire des listes de vérification en s'aidant de la méthode Maximoi/ Minimoi.

Durée : 2 horloges

Matériel :
- DOCS 107 et 108
- livret ATOLE

DÉROULEMENT DE L'ACTIVITÉ

• **Former des petits groupes** de 2 à 4 élèves.

• **Projeter le modèle de liste de vérification** (**DOCUMENT 107**).

DOC 107

• **Attribuer à chaque groupe une tâche que les élèves doivent collectivement découper en minimissions** : par exemple, mettre la table/débarrasser, préparer ses affaires pour le lendemain ou ses affaires de piscine, préparer son gouter/un pique-nique, ou toute autre tâche récurrente où les élèves peuvent oublier des choses…

• **Indiquer aux élèves qu'ils peuvent s'aider du modèle de liste de vérification projeté** et qu'ils peuvent aussi le trouver dans leur livret ATOLE :

→ livrets CE et CM p. 25

• **Insister** sur le fait qu'à chaque fois, ils doivent décider si ces minimissions sont bien des tâches qu'ils « savent faire » ou s'il faut encore les découper en missions plus petites. → **RITUEL « Maximoi et le découpage en minimissions » p. 131**

VARIANTE

• Réaliser à partir du **DOCUMENT 108** des aimants Maximoi/Minimoi à mettre à disposition au tableau.

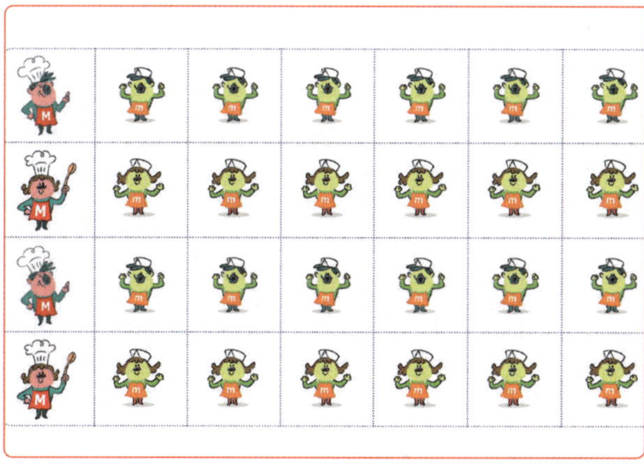

DOC 108

• Proposer aux élèves d'aller découper une mission au tableau en positionnant l'aimant Maximoi en haut, à côté duquel ils doivent écrire la tâche à réaliser, puis autant d'aimants Minimoi que nécessaire dessous (avec leurs tâches écrites à côté à chaque fois).

→ Il est possible de laisser ces aimants à disposition des élèves pour qu'ils puissent s'en servir au fil de la classe, quand ils en ressentent le besoin, avant de se lancer dans une tâche qui leur apparait complexe.

• **Choisir parmi les exemples donnés une tâche qui peut être réalisée en classe** et demander à un·e élève de **réaliser les différentes minimissions** déterminées par le groupe. Avant chaque nouvelle minimission, le Minimoi annonce ce qu'il va faire.

→ On peut aussi demander cela à plusieurs élèves, chacun·e représentant un Minimoi et devant attendre que le Minimoi précédent ait fini ce qu'il doit faire.

Dans le livret ATOLE, demander aux élèves de compléter l'exemple de liste de vérification pour la maximission « Préparer ses affaires pour le lendemain ». → livrets CE et CM p. 24

→ Rappeler aux élèves qu'ils peuvent à tout moment, dès qu'ils en ont besoin, s'aider du modèle de liste de vérification proposé dans leur livret à la page suivante.

CONSEIL

Il peut être utile pour les élèves d'avoir à disposition de petites listes de vérification qui les aident à réaliser les tâches qui se répètent chaque jour ou chaque semaine (ex. : ranger son bureau, faire une dictée sans faute, préparer ses affaires de piscine, poser une addition...). Pour les construire, on peut jouer collectivement le rôle de Maximoi et les noter :
- **dans un cahier** (collectif ou individuel) pour qu'elles leur servent dans l'année ;
- **sur de petites affiches** à mettre au mur de la classe ;
- **sur des petits carnets reliés** par des attaches parisiennes, avec une feuille par minimission.

CP Associer chaque maximission et minimission à un dessin représentant l'action à effectuer.

RÉACTIVATION

→ **Demander aux élèves ce qu'est une liste de vérification.** En créer une avec les élèves pour une tâche qui revient régulièrement.

→ **Demander aux élèves l'intérêt de ces listes de vérification** (ne pas avoir à réfléchir aux minimissions à chaque fois).

ACTIVITÉ 6

J'estime et je mesure la durée d'une minimission

Objectifs

- Être capable d'estimer la durée d'une minimission.
- Apprendre à utiliser un minuteur ou un « *timer* » sous forme de cadran pour gérer le temps des minimissions.
- Comprendre que la classe entière peut jouer le rôle de Minimoi dans une bulle d'attention.

Durée : 🕒🕒
Matériel :
un sablier ou un minuteur sous forme de cadran

DÉROULEMENT DE L'ACTIVITÉ

CONSEIL
Cette activité s'adresse surtout aux plus grands (CM).

• **Montrer aux élèves un sablier (ou un « *timer* » sous forme de cadran)** et indiquer : « À chaque petite mission qu'il confie à Minimoi, **Maximoi retourne un sablier**, pour indiquer à Minimoi le temps dont il dispose pour réaliser la mission. Ce n'est pas pour le stresser, mais simplement pour que Minimoi reste bien concentré et ne se perde pas en route. »
→ Comparer éventuellement Maximoi au GPS, qui dit par exemple : « Rouler encore tout droit pendant deux minutes ».
→ Préférer le sablier ou le « *timer* » sous forme de cadran au minuteur, plus visuels pour apprécier le temps qui passe.

• **Prendre une série d'actions assez simples** (sortir un objet de son cartable, lire un paragraphe, tailler un crayon…) et demander aux élèves de combien de temps ils auraient besoin pour les réaliser en étant bien concentrés, mais sans se stresser.
→ Selon le niveau de la classe, on peut proposer directement un temps estimé pour chaque minimission, mesurable par le sablier ou le « *timer* » (attention alors à se caler sur les élèves les plus lents).
• **Demander aux élèves de faire ces actions** tranquillement et les chronométrer.
• **Comparer à chaque fois au temps estimé** et échanger à ce propos (« On a mis moins longtemps/plus longtemps/pile le temps prévu… »).

• **Conclure : « Vous voyez, je viens de jouer le rôle de Maximoi et vous de Minimoi.** Je vous ai confié une minimission et nous avons défini une durée pour la réaliser. J'ai donné le top pour la commencer et vous l'avez réalisée. Comme dans le montage d'un Lego ou de toute autre construction, un Minimoi peut enchainer les petites missions simples et courtes pour réaliser des choses compliquées. »
• **Poursuivre :** « Le minuteur peut servir à Minimoi à rester bien concentré sur sa minimission. C'est comme une petite bulle d'attention où il n'a qu'une seule chose à faire. »
• **Préciser :** « Attention, ce n'est pas parce qu'on donne à Minimoi un temps pour réaliser une mission qu'il doit se stresser ou la réaliser le plus vite possible ! »
→ Faire comprendre aux élèves les plus impulsifs que le principal est avant tout de bien faire sa minimission.
→ Si, avec un temps commun donné pour la classe, certains élèves ont fini une minimission plus vite que les autres, ce n'est pas grave : ils peuvent faire revenir Maximoi et commencer à réfléchir à la suite : « Quelle est la minimission suivante ? »

• **Expliquer aux élèves que, parfois, toute la classe jouera le rôle d'un seul Minimoi** à qui vous donnerez une minimission courte, claire et concrète : ranger les chaises, sortir son cahier, se préparer pour sortir en séance d'EPS… Cela pourra être avec un temps donné. Il faudra réaliser cette minimission ensemble, comme un seul Minimoi.

RÉACTIVATION

→ **Rappeler l'intérêt d'un minuteur** (créer une bulle de concentration où on n'a qu'une seule chose à faire).

→ **Utiliser le minuteur pour une minimission en classe** (en demandant aux élèves le temps qu'il faut fixer sur le minuteur).

ACTIVITÉ 7

J'apprends un rituel pour agir avec une intention bien claire

Objectifs

- Prendre l'habitude de ne se lancer dans une tâche qu'avec une intention claire.
- Utiliser le « claquement de doigts » pour clarifier son intention avant d'agir.
- Retenir les différentes étapes pour réaliser une mission (le code « SMmOP »).

Durée : 🕒🕒
Matériel : DOCS 109 et 110

DÉROULEMENT DE L'ACTIVITÉ

Étape 1 : **Apprendre à ralentir avant de se lancer**

• **Expliquer aux élèves :** « Souvent, on est tenté de se lancer directement dans ce qu'on a à faire sans prendre le temps de réfléchir à la manière dont on doit s'y prendre et on se retrouve bloqué. Par exemple, on se met tout de suite à écrire sur sa feuille, juste après avoir lu un énoncé, sans savoir clairement pourquoi. »
• **Proposer aux élèves un petit geste** qui les incitera à ralentir pour réfléchir avant de se lancer.
• **Projeter le DOCUMENT 109.**

DOC 109

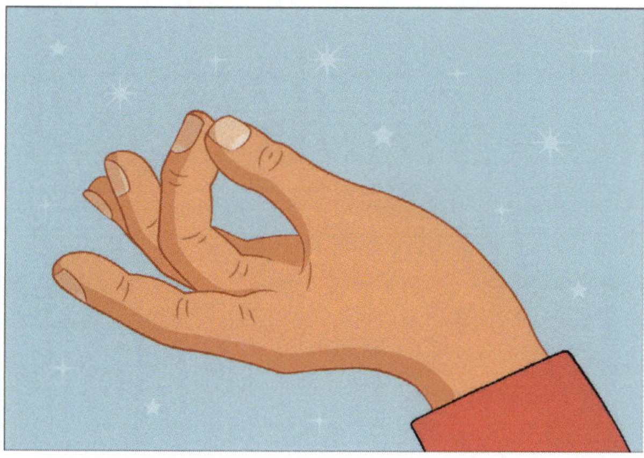

• **Expliquer aux élèves : « Une fois que vous avez bien en tête ce que vous devez faire,** que vous l'avez bien visualisé parce que Maximoi a fait son travail, vous pouvez vous débloquer : vous claquez discrètement les doigts pour donner à Minimoi le signal du départ. »
→ RITUEL « Le signal du départ » p. 131
→ Le fait de tenir les deux doigts l'un contre l'autre empêche par exemple de prendre un stylo et, finalement, d'agir : cela oblige à marquer une pause.
• **Expliquer aux élèves qu'ils peuvent utiliser cette technique à tout moment** en classe ou chez eux dès qu'ils sont tentés d'agir sans réfléchir ou sans trop savoir pourquoi.

Étape 2 : **S'entrainer à formuler des intentions et des minimissions claires**

• **Donner des exemples d'application** pour entrainer les élèves à être sûrs, au moment de se lancer, d'agir avec une intention claire : **« Au moment où je m'apprête à...** (me lancer dans un exercice, saisir ma trousse, un appareil électronique, mon stylo...), **que dit Maximoi ?** Quelle est mon intention ? Quelle est ma minimission ? »
→ N'importe quel exercice scolaire peut servir à mettre en œuvre cette technique, à partir du moment où il exige un découpage en minimissions.

• **Introduire éventuellement le moyen mnémotechnique SMmOP (DOCUMENT 110)** pour résumer

l'enchainement des actions à réaliser par l'élève pour accomplir une mission :

- **S** : **S**top, je m'arrête pour réfléchir ;
- **M** : je découpe ma mission avec **M**aximoi ;
- **m** : j'agis avec **M**inimoi ;
- **O** : et quand tout est **OK**… ;
- **P** : je fais une **P**ause et je savoure mon succès !

RÉACTIVATION

→ **Demander à un·e élève d'expliquer le rituel du « signal du départ »** (le claquement de doigts discret). Si l'élève n'y parvient pas, le réexpliquer et l'utiliser pour une tâche simple.

→ **Rappeler aux élèves le code « SMmOP ».**

→ **Expliquer que si une mission est assez simple pour être qualifiée de minimission, on doit réussir à estimer sa durée.** Proposer alors un exemple : demander le temps nécessaire (approximativement) pour ouvrir son cahier de texte à la date de demain, puis faire vérifier aux élèves que leur estimation est bonne.

→ **Demander ensuite le temps nécessaire pour que tous les élèves de la classe aient ouvert leur cahier à la date de demain,** et vérifier. En profiter pour dire qu'**on peut confier une minimission globale à toute la classe,** comme si les élèves jouaient tous ensemble le rôle d'un seul Minimoi.

ACTIVITÉ 8

J'apprends à découper une tâche scolaire en minimissions

Objectifs

- Utiliser la méthode Maximoi/Minimoi pour découper une tâche scolaire en minimissions.
- Comprendre que les minimissions peuvent varier d'un·e élève à l'autre, selon sa maitrise de ce qu'il y a à faire.

Durée :
Matériel :
DOCS 111 et 112

DÉROULEMENT DE L'ACTIVITÉ

• **Projeter l'un des exercices poposés dans le** **DOCUMENT 111**, en choisissant le niveau adapté.

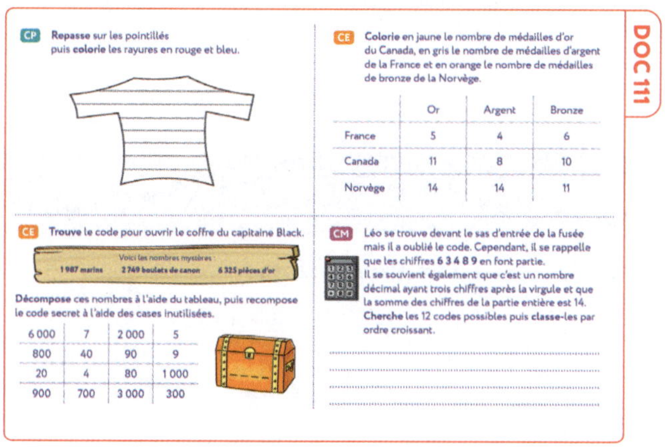
DOC 111

CP **Repasse** sur les pointillés puis **colorie** les rayures en rouge et bleu.

CE **Colorie** en jaune le nombre de médailles d'or du Canada, en gris le nombre de médailles d'argent de la France et en orange le nombre de médailles de bronze de la Norvège.

	Or	Argent	Bronze
France	5	4	6
Canada	11	8	10
Norvège	14	14	11

CE **Trouve** le code pour ouvrir le coffre du capitaine Black.

Voici les nombres mystères :
1 987 marins 2 749 boulets de canon 6 325 pièces d'or

Décompose ces nombres à l'aide du tableau, puis recompose le code secret à l'aide des cases inutilisées.

6 000	7	2 000	5
800	40	90	9
20	4	80	1 000
900	700	3 000	300

CM Léo se trouve devant le sas d'entrée de la fusée mais il a oublié le code. Cependant, il se rappelle que les chiffres **6 3 4 8 9** en font partie. Il se souvient également que c'est un nombre décimal ayant trois chiffres après la virgule et que la somme des chiffres de la partie entière est 14. **Cherche** les 12 codes possibles puis **classe-les** par ordre croissant.

• **Demander aux élèves :** « Quelle tâche (ou maximission) Maximoi doit-il réaliser ? »

→ Par exemple, pour l'exercice « Colorie en jaune le nombre de médailles d'or du Canada, en gris le nombre de médailles d'argent de la France et en orange le nombre de médailles de bronze de la Norvège », les élèves doivent répondre : « Colorier les cases de la bonne couleur ».

• **Réfléchir avec les élèves à la manière de découper cette tâche** en minimissions pour les Minimoi.

→ **Exemple de découpage :**

– **Tâche : « Colorier les cases de la bonne couleur »** ;

– **1re minimission (m1)** : je lis rapidement l'énoncé pour comprendre globalement ce qu'il faut faire ;

– **2e minimission (m2)** : je prends un crayon de la première couleur (jaune) ;

– **3e minimission (m3)** : je visualise ce qui est demandé par le premier élément de l'énoncé (pour le Canada) et j'en déduis ce que je dois chercher dans le tableau ;

– **4e minimission (m4)** : je colorie la case ;

– **5e et 6e minimissions (m5, m6)** : je répète m2 à m4 pour les deux autres couleurs.

→ Le découpage proposé ci-dessus est vraiment fin. On attend des élèves qu'ils sachent rapidement basculer à un découpage moins fin :

– **1re minimission (m1)** : je visualise ce qui est demandé par l'énoncé (je « vois » dans le tableau où est l'information demandée) ;

– **2e minimission (m2)** : je colorie chacune des trois cases en respectant le code couleur.

→ Le niveau de découpage dépendra du degré d'expertise de l'élève. Au fur et à mesure, il/elle acquerra des automatismes et apprendra à effectuer plusieurs minimissions en une seule étape.

CONSEIL

Pour découper un exercice scolaire, faire travailler les élèves en groupe :

– un·e élève joue le rôle de **Maximoi** ;

– les autres élèves du groupe jouent celui de **Minimoi**, les uns après les autres ou chacun leur tour ;

– ceux qui ne sont pas actifs pendant l'exécution d'une minimission doivent **observer le Minimoi** en action et détecter les OUIN (oubli de l'intention de départ, voir séquence 5, p. 101).

VARIANTE 1 CE CM

Demander aux élèves de découper un exercice de français (DOCUMENT 112) en choisissant la version adaptée au niveau de la classe.

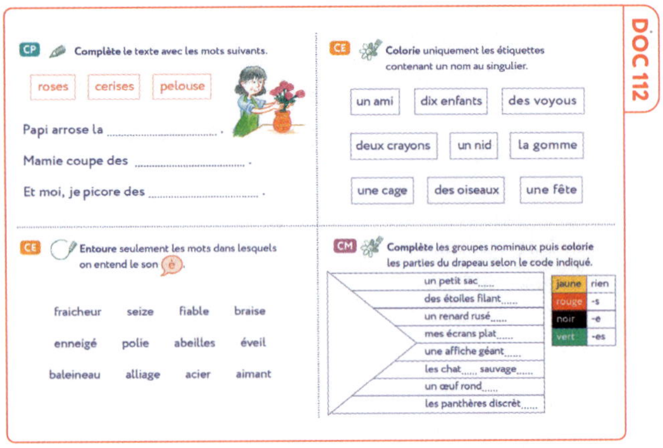
DOC 112

CP Complète le texte avec les mots suivants.

roses | cerises | pelouse

Papi arrose la ....

Mamie coupe des ....

Et moi, je picore des ....

CE Colorie uniquement les étiquettes contenant un nom au singulier.

un ami | dix enfants | des voyous

deux crayons | un nid | la gomme

une cage | des oiseaux | une fête

CE Entoure seulement les mots dans lesquels on entend le son (è).

fraicheur | seize | fiable | braise

enneigé | polie | abeilles | éveil

baleineau | alliage | acier | aimant

CM Complète les groupes nominaux puis colorie les parties du drapeau selon le code indiqué.

un petit sac......

des étoiles filant......

un renard rusé......

mes écrans plat......

une affiche géant......

les chat...... sauvage......

un œuf rond......

les panthères discrèt......

jaune	rien
rouge	-s
noir	-e
vert	-es

→ Par exemple, pour un exercice de type « Trouve les verbes conjugués » est trop compliquée, Maximoi peut confier à Minimoi les minimissions suivantes :

– « Souligne tous les verbes » ;

– « Explique comment tu peux savoir si un verbe est conjugué » ;

– « Relis chacun des verbes soulignés et décide s'il est conjugué ou non ».

→ Pour les élèves ayant besoin d'un découpage encore plus fin : « Pointe chacun des mots dans l'ordre avec ton crayon et, si c'est un verbe, souligne-le ». L'élève peut même souligner en pointillés quand il/elle n'est pas sûr·e, puis revenir sur chacun d'entre eux après.

VARIANTE 2 CE CM

La dictée quatuor

- **Choisir une dictée** pour la classe.
- **Former des groupes** de 4 élèves. Chaque élève du groupe choisit une spécialité ou une intention, tout comme dans un quatuor musical : le/la violoniste s'occupe des mots d'usage, le/la violoncelliste, de l'accord sujet/verbe, l'alto fera attention aux majuscules et à la ponctuation, etc. Les rôles seront changés lors du concert suivant.
- **Faire faire la dictée.** Une fois dicté et écrit, le texte est retravaillé à 4. Quand tous les musiciens sont d'accord sur la partition et qu'ils ont bien accordé leurs violons, alors celle-ci peut être validée par l'enseignant·e chef·fe d'orchestre.
- **Évaluer la dictée** par l'attribution de notes… de musique : **fa** comme « fabuleux », **mi** comme « mitigé », **ré** comme « à réviser ».

RÉACTIVATION

→ Proposer l'une des variantes ou procéder à un découpage en groupe classe avec un autre exercice.

SÉQUENCE 6

Synthèse

À RETENIR

→ **MAXIMOI ET MINIMOI** : Maximoi réfléchit à un découpage en minimissions, Minimoi les exécute.

→ **LE CODE VISUEL Mmmm** représente la technique Maximoi/Minimoi.

Mmmm

On peut l'écrire dans un coin du tableau avant de se lancer dans un exercice pour signifier aux élèves qu'ils devront l'utiliser.

→ **LE GOLF EN PLUSIEURS COUPS** :

la golfeuse ou le golfeur n'essaie pas de mettre la balle dans le trou directement, mais s'en rapproche de coup en coup pour faire par exemple un **« par 5 »** (en cinq coups).

RITUELS

Maximoi et le découpage en minimissions

Quand ? Régulièrement, avant de résoudre un problème, d'effectuer une tâche...

Comment ?

• Demander aux élèves de jouer (éventuellement collectivement) le rôle de Maximoi pour **établir la liste des petites missions précises à réaliser pour réussir** cette maximission. Préciser si possible pour chacune le temps qu'elle prendra (« Au bout de la première mission de cinq minutes, toutes les chaises seront retournées sur les tables »).

• On peut utiliser pour ce rituel la liste de vérification (activité 5 p. 123, **DOCUMENT 107**).

Pourquoi ? Pour donner progressivement aux élèves **le réflexe de visualiser rapidement le « chemin », de petites poutres en petites poutres**, qui les conduira à l'objectif visé.

Le signal du départ

Quand ? Avant de réaliser une minimission.

Comment ? L'élève prend l'habitude de lâcher ce qu'il/elle tient dans la main (si possible !) pour poser doucement son pouce au contact de son majeur (voir p. 127), comme pour se préparer à claquer des doigts (éventuellement avec chaque main, de manière à former deux petits cercles), le temps de visualiser précisément comment va se dérouler sa minimission et ce qu'il va lui falloir faire. Quand il/elle est prêt·e à agir, l'élève claque discrètement les doigts pour lancer Minimoi, donc se mettre en action.

Pourquoi ? Pour empêcher l'élève de se lancer tout de suite sans réfléchir dans l'action (dessiner, saisir, écrire...) sans prévoir vraiment où celle-ci va le/la mener. Cette petite gestuelle indique également à l'enseignant·e que l'élève se prépare à agir.

QUIZ CP → À L'ORAL

1. **Vrai ou faux ?**
Maximoi permet de faire plusieurs choses à la fois.

2. **Quelle est la bonne proposition ?**
Une minimission, c'est quelque chose…
❍ qu'on voit tout de suite comment faire.
❍ qui demande de bien réfléchir.

3. **Trouvez l'intrus.** Minimoi : est rapide – a une très bonne mémoire – est fort.

4. **Quelle est la bonne proposition ?**
Une minimission est comme…
❍ une seule poutre qu'on doit traverser.
❍ un chemin avec plusieurs poutres.

5. **Remettez les étapes dans l'ordre.**
Pour réaliser une maximission :

1 •	• Je fais une pause et je savoure mon succès.
2 •	• Je m'arrête pour réfléchir.
3 •	• J'agis avec Minimoi.
4 •	• Je découpe ma mission avec Maximoi.

CORRIGÉ

1. Faux. Il découpe les choses compliquées à faire en missions courtes, pour nous éviter de nous lancer en même temps dans deux activités qui ne peuvent pas se mélanger. **2.** qu'on voit tout de suite comment faire. **3.** a une très bonne mémoire. **4.** une seule poutre qu'on doit traverser. **5.** 1. Je m'arrête pour réfléchir. 2. Je découpe ma mission avec Maximoi. 3. J'agis avec Minimoi. 4. Je fais une pause et je savoure mon succès.

QUIZ CE et CM → livrets ATOLE p. 26

Pour ces niveaux, les quiz proposés sont individuels et écrits.
Leur corrigé se trouve à la fin de ce guide (p. 205).

BILAN DE FIN DE SÉQUENCE 6

Mes élèves savent-ils :
❍ expliquer les rôles de Maximoi et de Minimoi ?
❍ découper une tâche complexe en une suite de minimissions qu'ils « savent faire » ?
❍ décrire et expliquer précisément ce qu'ils cherchent à faire au moment de mettre en action Minimoi ?
❍ utiliser le code « Mmmmm » pour alterner les rôles de Maximoi et Minimoi ?
❍ CM estimer le temps qu'il pensent mettre pour réaliser la minimission qu'ils ont définie ?

À LA MAISON

Demander aux élèves d'essayer d'**utiliser Maximoi et Minimoi** chez eux pour découper une tâche en mini-missions, puis de raconter ce(s) exemple(s) en classe.

SÉQUENCE 7

Réagir aux distractions externes

Objectifs

- Comprendre la similarité entre les déplacements de son regard et ceux d'une abeille.
- Apprendre à remarquer, à partir des déplacements de son abeille/regard, de son attention et de sa posture les moments où l'on se laisse distraire par des éléments externes.
- Utiliser ces signes de distraction pour se restabiliser sur sa poutre, à la manière d'un·e funambule sur un fil.

Plan de la séquence 7

PRÉREQUIS ENSEIGNANT·E AVANT LA SÉQUENCE 7

❍ J'ai constaté en me promenant dans la rue, ou dans ma classe, comment mon regard, mon attention et ma posture sont sans cesse déviés par ce qu'il y a autour de moi.

❍ J'ai remarqué que je peux calmer cette agitation en ressentant ces forces d'attraction.

ACTIVITÉ 1

J'associe le déplacement de mon regard à celui d'une abeille

Objectifs

- Observer le fait que notre regard se déplace spontanément vers ce qui attire notre attention.
- Remarquer la ressemblance entre les déplacements du regard et ceux d'une abeille qui butine de fleur en fleur.
- Repérer quand les forces internes de distraction de l'attention (habitudes, neurones aimants) s'exercent sur notre regard « abeille ».

Durée :
Matériel :
- DOCS 113 à 119
- livret ATOLE

Vidéo : « Quand le cerveau butine »

DÉROULEMENT DE L'ACTIVITÉ

Étape 1 : **Observer que le regard peut être attiré**

• **Projeter le DOCUMENT 113.**

DOC 113

• **Demander à la classe :** « D'après vous, où va se poser l'abeille ? »
→ Les élèves répondront : « Sur les fleurs ».
• **Continuer :** « Comment sait-elle où sont les fleurs ? »
• **Noter les différentes réponses** puis, si aucune ne convient, expliquer : « Parce que le cerveau de l'abeille sait où trouver les fleurs vers lesquelles elle doit se diriger. C'est son cerveau qui commande aux ailes de l'abeille d'aller à tel ou tel endroit. »
• **Projeter le DOCUMENT 114 quelques secondes seulement** puis le remplacer par le **DOCUMENT 115** qui présente les mêmes cases, mais vides (voir page suivante).

DOC 114

→ Cet exercice peut être réalisé avec n'importe quelle image présentant un élément particulièrement saillant et d'autres moins faciles à remarquer.
• **Demander aux élèves : « Où était Mickey ?** Où était le personnage qui fait une grimace ? »

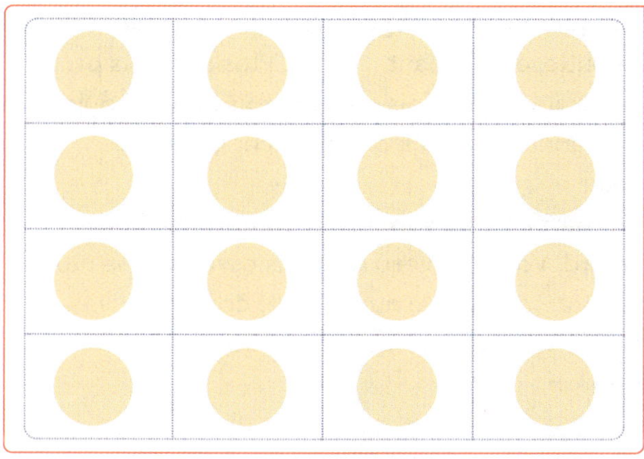

DOC 115

→ De nombreux élèves devraient être capables de vous répondre.

- **Demander ensuite :** « **Où était la fille qui respire une fleur ?** » ou encore « Où était le garçon qui court ? »

→ Cette fois-ci, peu d'élèves devraient vous donner la bonne réponse.

- **Faire ainsi constater :** « Vous voyez, beaucoup d'entre vous ont regardé au même endroit, vers Mickey ou vers le personnage qui grimace. »

VARIANTE CP

Après avoir projeté le **DOCUMENT 114** très brièvement, projeter le **DOCUMENT 116** et demander aux élèves quels personnages étaient sur l'image.

DOC 116

- **Demander aux élèves :** « Voyez-vous le rapport entre ce qu'a fait votre regard sur cette image et ce que fait l'abeille sur le parterre de fleurs ? L'abeille va-t-elle par exemple naturellement sur les feuilles ? Votre regard est-il allé tout seul, spontanément, sur la fille qui respire une fleur ? »
- **Expliquer : « Votre regard a été attiré tout seul,** spontanément, par certaines images plus que par d'autres. Vous avez fait plus attention à certains personnages qu'à d'autres et votre regard s'est donc posé en priorité sur ces personnages. C'est pour cela que vous êtes capables de mieux vous souvenir de la position de Mickey ou du personnage qui grimace que de celle de la fille qui respire une fleur. »

VARIANTE

- **Projeter le DOCUMENT 117** quelques secondes, puis le tableau avec les cellules vides (**DOCUMENT 115**).

DOC 117

- **Demander : « Qui a vu les crocodiles ? »,** puis « Où étaient-ils ? », enfin « Qui peut me dire où était la fleur jaune ? »
- **Expliquer aux élèves :** « Vous voyez, votre attention, ici, n'a pas été capturée par des éléments que vous connaissez ou que vous aimez bien, mais au contraire par des éléments qui suscitent la peur. Votre attention et votre regard sont directement orientés vers ces éléments par instinct de survie. »

Étape 2 : **Remarquer que le regard se déplace naturellement**

- **Projeter le DOCUMENT 118** et demander aux élèves de trouver deux ou trois différences entre les deux images.

DOC 118

- **Demander ensuite aux élèves d'observer** un moment comment leur regard se déplace : « Est-ce que votre regard bouge ? Comment bouge-t-il ? Souvent ? Par petits sauts ou de manière continue ? »
- **Projeter la VIDÉO « Quand le cerveau butine »** (durée 0'57'') : expliquer simplement que le petit point qui se déplace montre là où se déplace le regard

d'une personne qui compare les deux images de la vidéo. Bien insister sur les déplacements du regard.

• **Demander : « Remarquez-vous que votre regard se déplace de cette manière** quand vous essayez de comparer ces deux images ? » Laisser un peu de temps aux élèves pour qu'ils en prennent conscience.

• **Dessiner un petit « ℓ » au tableau** et demander aux élèves de fixer l'intérieur du « ℓ » (la boucle) pendant un certain temps. Leur demander alors : « Avez-vous senti qu'il était très difficile de maintenir votre regard parfaitement fixe ? »

• **Expliquer que le regard se déplace en effet de manière automatique** en faisant sans cesse des petits mouvements (des « saccades »).

• **Inviter les élèves à regarder autour d'eux.** Remarquent-ils comment leur regard se déplace ?

• **Projeter le DOCUMENT 119.**

DOC 119

• **Expliquer : « Votre regard se déplace un peu comme une abeille**, en butinant ici et là. Plusieurs fois par seconde, il vole, parfois près, parfois loin, et toujours vers un endroit calculé précisément par votre cerveau. »

• **Préciser : « Ce ne sont pas des endroits choisis au hasard.** Votre cerveau les considère comme plus importants, soit parce qu'il y a des couleurs vives, soit parce qu'il y a quelque chose qui suscite une émotion. »

Dans le livret ATOLE, demander aux élèves :
– d'entourer l'illustration qui représente ce à quoi on peut comparer le regard qui se déplace ;
– de tracer sur l'image le déplacement de leur regard lorsqu'ils la découvrent.

→ livrets CE et CM p. 27

VIDÉO

« Quand le cerveau butine », Jean-Philippe Lachaux (57'')

media.mdi-editions.com/s7a1

RÉACTIVATION

→ **Demander aux élèves si vous avez ajouté quelque chose au mur depuis hier** (non) et leur faire remarquer, en leur rappelant la séquence, la manière dont leur regard a exploré la pièce : comme une abeille.

→ **Demander qui a regardé une partie neutre du mur, ou une prise de courant** (sans doute personne). Le regard s'intéresse à certaines zones plus qu'à d'autres, celles jugées plus importantes par le cerveau.

ACTIVITÉ 2

J'apprends à ramener mon « abeille »

Objectifs

- Constater que notre regard se déplace parfois de manière contrôlée, parfois de manière spontanée.
- Comprendre qu'il est possible de recentrer son regard et son attention lorsqu'on constate qu'une déviation s'est produite.
- Exprimer ce contrôle en faisant référence à une laisse qu'on mettrait à l'abeille, similaire à celle du chien.

Durée : 🕒🕒
Matériel : DOCS 120 à 123

DÉROULEMENT DE L'ACTIVITÉ

Étape 1 : **Prendre conscience des déplacements de son abeille/regard**

• **Projeter au tableau le texte figurant sur le DOCUMENT 120** (ou en indiquer un dans un livre).

VARIANTE CP
Projeter le **DOCUMENT 121**.

DOC 121

• **Expliquer que vous allez lire le texte (ou décrire l'image)** puis demander : « Que devra faire votre abeille ? »

→ Les élèves devraient répondre : « Suivre le texte au rythme de la lecture », ou bien « Suivre la description de l'image ».

• **Commencer la lecture. Interpeler éventuellement un·e élève** au milieu de la lecture pour voir si les abeilles/regards viennent se fixer sur cet·te élève, ou se tourner et regarder par la fenêtre, afin d'y faire référence ensuite.

• **Au bout d'une minute environ, s'arrêter** et demander aux élèves ce qu'a fait leur regard/abeille.

→ Il est possible que tout le monde ait suivi du regard le texte : dans ce cas, reproduire l'exercice en prolongeant la durée, ou reposer la même question un peu plus tard lors d'un autre exercice, sans avoir prévenu.

• **Demander aux élèves de décrire les déplacements de leur abeille.** Les élèves ont-ils constaté que leur regard/abeille « vit parfois sa propre vie » ?

• **Questionner les élèves :** « Y a-t-il un lien entre votre regard et votre attention ? Quand quelque chose attire votre attention, que fait votre regard ? Et quand vous regardez tout d'un coup quelque chose, est-ce que vous y faites attention ?»

→ L'abeille se déplace le plus souvent en fonction de ce à quoi on fait attention.

VARIANTE 1

• Distribuer un texte et demander aux élèves de prendre un surligneur ou un feutre.

• Demander aux élèves de lire en silence le texte. Dès que le regard/abeille de l'élève décolle du texte pour aller voir ailleurs, il/elle doit mettre un petit coup de marqueur sur le mot ou la phrase qu'il/elle était en train de lire au moment où son regard est parti, puis reprendre la lecture à cet endroit-là.

VARIANTE 2 CP

→ Distribuer aux élèves un jeu de labyrinthe (**DOCUMENT 122**) ou de méli-mélo (**DOCUMENT 123**).

DOC 122

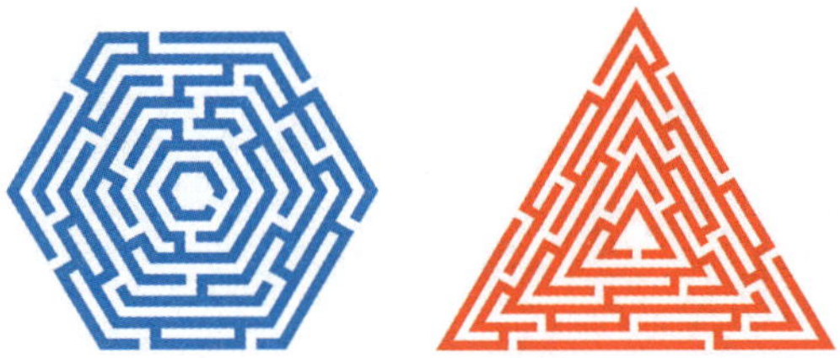

DOC 123

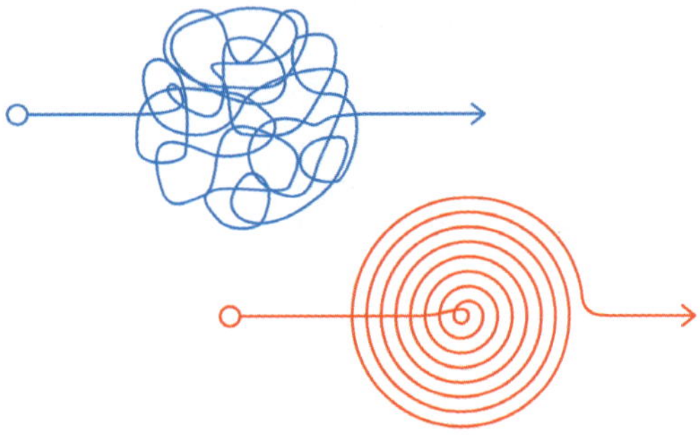

• Demander aux élèves de prendre un feutre et de suivre du regard le labyrinthe ou une ligne du méli-mélo (ils peuvent s'aider de leur doigt si cela est trop difficile).

• Dès que leur regard/abeille décolle du dessin pour aller voir ailleurs, ils doivent faire un trait à l'endroit où ils en étaient au moment où leur regard est parti, puis continuer l'exercice à partir de cet endroit.

Étape 2 : **Comprendre que l'on peut contrôler son abeille**

• **Faire le lien avec la laisse du chien.** Demander : « Qui a un chien ? », « Est-ce que tu le promènes ? Comment ? »

→ Amener les élèves à répondre qu'ils promènent leur chien en laisse.

• **Demander : « Est-ce que tu le laisses aller n'importe où ?** Que fais-tu pour le ramener ? Que se passe-t-il si ton chien tire fort tout d'un coup ? »

• **Poursuivre : « Imaginez que l'on puisse tenir une abeille en laisse »** et expliquer : « De la même manière qu'un gros chien peut tirer sur sa laisse et nous déséquilibrer, l'abeille peut bouger tout d'un coup et entrainer tout le corps (quand vous vous retournez, par exemple, pour regarder quelque chose). Il y a des gens qui ont des laisses pour leur chat, leur lapin… Pourquoi pas pour une abeille ? »

• **Demander :** « Si vous voyez que votre abeille se déplace toute seule ailleurs que là où elle devrait rester, que pouvez-vous faire ? »

→ Tirer sur sa laisse pour la ramener là où elle doit être.

RÉACTIVATION

→ **Écrire « ÉCOLE » au tableau, ou n'importe quel mot, et demander aux élèves de parcourir du regard, progressivement, chaque lettre** en partant d'un bout du É, etc. Demander aux élèves s'ils ont senti que leur regard et leur attention avaient tendance à tirer sur la laisse pour aller ailleurs.

→ **Cet exercice peut être ritualisé, pour calmer le regard des élèves avant une lecture d'image ou de texte,** en faisant explicitement référence à chaque fois aux forces qui tirent sur l'abeille (marionnette, aimants).

ACTIVITÉ 3

J'apprends à guider mon « abeille » avec une intention claire

Objectifs

- Constater à nouveau l'existence de forces qui font bouger l'abeille/le regard.
- Associer ces forces aux mécanismes de distraction représentés par les neurones aimants et le « mode marionnette ».
- Comprendre que les déplacements du regard doivent être guidés par une intention claire, quand on regarde ou lit quelque chose.

Durée :
Matériel :
- un pointeur laser
- DOC 120 ou 121

DÉROULEMENT DE L'ACTIVITÉ

• **Utiliser un pointeur laser, soit pour guider les « abeilles »** sur des éléments pertinents de la classe ou du tableau (ce qu'on souhaite montrer), **soit au contraire pour distraire les élèves** en fixant le plafond, les murs… pendant des explications.

VARIANTE

Préparer un dessin animé sur un ordinateur portable posé sur votre bureau (sans le son). Faire ensuite démarrer le dessin animé, puis attirer l'attention des élèves sur des éléments affichés au mur (« Qu'y a-t-il sur cette affiche ? Et à côté ? », etc.). Après quelques minutes, demander : « Qui a regardé l'ordinateur ? Souvent ? »

• **Aider les élèves à faire le lien entre l'abeille et les neurones aimants :** « Avez-vous senti la force d'attraction des neurones aimants ? Avez-vous seulement bougé les yeux pour regarder ou tout le corps ? »

• **Faire le lien avec le mode marionnette** (voir p. 80) : « C'est comme si des fils invisibles vous faisaient bouger, vous étiez en mode marionnette. »

• **Faire remarquer que l'abeille a tendance à suivre la lumière :** c'est un exemple de force simple qui s'exerce sur le regard et l'attention.

• **Expliquer : « L'abeille est elle aussi sur une sorte de poutre**, qui est en fait le chemin que je vous montre quand je vous demande de regarder ou de lire quelque chose. Pour réussir une ou plusieurs minimissions, il faut que l'abeille soit disciplinée, qu'elle ne fasse pas n'importe quoi. »

• **Donner un exemple :** « Pendant une lecture collective, le texte à lire est un peu comme une longue bande qui s'apparente à une poutre. »

• **Encourager les élèves, quand ils lisent, à surveiller ce que fait leur abeille/regard** : « Reste-t-elle "sur le chemin" (le texte à lire) ? Sinon, quelles sont les forces qui l'ont amenée à s'envoler ailleurs : les fils de marionnette ? les neurones aimants ? »

• **Expliquer :** « La meilleure façon de contrôler votre abeille, c'est d'**avoir une intention très claire**, comme Minimoi. »

• **Projeter un paragraphe d'un texte** (reprendre le **DOCUMENT 120**) et demander, comme dans les séquences précédentes, de compter le nombre de « e » assez rapidement. Faire remarquer aux élèves que le fait de rechercher cette lettre en particulier contraint les déplacements de leur regard/abeille, qui va s'intéresser à ce qu'ils ont décidé.

VARIANTE CP CE

Même principe en projetant le **DOCUMENT 121** : demander aux élèves d'y compter le nombre d'objets bleus (ou autre couleur). Faire remarquer aux élèves que le fait de rechercher cette couleur en particulier contraint les déplacements de leur regard/abeille.

• **Prendre des exemples tirés du sport où le contrôle du regard est très important.** En tennis, par exemple, il est important de bien regarder l'endroit de la balle que l'on veut frapper avec la raquette, quand elle a rebondi. En snowboard, on regarde devant soi pour vérifier l'aspect de la neige... Si l'abeille se posait n'importe où dans ces disciplines, on n'arriverait à rien.

• **Conclure :** « En décidant à l'avance, avec une intention claire, l'abeille est plus facile à contrôler. »

RÉACTIVATION

→ **Dessiner un petit rond au tableau, et demander aux élèves d'y maintenir leur regard pendant trente secondes.** Pendant ce temps, faire de petits mouvements, bouger au-delà du cercle. À l'issue des 30 secondes, demander aux élèves : « Était-ce facile de maintenir votre regard dans le cercle ? **Votre regard a-t-il eu tendance à sortir du cercle ?** Pourquoi ? »

→ **Demander aux élèves de compter le nombre de fenêtres dans la salle.** Leur rappeler ainsi qu'avec une intention claire, on peut discipliner son regard et son attention (mais pas forcément longtemps).

ACTIVITÉ 4

Je détecte et je contrôle les mouvements spontanés de mon regard et de mon attention

Objectifs

- Comprendre ce qu'est l'attention visuelle.
- Constater qu'on peut déplacer son abeille autour de soi indépendamment de son regard.
- Comprendre que, comme un·e funambule, il faut apprendre à ramener très vite son attention dès que son Regard, son Attention et sa Posture réagissent à une distraction.

Durée : 2 unités

Matériel :
- 3 gobelets et 3 objets de couleurs différentes
- DOC 124

DÉROULEMENT DE L'ACTIVITÉ

Étape 1 : Expérimenter le fait que l'abeille peut se déplacer même si le regard ne bouge pas

- **Prendre trois gobelets et trois objets** de couleurs différentes, puis placer un objet sous chaque gobelet (ex. : rouge, bleu, vert).
- **Lever les gobelets** pour découvrir les objets, puis les cacher à nouveau en demandant aux élèves de **suivre l'objet rouge** tandis qu'ils sont déplacés.
- **Demander** après quelques mouvements sans grande difficulté où est l'objet rouge, puis **demander aux élèves ce qu'a fait leur abeille/regard :** « Votre abeille a-t-elle suivi le gobelet avec l'objet rouge ? »
- **Refaire ensuite l'exercice** en demandant aux élèves de maintenir leur regard **centré sur le gobelet du milieu**. Effectuer quelques mouvements simples puis demander aux élèves : « Où est l'objet rouge ? »

→ La plupart sauront l'indiquer sans difficulté.

- **Faire remarquer aux élèves qu'ils peuvent donc suivre le gobelet avec l'objet rouge sans le suivre du regard**, juste avec leur attention : il est donc possible de déplacer son attention sans bouger son regard, comme le ferait un·e espion·ne qui surveille quelqu'un à une table d'un café de manière discrète, en donnant l'impression de lire son journal.

→ Les élèves prennent conscience qu'ils sont capables de prêter attention à certaines choses qu'ils ne regardent pas directement. Ils constatent aussi qu'il est très difficile de suivre de cette manière deux objets différents en même temps.

VARIANTE 1

Demander aux élèves de bien fixer votre cou (ou votre menton), sans bouger, pendant 5 secondes. Pendant ce temps, montrer deux objets différents, un dans la main droite et un dans la gauche. Demander ensuite aux élèves s'ils peuvent dire quels étaient les objets montrés. Si personne n'a bougé son regard, alors ceux qui peuvent répondre ont en réalité déplacé leur attention.

→ Il est possible de proposer cette variante par petits groupes de 2 ou 3, un·e élève devant être fixé·e par les deux autres, en tenant un objet dans l'une de ses mains.

VARIANTE 2

Un·e élève doit fixer un point en face de lui/d'elle. Lui lancer une balle doucement : il/elle doit la rattraper sans bouger le regard. Demander alors aux élèves ce qui lui a permis de rattraper la balle sans avoir bougé le regard.

→ Son regard n'a pas bougé mais son attention s'est déplacée.

Étape 2 : **Comprendre comment contrôler son abeille**

• **Projeter le DOCUMENT 124** et demander aux élèves d'observer l'image.

• **Annoncer :** « Maintenant que vous avez regardé l'image, regardez-moi et écoutez ce que je vais vous expliquer. »
• **Expliquer :** « Lorsque vous marchez ou que vous restez assis tranquillement, vous pouvez vous rendre compte que votre regard bouge, sauf si vous faites vraiment un effort pour l'en empêcher. Mais même là, vous aurez quand même envie de regarder à gauche ou à droite, parce que votre attention est partie inspecter par là-bas. Parfois cela vous fera même tourner votre tête ou tout le haut de votre corps, comme si des fils tiraient dessus : c'est le mode marionnette ! »
• **À la fin de l'explication, questionner les élèves sur les déplacements** effectués par leur abeille : « Qui a regardé ailleurs ? Quelle abeille est partie faire un petit tour ? »
• **Demander : « L'abeille de certains est-elle allée se poser sur l'image ? »** Rappeler alors le lien qui existe entre regard et attention et à quel point **l'abeille peut rapidement partir** dans la direction vers laquelle elle est attirée.
→ Lorsque l'abeille a tendance à partir et que les élèves sentent que la laisse se tend (c'est-à-dire, quand ils ont très envie de regarder quelque chose qui n'est pas important pour ce qu'ils font), leur proposer de simplement la ramener doucement.

• **Expliquer que ce n'est pas « mal » de laisser partir l'abeille,** mais que cela peut parfois nous rendre moins efficace pour réussir ce que l'on veut faire à un moment donné (surtout lorsque la poutre est difficile à traverser). Quand on ne bouge pas son regard mais que l'attention part, c'est **comme si l'abeille « tirait sur la laisse »**. Il faut donc essayer de repérer le plus rapidement possible cette sensation pour ramener son abeille au bon endroit.
→ RITUEL « Poser son abeille » p. 146

RÉACTIVATION

→ **Demander aux élèves de fixer votre menton** (si certains ont du mal ou se mettent à rire parce que c'est gênant, rappeler les forces qui peuvent attirer ou repousser l'attention sous le coup de l'émotion/la récompense).
Faire ensuite bouger un stylo sur le côté et demander aux élèves de le suivre avec leur attention, sans déplacer leur regard de votre menton.

→ **Rappeler que même quand le regard/l'abeille reste fixe, l'attention peut se déplacer.**

ACTIVITÉ 5

J'apprends à stabiliser mon regard, mon attention et ma posture quand il le faut

Objectifs

- Comprendre que les mouvements du regard et la posture sont des indices qui permettent de définir si quelqu'un est attentif ou non.
- Être capable d'identifier les mouvements du regard et les changements de posture qui traduisent un comportement distrait.
- Comprendre qu'une fois que l'on a identifié une déviation du regard ou de la posture, on peut la corriger tout de suite.

Durée : 🕒🕒🕒
Matériel :
- DOCS 11, 125 et 65
- poutre, scotch large à mettre au sol, bâton à faire tenir en équilibre
- livret ATOLE

Vidéo : « En classe »

DÉROULEMENT DE L'ACTIVITÉ

Étape 1 : **Expérimenter l'importance de remarquer vite que l'on est en train de tomber de la poutre**

• **Faire (ou refaire)** l'un des exercices proposés dans la séquence 2 « L'équilibre attentionnel » (p. 50) : par exemple, **le bâton à maintenir en équilibre** sur la paume de la main ou **la traversée de la poutre**.
• **Demander : « Que se passe-t-il si on attend trop longtemps ? »** (par exemple, quand le bâton qui est en équilibre sur la main commence à tomber), puis : « Combien de temps a-t-on pour réagir ? »
• **Faire ainsi remarquer** à la classe que, pour réagir tout de suite, il faut une connexion continue.
• **Expliquer : « Plus on rectifie tôt la position du bâton, plus il est facile de le remettre droit.** Mais plus on rectifie tard la position du bâton, plus il faut mettre de force dans le poignet pour y parvenir : l'exercice devient alors franchement difficile. »
→ Avec l'exemple de la poutre : **« Plus on rectifie tôt sa position sur la poutre, plus il est facile de se remettre droit.** Mais plus on rectifie tard sa position sur la poutre, plus il faut mettre de force dans son corps pour y parvenir. »

• **Demander pour conclure :** « Quelles sont les deux choses à faire pour nous aider à maintenir l'équilibre ? »
→ Remarquer tôt qu'on perd l'équilibre et corriger immédiatement sa posture.

• **Demander aux élèves ce que désigne « le sens de l'équilibre attentionnel »** (séquence 2, p. 52-53) : remarquer tôt que son attention part sur le côté, pour la ramener aussitôt.
• **Projeter à nouveau le DOCUMENT 11**, qui représente le sens de l'équilibre.

DOC 11

• **Insister sur le fait qu'un bon sens de l'équilibre permet de remarquer tout de suite qu'on est en train de tomber,** pour tout de suite se restabiliser. Une personne qui n'a pas un bon sens de l'équilibre attentionnel se laisse souvent distraire, elle va donc souvent tomber de sa poutre.
• **Demander** aux élèves ce qui leur permet, comme un ou une funambule, de savoir qu'ils sont en train de se laisser distraire. Les guider si besoin : « Votre **regard** part-il ailleurs ? Votre **attention** aussi ? Votre **posture**, c'est-à-dire la manière dont vous vous tenez, a-t-elle changé ? » Lorsque cela arrive, il faut ramener doucement mais rapidement **regard, attention et posture** pour bien rester sur la poutre sans tomber.
• **Projeter le DOCUMENT 125** pour illustrer cette démarche. Proposer ainsi aux élèves de devenir des « funambules de l'attention ». → **RITUEL « Regard, Attention, Posture (RAP) » p. 146**

DOC 125

• **Rappeler aux élèves que cela peut prendre un peu de temps** mais qu'il faut essayer sans se décourager, comme dans tous les sports qui demandent un bon équilibre. Il faut s'entrainer à garder l'équilibre.

• **Rappeler les différentes dimensions de la poutre** (séquence 2, activité 3, p. 55) : si la poutre est large et basse, on peut bouger ; si elle est étroite et haute, il vaut mieux bien surveiller son regard, son attention et sa posture.
• **Expliquer : « La posture est le point le plus facile à surveiller.** Vient ensuite le regard, puis l'attention. Vous pouvez donc commencer par tenter de maitriser votre posture et votre regard. Toutes les occasions sont bonnes pour s'entrainer ! »

• **Projeter le DOCUMENT 65** et demander aux élèves de décrire l'image.
• **Expliquer : « Quand vous sentez des tensions sur votre regard, votre attention et votre posture**, vous n'êtes pas obligé de bouger : ce ne sont pas de vrais fils ! Pour éviter de tomber, vous devez remarquer

DOC 65

très vite que vous partez sur le côté, comme sur une poutre. Apprendre à rester concentré, c'est apprendre à rester sur la poutre. »
• **Préciser : « C'est à force de pratiquer que le ou la funambule réussit** à développer un sens de l'équilibre exceptionnel. C'est la même chose pour le sens de l'équilibre attentionnel. Surveiller son regard, son attention et sa posture aide à se rendre compte si l'on est en train de tomber de la poutre. On peut s'entrainer pour y arriver de mieux en mieux. »
• **Demander aux élèves s'ils savent à quel âge ils ont appris à se tenir debout** et à marcher (sans chercher à les comparer). Enchainer : « C'est très bien, vous avez mis à peu près un an ou deux à apprendre à maintenir votre corps debout et à ne plus tomber sans arrêt. Mais à quel âge avez-vous appris à ce que votre attention ne tombe pas sans arrêt ? »
→ Les élèves répondront peut-être que c'est ce qu'ils sont en train d'apprendre.
• **Conclure :** « Vous voyez, apprendre à maintenir son corps debout, ce n'est que la moitié du chemin. Maintenant, il faut apprendre à maintenir votre attention debout, stable. »

Étape 2 : **Identifier les signes de distraction (regard, attention, posture)**

• **Projeter la VIDÉO « En classe »** (durée 20''), qui montre un bref moment de vie de classe.
• **Demander aux élèves qui est attentif** et qui ne l'est pas selon eux sur cette vidéo, et à quoi ils le repèrent.
• **Demander ensuite : « Y a-t-il des signes** qui montrent qu'un enfant n'est pas attentif ?
→ Il peut s'agir de changements de posture, de déviations du regard…
• **Identifier ensuite avec les élèves certains mouvements** qui sont dus à des distractions externes. Repasser la vidéo pour s'assurer que les élèves sont capables d'identifier l'évènement distracteur (si celui-ci ne leur semble pas évident, faire des hypothèses sur ce qui a pu distraire l'élève).

• **Faire remarquer à quel point cet élément distracteur peut entrainer un changement de la posture** de l'élève distrait (la tête qui se tourne, un mouvement de tout le corps, etc.).

• **Demander aux élèves s'ils ressentent eux-mêmes,** alors qu'ils sont en train de visionner le film, ces envies de bouger et de se tourner pour réagir à des distractions externes. Sentent-ils leur cou et leur buste qui s'apprêtent à se tourner ? **Peuvent-ils résister à cette force d'attraction ?** Comment ? Doivent-ils toujours y résister ?

→ Cette dernière question (« Doivent-ils y résister ? ») est très importante : le contrôle du regard, de l'attention et de la posture n'est nécessaire qu'à des moments bien précis, ceux où la poutre est étroite ou haute. Le reste du temps, cela peut entrainer une fatigue inutile.

• **Demander aux élèves : « Quelles sont les forces qui font sans cesse bouger votre regard, votre attention et votre posture ? »**

→ Aider si besoin les élèves à trouver (habitudes, neurones aimants...) et établir ainsi un lien avec le « mode marionnette » et les neurones aimants.

• **Demander aux élèves : « Pour vous, quelle est la posture la plus adaptée pour écouter ? »**

→ Noter les réponses en mettant en évidence leur diversité. Noter cependant que certaines postures (telles que couché sur la table) ne favorisent pas l'attention, elles constituent plutôt une préparation au sommeil.

Dans le livret ATOLE, demander aux élèves, sous la vignette, de compléter les lettres de l'acronyme « RAP » (regard, attention, posture).

→ livrets CE et CM p. 28

VIDÉO

En classe (20")

media.mdi-editions.com/s7a5

RÉACTIVATION

→ **Demander si certains élèves pratiquent un sport où il est important de garder l'équilibre** (judo, ski, danse, cheval...).

→ **Leur demander : « Comment fait-on pour ne pas tomber ? »** (on remarque très vite qu'on perd l'équilibre, grâce à certains signes, et on corrige sa posture).

→ **Rappeler les signes qui nous indiquent qu'on est en train de se laisser distraire** : regard, attention, posture.

→ **Demander : « Comment peut-on s'entrainer à garder son attention stable ? »** Rappeler aux élèves qu'ils peuvent remarquer à partir de ces signes que leur attention est attirée, puis la ramener doucement.

→ **Demander : « Faut-il toujours ramener son attention ? »** Leur rappeler que c'est important de le faire uniquement quand on s'apprête à traverser une poutre étroite ou haute.

SÉQUENCE 7

Synthèse

À RETENIR

→ **L'ABEILLE** matérialise le regard de l'élève – ainsi que ses déplacements – et permet de mieux constater ses errances.

→ **LE SENS DE L'ÉQUILIBRE ATTENTIONNEL** consiste à savoir remarquer des signes précis qui indiquent la distraction et à savoir y réagir.

→ **L'IMAGE DU/DE LA FUNAMBULE** : il/elle s'est entrainé·e longtemps pour développer sa capacité d'équilibre. Tout comme lui/elle, l'élève peut s'entrainer pour développer son sens de l'équilibre attentionnel.

→ **LE CODE RAP** : Regard, Attention, Posture. Ces trois éléments permettent de bien sentir quand on ne fait plus attention, pour vite se replacer sur la poutre.

→ **L'IMAGE DU BÉBÉ QUI SE TIENT DEBOUT** : il est temps pour les élèves d'apprendre une nouvelle forme d'équilibre, maintenant qu'ils savent marcher ! Cela peut prendre du temps, comme pour apprendre à se tenir debout.

RITUELS

Poser son abeille

Quand ? Régulièrement, en début ou au fil de la classe, lorsqu'on a besoin de mobiliser l'attention et le regard des élèves.

Comment ?

• Dessiner trois petits cercles concentriques au tableau, comme une cible, et **demander aux élèves d'y maintenir leur regard (leur « abeille »)** pendant une minute (adapter la durée, à allonger éventuellement au fil de l'année).

• Rappeler aux élèves que leur abeille va avoir tendance à s'envoler sous l'action des systèmes qui distraient l'attention (automatismes et neurones aimants) et qu'ils doivent simplement **remarquer ces forces, en laissant leurs neurones chefs y résister doucement**, comme un·e funambule sur un fil.

• On peut poser comme consigne supplémentaire de lever la main dès que le regard quitte les cercles et le jeu sera alors d'être le dernier à lever la main…

→ Au lieu d'utiliser des cercles, ce rituel peut être appliqué à tout élément visuel sur lequel on souhaite maintenir l'attention et le regard des élèves (une image à observer, un texte à lire…).

Pourquoi ? Pour pouvoir faire appel à cette capacité à tout moment pour ramener le regard et l'attention des élèves sur ce qu'on est en train de montrer.

Regard, Attention, Posture (RAP)

Quand ? Au fil de la classe, quand l'action des neurones aimants ou du mode marionnette se fait sentir chez un·e élève.

Comment ? Demander à un·e élève d'indiquer **quelles lettres du mot RAP** lui ont permis de savoir qu'il/elle était tombé·e de la poutre.

Lui demander : « T'es-tu rendu·e compte que tu étais en train de tomber ? » et « As-tu vraiment choisi de le faire ? »

→ Ce rituel se combine bien avec une référence à l'abeille (« Où est partie ton abeille ? Pourquoi faire ? »).

Pourquoi ? Pour rendre les élèves de plus en plus sensibles aux signes précurseurs de la distraction par des éléments externes.

QUIZ CP → À L'ORAL

1. **Répondez à la question.**
On peut comparer les déplacements du regard à ceux d'un insecte.
Lequel ?

2. **Indiquez la bonne réponse.**
Comment notre regard se déplace-t-il ?
❍ Tranquillement. ❍ Rapidement, par saccades.

3. **Quelle est la bonne proposition ?**
Maintenir son abeille sur le texte qu'on lit, c'est comme…
❍ rester sans bouger. ❍ marcher sur une poutre.

4. **Vrai ou faux ?**
On peut améliorer son sens de l'équilibre attentionnel.

5. **Indiquez la bonne réponse.**
Que faut-il faire quand on sent que son regard et son corps sont attirés sur le côté ?
❍ Il faut ralentir. ❍ Il faut résister de toutes ses forces.

CORRIGÉ
1. L'abeille. **2.** Rapidement, par saccades. **3.** marcher sur une poutre. **4.** Vrai. **5.** Il faut ralentir.

QUIZ CE et CM → livrets ATOLE p. 29

Pour ces niveaux, les quiz proposés sont individuels et écrits.
Leur corrigé se trouve à la fin de ce guide (p. 205).

BILAN DE FIN DE SÉQUENCE 7

Mes élèves savent-ils :

❍ expliquer pourquoi les déplacements du regard rappellent ceux d'une abeille ?
❍ décrire, quand ils se sont laissés distraire par un élément extérieur, ce que vient de faire leur regard/abeille ?
❍ nommer et expliquer les forces qui ont entrainé ce déplacement (leurs habitudes ou « mode marionnette » et les neurones aimants) ?
❍ remarquer, à partir de leur regard/abeille, leur attention et leur posture, qu'ils sont en train de se laisser distraire ?
❍ réagir en ramenant tranquillement leur regard/abeille, spontanément ou suite à une remarque de votre part ?

À LA MAISON

Proposer aux élèves de se poser à un endroit d'une pièce, par exemple le salon avec la télévision et d'**essayer de regarder un endroit du mur ou d'une table pendant une minute**, en posant tranquillement leur abeille. Ils doivent alors remarquer tout ce qui attire leur regard et leur attention sur le côté et leur donne envie de bouger.

SÉQUENCE 8

Réagir aux distractions internes

Objectifs

- Découvrir les différentes formes que peuvent prendre nos distractions internes : pensées verbalisées ou « petite voix », images mentales, envies soudaines de « passer à autre chose de mieux » (« PAM »).
- Découvrir et utiliser la technique du « pensoscope » pour comprendre que l'on peut ressentir ces distractions sans qu'elles ne nous fassent nécessairement tomber de la poutre (décrocher de l'activité en cours).
- Étiqueter et observer les réactions de notre corps aux pensées distractrices pour bien y réagir.

Plan de la séquence 8

PRÉREQUIS ENSEIGNANT·E AVANT LA SÉQUENCE 8

❍ J'ai pris conscience que mes pensées peuvent prendre la forme de paroles internes (quand on « se parle dans sa tête »), d'images mentales ou d'envies soudaines de Passer à Autre chose de Mieux ou de plus important que ce qu'on est en train de faire (les PAM).

❍ Je sais utiliser l'exercice du pensoscope pour remarquer ces pensées sans oublier mon intention et sans perdre de vue ce que j'ai sous les yeux, et sans que mon attention soit totalement captivée par elles.

❍ Je sais utiliser le principe du pensoscope pour remarquer mes pensées en lien avec des choses que je fais (« saisir ma tasse de café ») ou que je vois (« quand mon regard était sur cette fin de phrase »).

ACTIVITÉ 1

J'observe ma « petite voix » avec le « pensoscope »

Objectifs

- Apprendre à se servir du « pensoscope » pour observer les manifestations spontanées de sa « petite voix » au repos.
- Découvrir que l'on peut « entendre » cette « petite voix » sans forcément partir dans ses pensées ni perdre de vue une consigne.

Durée : 🕒🕒
Matériel :
- DOC 126
- livret ATOLE

DÉROULEMENT DE L'ACTIVITÉ

Étape 1 : **Se rappeler ce qu'est la « petite voix »**

• **Demander aux élèves s'ils se rappellent ce qu'est la « petite voix ».** Laisser venir les réponses.
→ Si les élèves ne se rappellent plus du concept de la petite voix, ni comment l'utiliser, ne pas hésiter à refaire l'activité 5 de la séquence 1 (p. 35).
• **Rappeler que la petite voix peut être une distraction,** mais peut aussi aider à être attentif.
• **Demander à la classe de donner quelques exemples** de situations où la petite voix est une distraction, puis d'autres où elle peut aider à être attentif (par exemple, pour apprendre une poésie).
• **Expliquer** à présent aux élèves qu'ils vont ici apprendre à observer leur petite voix.

Étape 2 : **Découvrir l'outil du « pensoscope »**

• **Tracer un cercle au tableau,** dont le rayon fait à peu près la taille de l'avant-bras.
• **Expliquer : « Je vais repasser lentement** sur ce cercle. **Si à un moment vous entendez votre petite voix "dire" quelque chose,** un mot ou un bout de mot que vous pourriez répéter (mais ne le faites pas), **souvenez-vous alors de l'endroit où était ma craie** sur le cercle. Si vous vous parlez plusieurs fois pendant le tour du cercle, essayez juste de retenir certains de ces endroits. Essayez d'être silencieux. »

• **Projeter le DOCUMENT 126** pour que la consigne soit plus explicite pour les élèves.

DOC 126

→ Procéder de manière à faire le tour du cercle en 30 secondes à peu près (adapter selon l'âge des élèves). S'ils n'arrivent pas à rester silencieux, commencer par leur demander de retenir les moments où ils ont entendu du bruit et se sont laissés distraire, puis refaire un tour du cercle en retenant cette fois les moments où ils ont entendu leur petite voix.
• **Solliciter les élèves : « Qui s'est parlé à lui-même, dans sa tête ? »,** « À quel endroit du cercle ? » et dessiner à la craie la zone concernée.
→ Il est possible de demander aux élèves ce à quoi ils ont pensé (s'ils le souhaitent), mais les réponses ne sont pas importantes pour l'exercice.

• **Expliquer qu'on appellera ce cercle un « pensoscope » :** un outil pour mieux observer ses pensées, de la même manière qu'un microscope permet d'observer ce qui est « micro ».

VARIANTE

• Mettre les élèves en binômes. Proposer aux élèves de chaque binôme de se mettre face à face autour d'une feuille de papier blanche.

• Le premier ou la première élève commence à dessiner lentement un personnage simple (30 secondes), pendant que le second ou la seconde observe le dessin en train d'être réalisé. Indiquer que chacun des deux élèves doit essayer de **se souvenir s'il a entendu ou non sa petite voix** pendant l'activité et, si oui, à quel moment du dessin (la tête, le tronc...). À la fin des 30 secondes, on arrête l'activité. Chacun des deux élèves, à son tour, doit dire s'il a entendu ou non sa petite voix dans sa tête et, si oui, à quel moment du dessin.

Dans le livret ATOLE : demander aux élèves de repasser avec leur doigt le cercle du pensoscope puis, lorsque le cercle est entièrement repassé, d'indiquer sur leur cercle, au crayon de couleur, les zones où ils ont eu des pensées (sans forcément écrire leur contenu). → RITUEL « Le pensoscope » p. 159
→ livrets CE et CM p. 30

VARIANTE

Cet exercice peut également être fait en traçant un cercle du bout du doigt sur la table, ou même une ligne devant soi.

• **Expliquer** que la plupart du temps, les petites pensées remarquées grâce au pensoscope captivent notre attention et nous font tomber de la poutre (nous partons « dans la lune » en nous parlant à nous-même). Ici, les élèves ont réussi à **remarquer leurs pensées sans tomber de la poutre** (ils devaient remarquer à quel endroit ils avaient des pensées, et ils n'ont pas oublié leur poutre), ils ont donc agi comme des funambules.

• **Ajouter : « Pour réussir l'exercice, vous avez été capables de rester attentifs** à ce que vous deviez regarder, même en ayant des pensées. C'est donc quelque chose que vous savez faire. »

RÉACTIVATION

→ **Rappeler ce qu'est la « petite voix ».**

→ **Refaire faire l'exercice du « pensoscope »** (repasser une fois le cercle).

→ **Demander aux élèves l'intérêt de cet exercice** (observer ses pensées, les remarquer sans oublier son intention de départ, sans les laisser nous distraire).

→ **Conclure en rappelant l'image du funambule,** qui n'a pas oublié sa consigne.

ACTIVITÉ 2

Je détecte la survenue d'images mentales grâce au « pensoscope »

Objectifs

- Constater avec le « pensoscope » que l'on peut avoir des pensées sous forme d'images mentales tout en restant attentif au monde extérieur et en continuant de suivre une consigne.
- Être capable de « rester sur la poutre » même lorsque des images mentales surviennent.

Durée :
Matériel : livret ATOLE

DÉROULEMENT DE L'ACTIVITÉ

- **Demander aux élèves s'ils se rappellent ce que sont les images mentales.** Laisser venir les réponses.

→ Si de nombreux élèvent ne se rappellent plus, refaire l'activité 6 de la séquence 1 (p. 37).

- **Refaire l'exercice du pensoscope** au tableau.
- **Repasser sur le cercle** en demandant aux élèves de ne surtout pas imaginer un sapin (ou n'importe quel exemple du même type).
- **Demander aux élèves à la fin de l'exercice si certains ont quand même imaginé un sapin :** « S'agissait-il du mot "sapin" que vous vous êtes dit à vous-même, ou bien de l'image d'un sapin ? Était-ce pendant tout le cercle ? Pendant une partie du cercle seulement ? Si oui, laquelle ? »

Dans le livret ATOLE :

– **proposer aux élèves de refaire l'exercice du pensoscope** (activité 1, p. 150), en leur donnant une durée plus longue pour repasser sur le cercle (ceci favorisera l'apparition de pensées spontanées) ;

– **leur demander, pendant qu'ils repassent le cercle, de noter avec un crayon de couleur** (d'une couleur différente de celui utilisé dans l'activité 1) les endroits du cercle où des images leur sont apparues, ou bien les endroits où ils ont entendu leur petite voix.

→ livrets CE et CM p. 30

RÉACTIVATION

→ Rappeler simplement : « Vous souvenez-vous qu'on peut aussi **faire l'exercice du pensoscope avec des images mentales ?** »

→ Demander : « Qui peut **me rappeler ce qu'est une image mentale** ? »

→ **Rappeler que le pensoscope permet de se comporter comme un·e funambule** (on remarque une pensée, mais on ne laisse pas son attention s'échapper).

ACTIVITÉ 3

J'apprends à remarquer et à réagir à mes PAM (propositions de « passer à autre chose de mieux »)

Objectifs

- Comprendre ce qu'est une « PAM » (pensée distractrice incitant à « **P**asser à **A**utre chose de **M**ieux ») pour pouvoir reconnaitre et observer ce type de pensées.
- Identifier la survenue d'une « PAM » et agir en conséquence.

Durée : 3 unités

Matériel :
- DOCS 73, 74 et 128 à 131
- DOCS 123 et 127 (variante)
- livret ATOLE

DÉROULEMENT DE L'ACTIVITÉ

Étape 1 : **Identifier une proposition de « passer à autre chose de mieux » (PAM)**

• **Dessiner plusieurs dizaines de petits points au tableau** puis demander aux élèves de compter les points de plusieurs rangées.

VARIANTE CE

Distribuer le **DOCUMENT 123** et demander aux élèves de repasser la ligne du méli-mélo au crayon de couleur. Leur demander de faire un petit trait sur la ligne là où ils ont ressenti une envie de faire autre chose.

DOC 123

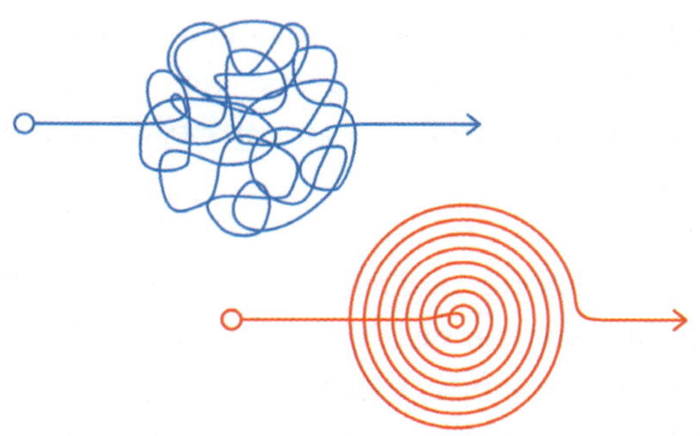

VARIANTE CE CM

Distribuer le texte du **DOCUMENT 127**, puis demander aux élèves de le lire en marquant d'une couleur particulière les endroits où ils ont eu envie d'arrêter, de faire autre chose.

→ L'idée est de proposer une activité volontairement ennuyeuse. Il est possible de proposer toute autre tâche ennuyeuse en variante.

• **Demander à la fin de l'exercice : « Qui s'est ennuyé ?** Qui a eu envie d'arrêter ? », puis « À quel moment as-tu eu envie de faire quelque chose de plus intéressant et amusant, quelque chose de mieux pour toi ? Où était ton abeille ? »

→ On peut demander aux élèves ce qu'ils ont eu envie de faire, mais ils doivent se sentir libres de ne pas répondre. Il ne s'agit pas de les embarrasser, surtout s'ils avaient envie de faire une bêtise !

• **Expliquer : « Ton cerveau t'a fait une proposition :** **P**asser à **A**utre chose de **M**ieux. Une **PAM**, en raccourci ». Écrire et développer l'acronyme au tableau.

• **Développer : « Une PAM, c'est quand on a tout d'un coup envie d'arrêter ce que l'on fait pour faire autre chose.** Les PAM sont comme des publicités que nous envoie notre cerveau pour une autre activité, comme quand vous voyez dans la rue une publicité avec des gens sur une belle plage. Les PAM nous incitent à partir d'où nous sommes (la poutre que nous devons traverser) pour aller "ailleurs". Elles surviennent souvent quand on s'ennuie ou quand on fait quelque chose qui demande un effort. »
• **Demander : « Est-ce qu'on est obligé d'obéir aux publicités ? »** puis expliquer : « Pour les propositions que nous fait notre cerveau de Passer à Autre chose de Mieux, les PAM, c'est la même chose : on n'est pas obligé de leur obéir. »

• **Faire avec les élèves une liste de PAM** qu'ils peuvent avoir fréquemment en classe, ou dans leur vie quotidienne.
→ Une PAM peut se présenter sous différentes formes (sensation physique, image mentale, son dans la tête, etc.), mais elle s'accompagne toujours d'une sensation, le plus souvent une forme d'ennui ou d'envie soudaine.
• **Demander aux élèves s'ils voient le lien avec les neurones aimants** (les neurones qui donnent envie de faire quelque chose) : « Quel rôle peuvent jouer vos neurones aimants dans ces pensées ? »
• **Expliquer : « C'est l'action des neurones aimants qui rend une pensée attirante,** comme par exemple quand on a tout d'un coup envie d'arrêter de faire ses devoirs pour aller jouer. On dit "Passer à Autre chose de Mieux" parce que c'est plus simple mais on pourrait dire "Passer à Autre chose qui a l'air Mieux". »

Étape 2 : **Apprendre à bien réagir à une PAM**

• **Demander : « Vous rappelez-vous des neurones chefs ?** Ces neurones chefs ont souvent tendance à vouloir tous commander en même temps, comme si Maximoi donnait plusieurs missions à la fois, en changeant tout le temps d'avis. Notre attention se disperse alors et on a l'impression de ne rien faire comme il faut. »
• **Projeter les DOCUMENTS 128 à 130** et demander aux élèves de décrire la situation.
• **Commenter** : « La fille écoute la maitresse mais au bout d'un moment, PAM, elle se souvient qu'elle a quelque chose à dire à son voisin : son cerveau lui a proposé de Passer à Autre chose de Mieux qu'écouter la maitresse, et elle arrête d'écouter pour le faire. »

DOC 128

DOC 129

DOC 130

• **Expliquer :** « Un neurone chef peut arriver avec **une idée qui n'a rien à voir avec ce qu'on est en train de faire** et nous proposer de tout arrêter pour **P**asser à **A**utre chose de **M**ieux, ou à quelque chose qui a l'air plus important. Par exemple, quand on arrête ce qu'on est en train de faire parce qu'on se souvient qu'on a oublié de prendre son maillot pour la piscine (et qu'il faut aller le chercher). Cette proposition de notre cerveau, c'est une PAM. **Parfois, cette PAM peut être une bonne idée.** »

• **Demander aux élèves d'expliquer pourquoi les PAM peuvent faire tomber de la poutre,** pour s'assurer qu'ils ont bien compris ce concept.
• **Proposer aux élèves, quand ils ressentent une PAM, de penser au mot « STOP » pour ralentir** au lieu de

réagir tout de suite. Insister sur le fait qu'une PAM peut parfois concerner quelque chose de vraiment important (prévenir l'enseignant·e qu'on a oublié quelque chose dans la cour, par exemple) et il faut effectivement s'interrompre, mais au moins, on l'a décidé. Ce n'est pas une réaction impulsive.

- **Projeter les DOCUMENTS 73, 74 et 131** et demander aux élèves de décrire la situation.
- **Expliquer :** « Quand vous ressentez une PAM, c'est comme si vous êtes à vélo et que vous êtes attiré par quelque chose que vous voyez. **Vous ralentissez au lieu de foncer, pour bien regarder.** Parfois, vous décidez de continuer, parfois non. Mais c'est vous qui décidez. »
- **Demander si un·e élève peut rappeler la technique des 4 « R »** (séquence 4, p. 89). La revoir en détail en projetant à nouveau le **DOCUMENT 75** : « Quand je sens que je perds le contrôle de mon attention, que je me laisse distraire : je remarque ce que je Ressens, je Ralentis, je Regarde pour savoir ce qui se passera si je cède à ce qui m'attire et je Réagis selon ce que j'ai décidé : j'y vais ou non ; je passe à autre chose, ou non. »
- **Préciser : « Lorsqu'on remarque une PAM, il faut se rappeler qui doit vraiment décider dans son cerveau : c'est nous !** En disant "STOP" quand on remarque une PAM, et en ralentissant au lieu de foncer vers cette idée, on peut calmer les neurones aimants qui sont en train de réclamer et on montre qu'on n'est pas obligé de leur obéir. On règle aussi les disputes entre neurones chefs. »

Dans le livret ATOLE, demander aux élèves :
- de compléter la signification de « PAM » et d'entourer la bonne manière d'y réagir ;
- CM d'écrire un exemple de PAM qu'ils ressentent régulièrement en classe.

→ livrets CE et CM p. 31

DOC 73

DOC 74

DOC 131

RÉACTIVATION

→ **Écrire au tableau les lettres « P », « A » et « M » les unes au-dessus des autres** et demander aux élèves s'ils se rappellent ce que ces lettres signifient.

→ **Demander aux élèves ce qu'est une PAM et comment on doit y réagir.** Le leur rappeler éventuellement en reprenant l'exemple du vélo et des 4 « R ».

→ **Proposer éventuellement aux élèves de refaire une fois le pensoscope** pour qu'ils expérimentent les PAM de manière concrète.

ACTIVITÉ 4

Je sais remarquer différents signes d'une distraction interne et y réagir

Objectifs

- Comprendre que nos pensées peuvent faire bouger notre corps et interrompre ce sur quoi nous sommes concentré.
- Savoir identifier les signes d'une déviation de notre attention vers une distraction, à l'aide du code « RAPPEL ».
- Comprendre qu'en remarquant ces signes et en ralentissant ses réactions spontanées, on peut décider de ses actions au lieu de se laisser emporter.

Durée :
Matériel :
- DOCS 132 à 135
- livret ATOLE

DÉROULEMENT DE L'ACTIVITÉ

Étape 1 : **Remarquer qu'une PAM peut entrainer un élan du corps**

• **Expliquer :** « Aujourd'hui, nous allons faire le point sur tout ce que nous avons découvert lors des séances précédentes. »

• **Demander : « Vous rappelez-vous ce qui peut vous faire tomber de la poutre ?** Donnez-moi des exemples. »

• **Laisser venir les réponses**, les noter au tableau. Identifier avec les élèves les éléments principaux.

• **Récapituler :** « On peut tomber de la poutre à cause d'éléments extérieurs, mais pas seulement. Ce qui peut nous faire tomber, ce sont aussi nos **pensées (petite voix)**, des **images mentales** ou des **PAM** (propositions de Passer à Autre chose de Mieux). »

• **Demander aux élèves de penser à la sonnerie**, à ce qu'ils doivent faire après la classe, ou à quelque chose qu'ils aiment bien chez eux (livre, jeu, console…). Ont-ils l'impression qu'ils ont envie « d'y aller », mais qu'ils se retiennent ?

→ Ce n'est pas grave si seulement certains ont cette impression.

• **Expliquer : « Une PAM peut parfois entrainer un mouvement de notre corps :** notre corps se prépare alors à agir, il s'étire pour faire ce que la PAM nous propose de faire (sortir, danser, dessiner…). Comme lorsque vous commencez à préparer vos affaires parce que vous sentez que c'est bientôt la sonnerie. »

→ Cette prise de conscience est importante pour les élèves qui interrompent beaucoup les autres en parlant : c'est alors la bouche qui se met à bouger à la suite d'une pensée. Leur corps est entrainé par la pensée de ce qu'ils veulent dire tout d'un coup.

• **Projeter le DOCUMENT 132** et demander aux élèves de décrire l'image.

DOC 132

• **Expliquer : « Le corps de l'élève se prépare à agir,** son bras s'étire pour faire ce que la PAM lui propose, c'est-à-dire aller chercher l'objet auquel il vient de penser. Un peu comme un éléphant qui cherche une cacahuète. »

Étape 2 : **Apprendre à bien réagir à l'élan du corps entrainé par une PAM**

• **Demander :** « Quand cela arrive, est-on obligé de laisser la pensée faire bouger notre corps ? Que peut-on faire ? »
• **Projeter les DOCUMENTS 133 et 134 et expliquer : « On peut remarquer que son corps s'étire et le ramener à sa place,** pour laisser le temps aux neurones chefs de se mettre d'accord sur la meilleure chose à faire. Comme ça, au moins, si on se laisse faire par la PAM, on l'a choisi. »

DOC 133

DOC 134

• **Insister : « Lorsque vous ressentez une PAM , vous pouvez vous dire "STOP", ralentir et choisir** de résister à la distraction. Vous n'êtes pas obligés de vous laisser distraire. »
• **Expliquer : « Quand on sent que notre corps s'élance, s'étire pour se préparer à suivre une PAM,** c'est un nouveau signe qui nous indique que nous sommes en train de tomber de la poutre, et qui peut aider notre funambule à rester droit. »

• **Rappeler aux élèves** que lorsqu'ils remarquent ce signe, ils peuvent alors utiliser la technique des 4 « R » (séquence 4, p. 89).

Étape 3 : **Étiqueter les pensées qui surviennent dans sa tête et y réagir**

• **Conclure : « À présent, vous savez reconnaitre et nommer les pensées qui surviennent dans votre tête,** comme si vous posiez une petite étiquette dessus : "Tiens, ma petite voix", "Tiens, une image mentale", "Tiens, une PAM"... Vous savez aussi comment y réagir : vous faites une pause ("STOP") pour ralentir, regarder, réfléchir et décider si vous laissez faire ces pensées ou si vous restez sur la poutre. »
• **Projeter le DOCUMENT 135** et proposer aux élèves le code « RAPPEL », qui rappelle ce que doit surveiller le ou la funambule et comment il ou elle doit réagir pour ne pas tomber :
– son **R**egard ;
– son **A**ttention ;
– sa **P**osture ;
– ses **P**ensées ;
– l'**É**lan donné par les PAM à son corps. Alors il/elle... ;
– **L**aisse faire... ou pas.

DOC 135

• **Demander aux élèves s'ils se souviennent que vous aviez comparé un texte à lire à une poutre** que devait parcourir leur abeille (séquence 7, p. 139).
• **Expliquer : « Ce texte est aussi comme le cercle du pensoscope** que vous parcourez avec votre doigt, votre crayon ou dans votre tête. Pour ne pas laisser les pensées captiver votre attention pendant la lecture, vous pouvez **remarquer où est l'abeille sur cette "poutre" au moment où vous vous dites quelque chose** avec la petite voix, ou bien quand vous remarquez une PAM. Cela permet de remarquer vos pensées, sans oublier votre intention de départ. »
→ Il est important de faire le lien avec la séquence 7, et de donner ainsi au pensoscope une forme qui peut être utilisée en classe.

Dans le livret ATOLE, demander aux élèves de compléter la signification des lettres « RAPPEL ».

→ livrets CE et CM p. 32

→ Il est possible également de leur demander de dessiner sur une feuille à part une image qui symbolisera un STOP ou une PAUSE, image qu'ils laisseront dans leur trousse pour se rappeler qu'ils peuvent toujours choisir de résister à la distraction si elle se présente.

RÉACTIVATION

→ **Demander aux élèves des exemples de situations où on se met à bouger** (y compris à parler) sous l'effet d'une pensée.

→ **Demander : « Quels signes montrent qu'on est en train de se laisser distraire** par une pensée ? Que doivent nous rappeler les lettres du mot RAPPEL ? »

SÉQUENCE 8

Synthèse

À RETENIR

→ **LE « PENSOSCOPE »** : je peux utiliser cet outil simple quand mes pensées s'emballent et me font perdre le fil de ce que je suis en train de faire.

→ **PAM** (proposition de **P**asser à **A**utre chose de **M**ieux) : ce mot signale à un·e élève qu'il/elle s'est laissé·e distraire par une envie soudaine de faire autre chose.

→ **LES 4 « R »** : quand je **R**essens que mon cerveau me propose une PAM, je **R**alentis au lieu de foncer, je **R**egarde pour décider si c'est une bonne idée, puis je **R**éagis en fonction de ce que j'ai décidé.

→ **« RAPPEL »** : **R**egard, **A**ttention, **P**osture, **P**ensées, **É**lan du corps, **L**aisser faire… ou pas. Ce code rappelle tous les signes qui permettent de détecter l'action des neurones aimants et des automatismes, afin de rétablir aussitôt son attention si besoin.

RITUELS

Le « pensoscope »

Quand ? Au fil de la classe ou en début de classe, lorsqu'on a besoin de mobiliser l'attention des élèves (comme alternative à « Poser son abeille », séquence 7 p. 146).

Comment ?

• **Demander aux élèves de parcourir un cercle avec le doigt** (ou de le dessiner en l'air ou sur une table) en une trentaine de secondes et de **prendre conscience des pensées qu'ils peuvent avoir** au fil du parcours (petite voix, images mentales, PAM…). **Rappeler qu'il ne s'agit pas forcément de distractions** et qu'il n'est pas nécessaire de chercher à les éliminer, mais simplement de rester maitre de son attention.

• Faire remarquer aux élèves que s'ils sont arrivés au bout du cercle, c'est qu'**ils savent prendre conscience de leurs pensées tout en maintenant leur attention** sur ce qu'ils sont en train de faire, et sans oublier la consigne. Ils restent sur cette petite poutre circulaire sans tomber.

Pourquoi ? Pour rappeler aux élèves qu'ils sont capables de maintenir leur attention malgré l'émergence de pensées distractrices.

VARIANTE

Demander aux élèves, lorsqu'une pensée survient, de se rappeler ce qu'ils étaient en train de faire, précisément, au moment où ils ont eu cette pensée.

Les 4 « R »

Quand ? Régulièrement, quand un·e élève se laisse distraire.

Comment ?

• Faire alors référence au mode marionnette ou aux neurones aimants pour **lui rappeler la raison précise de sa distraction :** « J'ai l'impression que là, tes neurones aimants viennent de décider pour toi de prendre ton bâton de colle pour jouer avec. Qu'est-ce que tu en penses ? N'oublie pas qu'ils ne doivent pas décider de tout dans ton cerveau. »

• Rappeler l'attitude à adopter pour bien réagir à l'action de ses neurones aimants, en 4 « R » :
- je **R**essens que je me laisse entrainer ;
- je **R**alentis, au lieu de foncer vers ce qui m'attire ;
- je **R**egarde ce qui va se passer si j'obéis aux neurones aimants pour savoir si c'est une bonne idée et décider de ce que je fais ;
- je **R**éagis : j'y vais ou je n'y vais pas, selon ce que j'ai décidé.

Pourquoi ? Pour retrouver la maitrise de son attention quand le circuit de la récompense et les automatismes prennent le contrôle.

→ DANS LES LIVRETS ATOLE CE et CM p. 33

QUIZ

Les quiz CE et CM de la séquence 8, individuels et écrits, se trouvent page 33 des livrets ATOLE. Leur corrigé se trouve à la fin de ce guide (p. 205).

Il n'est pas proposé de quiz dans cette séquence pour le niveau CP, puisque celle-ci n'est pas prévue dans la progression de ce niveau.

BILAN DE FIN DE SÉQUENCE 8

Mes élèves savent-ils :

❍ expliquer ce qu'est la « petite voix » et remarquer quand ils se « parlent » dans leur tête ?

❍ expliquer ce qu'est une image mentale et remarquer quand ils en « voient » une dans leur tête ?

❍ décrire ce qu'est une PAM (proposition de Passer à Autre chose de Mieux) et expliquer pourquoi les PAM ont tendance à nous distraire ?

❍ remarquer quand une PAM survient, l'« étiqueter » verbalement avec le mot « PAM » et marquer une pause avant de la suivre ou non ?

❍ utiliser la technique du « pensoscope » pour ressentir leur petite voix, la survenue d'une image mentale ou d'une PAM mais continuer à maintenir leur attention là où ils l'avaient fixée ?

❍ expliquer le sens des lettres du mot « RAPPEL » et pourquoi elles rappellent ce que doit faire le ou la funambule de l'attention ?

À LA MAISON

Demander aux élèves d'**expliquer l'exercice du pensoscope** à une personne de leur famille, ou à un·e ami·e qui ne connait pas cette technique.

SÉQUENCE 9

Les PIM du corps

Objectifs

- Découvrir et utiliser les « PIM », des programmes attentionnels constituant des « modes d'emploi pour bien se concentrer » lorsque l'on doit réaliser une action impliquant le corps.
- Identifier les situations qui nécessitent l'utilisation d'un PIM.
- Être capable de construire des PIM adaptés à ces situations.

Plan de la séquence 9

PRÉREQUIS ENSEIGNANT·E AVANT LA SÉQUENCE 9

❍ Je sais utiliser plusieurs PIM pour me concentrer sur des tâches manuelles ou corporelles, soit parce qu'elles sont délicates, soit pour ne pas faire d'erreurs quand je suis fatigué·e ou stressé·e, soit pour le plaisir d'être vraiment dans ce que je fais.

CONSEILS

- Cette séquence est plus adaptée aux plus grands (cycle 3), car les élèves seront peut-être plus à l'aise avec les concepts qu'elle mobilise. Libre à vous cependant de la tenter avec des élèves plus jeunes (dès le CP), en adaptant les exemples choisis.
- Attention à ne pas communiquer l'idée fausse et décourageante qu'il faudrait un PIM pour chaque action de sa vie quotidienne ! Les PIM servent surtout à s'assurer qu'on est bien concentré sur certaines tâches qu'il ne suffit pas de faire sans réfléchir pour réussir.

ACTIVITÉ 1

Je découvre les PIM

Objectifs

- Découvrir ce qu'est un programme attentionnel (« PIM »).
- Comprendre que l'on peut utiliser ce type de programme comme un mode d'emploi pour mieux se concentrer sur une activité.

Durée : 🕒🕒🕒
Matériel :
- DOCS 136 à 137
- livret ATOLE
- catalogue des PIM (optionnel)
Vidéos : « Séparer les blancs des jaunes », « L'escalade »

DÉROULEMENT DE L'ACTIVITÉ

Étape 1 : **Découvrir ce qu'« être concentré » signifie vraiment**

• **Demander à un·e élève de venir au tableau et de prendre un verre d'eau presque plein** dans ses mains. Annoncer à la classe qu'il/elle va devoir marcher jusqu'à la porte sans le renverser.
→ Vous pouvez aussi prendre vous-même ce verre d'eau, ou demander aux élèves d'imaginer cette situation.
• **Demander : « Quel conseil précis donneriez-vous à votre camarade** pour être sûr qu'il/elle se concentre bien ? »
→ Si certains élèves répondent « De bien se concentrer », leur demander : « Et si, justement, il/elle ne sait pas comment se concentrer ? Quel conseil plus précis pourrais-tu lui donner ? »
• **Demander : « Est-ce que c'est facile d'expliquer à quelqu'un comment se concentrer ? »**
→ Constater avec les élèves que non.
• **Expliquer :** « Dans les séances qui viennent, nous allons apprendre comment expliquer à quelqu'un, et à soi-même, ce qu'il faut faire pour être bien concentré. »

Étape 2 : **Découvrir un mode d'emploi pour se concentrer : le PIM**

• **Poursuivre sur l'exemple de l'eau à ne pas renverser :**
– **noter le mot « Perception » au tableau, puis interroger les élèves :** « Que doit regarder, entendre, ou sentir en priorité votre camarade pour réussir à ne pas renverser d'eau ? » Aider si besoin les élèves par des propositions absurdes : « Doit-il/elle regarder le plafond ? ses ongles ? »
Expliquer : « J'aimerais savoir ce qu'il lui faut percevoir en priorité, ce à quoi il/elle doit faire attention. »
→ L'élève doit regarder non seulement l'eau, mais plus précisément encore l'écart entre l'eau et le haut du verre (une perception visuelle). C'est ça qu'il est vraiment important de regarder.
– **noter le mot « Intention » au tableau puis interroger les élèves :** « Que cherche à faire votre camarade, précisément ? » Guider là aussi éventuellement les élèves par l'absurde : « À regarder comment l'eau reflète la lumière ? À pouvoir redessiner le verre juste après ?... »
Expliquer : « J'aimerais connaitre son intention, ce qu'il/elle cherche à faire. »
→ L'élève doit veiller à ce que la surface de l'eau n'atteigne pas le haut du verre : c'est ce qu'il/elle doit chercher à faire, ce qui vous permet de savoir s'il/elle réussit ou non.
– **noter le mot « Manière d'agir » et interroger les élèves** : « Comment doit réagir votre camarade pour y arriver ? Que doit-il/elle faire attention à bien faire ? Quel mouvement lui faut-il contrôler ? » Guider éventuellement les élèves par l'absurde : « Ceux de ses pieds ? de sa langue ? »
→ Ceux de sa main : l'élève doit faire attention à bien contrôler les mouvements de sa main pour ne pas renverser l'eau. C'est sa Manière d'agir pour que tout se passe bien.

• **Expliquer :** « C'est ce que votre camarade doit faire attention à bien faire. C'est la manière dont il/elle peut contrôler que tout se passe selon son intention. »

• **Récapituler :** « Tout au long de sa mission, votre camarade devra donc faire bien attention à une perception (entourer la lettre "P"), bien contrôler une manière d'agir (entourer le "M"), et bien garder en tête son intention (entourer le "I"). »

• **Répéter les lettres « P », « I » et « M »** en montrant qu'elles forment le mot « PIM » : « Un PIM est donc un mode d'emploi qui indique exactement ce qu'il faut faire pour être bien concentré. »

• **Demander :** « Que pourra-t-on dire de votre camarade s'il/elle utilise bien ce PIM tout au long de sa mission ? »

→ On pourra dire de cet·te élève qu'il ou elle est très concentré·e sur ce qu'il/elle est en train de faire, sur sa mission.

• **Demander :** « Peut-on lui expliquer davantage comment se concentrer ? »

→ Non.

• **Présenter un moyen mnémotechnique** pour se souvenir des trois éléments d'un PIM (**DOCUMENT 136**) : **Pouce pour « Perception », Index pour « Intention », Majeur pour « Manière d'agir et de réagir »**. L'élève compte sur ses doigts pour vérifier qu'il/elle a bien identifié les trois éléments de son PIM, son mode d'emploi pour être bien concentré·e.

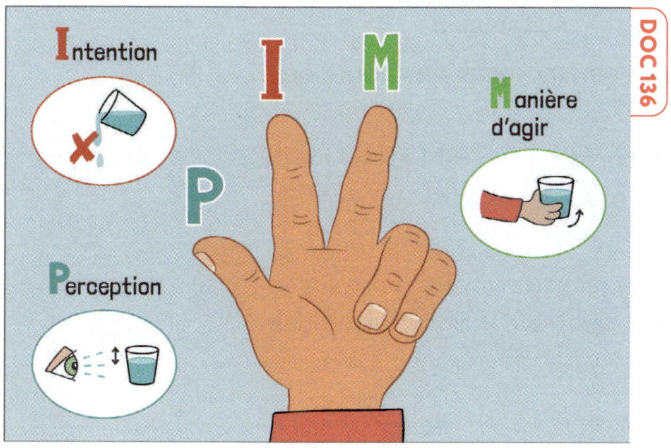

• **Expliquer que lorsqu'on demande aux élèves de « se concentrer davantage »** ou de « ne pas se laisser distraire », on leur demande en fait d'appliquer sans discontinuer un PIM, comme celui qui vient d'être vu, pour rester bien connecté et ne pas tomber de la poutre.

• **Projeter le DOCUMENT 137.**

• **Expliquer : « Grâce à cette technique du PIM, quand vous devez vous concentrer sur quelque chose, vous réveillez le bon neurone chef** et la bonne équipe de neurones pour l'aider. Tant que vous gardez votre PIM, vos neurones chefs sont bien réveillés et font travailler ensemble les bons neurones pour percevoir et agir. Sinon, vos neurones travaillent avec ceux dont ils ont l'habitude. Ça peut marcher, mais seulement pour ce qui est facile. »

Étape 3 : **Appliquer ce mode d'emploi à d'autres exemples de missions**

• **Proposer aux élèves de trouver un PIM pour verser du lait dans un bol** sans en mettre à côté.

→ Par exemple :

– **P** (Perception) = à quoi dois-je faire attention ? Je regarde le lait qui coule dans le bol ;

– **I** (Intention) = qu'est-ce que je cherche à faire ? Que le lait s'écoule doucement au milieu du bol, jusqu'à ce qu'il arrive au niveau désiré ;

– **M** (Manière d'agir) = que dois-je faire attention à bien contrôler ? Je dois bien ajuster la position et l'inclinaison de la bouteille avec ma main.

• **Proposer aux élèves de trouver un PIM pour prendre un selfie bien cadré.**

→ Par exemple :

– **P** = je regarde l'espace entre mon visage et le bord de l'écran ;

– **I** = je veux que cet espace soit le même de tous les côtés de mon visage, avec le nez bien au centre ;

– **M** = j'ajuste avec mon poignet l'angle du téléphone.

VARIANTES Vidéo **« Séparer les blancs des jaunes »** (durée 24'') où l'on voit une personne casser un œuf et effectuer cette manipulation ; Vidéo **« L'escalade »** (durée 18''), où l'on voit une fille progresser sur un mur d'escalade, prise après prise.

→ Pour chaque vidéo, demander aux élèves si, selon eux, la personne est concentrée sur ce qu'elle fait. Détailler avec eux le PIM pour chacune de ces activités. À quoi les personnes de ces vidéos doivent-elles faire attention (P) ? Quelle est leur intention (I) ? Quelle manière d'agir (M) emploient-elles pour cela ?

→ Faire observer aux élèves que dans les deux cas, on voit bien que la personne se réajuste, comme un·e funambule, pour bien suivre son PIM et rester sur sa poutre.

CONSEIL

Ne pas hésiter à multiplier les exemples, à partir d'autres PIM (voir l'annexe « Catalogue des PIM » p. 195).

Étape 4 : **Comprendre le lien entre PIM et minimissions**

• **Expliquer :** « Dans les différents exemples de cette activité, la minimission est très claire (déplacer un verre d'eau, remplir un bol…). On voit très clairement ce qu'il faut faire. Parfois, il suffit de vouloir le faire pour y arriver. D'autre fois, **on peut avoir besoin d'un mode d'emploi** pour savoir exactement comment procéder et rester bien concentré pour y arriver. C'est là qu'il faut un PIM. »

• **Préciser : « Le PIM donne le mode d'emploi pour se concentrer** et réussir la minimission, quand celle-ci est difficile (poutre étroite ou haute). **Parfois, le PIM ne sert qu'à un moment particulier de la minimission.** Par exemple, vider le lave-vaisselle, c'est une mission très claire, mais il faudra peut-être un PIM juste au moment de ranger les verres très fragiles. »

→ Il peut aussi y avoir plusieurs PIM dans une mini-mission (par exemple, pour peindre : un PIM pour prendre de la peinture avec son pinceau, et un autre pour poser la couleur sur la feuille. Les deux PIM alternent l'un avec l'autre).

Dans le livret ATOLE, demander aux élèves de compléter la signification de l'acronyme « PIM ».

→ livrets CE et CM p. 34

→ Il est possible de faire construire aux élèves leur propre petite carte « PIM » pour qu'ils se rappellent la signification des lettres.

VIDÉOS

Séparer les blancs des jaunes (24")	L'escalade (18")
media.mdi-editions.com/s9a1	media.mdi-editions.com/s9a12

RÉACTIVATION

→ **Annoncer : « La dernière fois, nous avons découvert un mode d'emploi pour bien se concentrer.** Il se résume en 3 lettres, qui peut me dire lesquelles ? Que signifient-elles ? » puis les écrire au tableau.

→ **Demander aux élèves : « Quel est le moyen mnémotechnique** pour s'en souvenir ? » (Pouce, Index, Majeur)

→ **Demander aux élèves d'expliquer pourquoi on dit qu'un PIM est un mode d'emploi pour bien se concentrer** (parce qu'il précise exactement ce qu'il faut faire).

→ **Donner un exemple de mission simple** (tenir un bâton en équilibre sur la paume de la main) et **demander aux élèves de décrire le PIM correspondant.**

ACTIVITÉ 2

Je choisis une bonne cible pour mon attention, à percevoir en priorité

Objectif

- Comprendre que dans un PIM, le « P », c'est-à-dire ce que l'on peut essayer de « percevoir en priorité », doit être immédiat à trouver avec son attention.

Durée :
Matériel : aucun

DÉROULEMENT DE L'ACTIVITÉ

Étape 1 : **Comprendre ce qu'est une bonne cible pour notre attention**

• **Expliquer : « Le "P" du PIM, c'est la cible de notre attention :** quelque chose que l'on peut décider de regarder, écouter, sentir, etc. avec l'assurance d'y arriver. »

• **Donner un exemple :** « Par exemple, lorsqu'on remplit un verre d'eau, on peut décider de bien regarder l'écart entre le niveau de l'eau et le haut du verre : regarder cet écart, on en est capable et on est sûr d'y arriver. »

→ Si on demande aux élèves de faire attention à l'esthétique d'un paysage ou à la qualité d'un style littéraire, ils auraient beau avoir déjà entendu ces mots, il ne leur serait pas possible d'y arriver car cette cible ne signifierait rien de précis pour eux.

• **Insister :** « Le "P" du PIM, ce que vous devez percevoir (regarder, écouter, sentir...), doit être vraiment **très simple à trouver pour vous :** votre cerveau doit pouvoir l'identifier en une fraction de seconde. »

• **Donner un exemple :** « Lorsque vous devez trouver Charlie sur un dessin, le "P" du PIM, c'est "ce qui est rouge et blanc". C'est ce que vous devez chercher, ce à quoi vous devez faire attention. C'est très simple de faire attention à tout ce qui est rouge et blanc. »

• **Donner un contrexemple :** « Mais si vous cherchez une pièce de puzzle particulière dans la boite, vous ne pouvez pas décider d'y faire attention. Donc vous faites attention à quelque chose de plus simple : les pièces qui ont un bord droit, par exemple, qui se reconnaissent au premier coup d'œil. »

Étape 2 : **Identifier une bonne cible pour constituer le « P » du PIM**

• **Proposer aux élèves la liste de perceptions suivante** et leur demander d'identifier celles qui pourraient être utilisées dans les PIM :
– les fautes d'orthographe d'un texte (compliqué) ;
– les objets bleus de la pièce (simple) ;
– le mouvement d'une voiture (simple) ;
– la ligne mélodique d'une chanson (simple une fois la définition expliquée).

• **Demander aux élèves de trouver des exemples de « bonnes cibles »** pour l'attention dans un PIM, c'est-à-dire de cibles « évidentes à trouver ». Préciser qu'elles doivent être perceptibles par nos cinq sens (cela ne peut pas être des images mentales, par exemple).

• **Chercher ensuite des exemples de cibles** « compliquées à trouver ».

• **Préciser :** « Si une cible est simple, on peut répondre immédiatement à une question sur cette cible. Par exemple, "Est-ce que l'eau est trop près du bord du verre ?", c'est simple, je sais tout de suite à quoi faire attention. "Est-ce que cette tour de kapla est stable ?", c'est moins simple. "Est-ce que mon explication est claire ?", ce n'est pas simple. »

• **Expliquer :** « Dès que voulez arriver à un certain résultat ("un texte sans faute d'orthographe", "un gâteau assez sucré"), il vous faut **un moyen de vérifier que tout est bien comme vous le souhaitez**, et donc quelque chose à vérifier en y faisant attention. Cela doit être une cible simple, que vous pouvez trouver avec votre attention. »

RÉACTIVATION

→ **Reprendre l'exemple du bâton à faire tenir en équilibre sur la paume de la main.** Demander : « Est-ce que le "P" ("perception") peut être "Avoir l'impression de bien faire l'exercice" ? »

→ **Expliquer que cela ne précise pas du tout ce à quoi je dois vraiment faire attention,** ni ce que je dois faire pour réagir.

→ Rappeler aux élèves qu'une cible « simple » pour l'attention, dans ATOLE, c'est **quelque chose à quoi on peut immédiatement faire attention**, sans hésitation.

ACTIVITÉ 3

Je choisis bien ma manière d'agir

Objectifs

- Être capable de définir la manière d'agir dans un PIM.
- Savoir choisir comme manières d'agir des actions que l'on sait déclencher ou contrôler en étant sûr d'y arriver.

Durée : 🕒🕒
Matériel : aucun

DÉROULEMENT DE L'ACTIVITÉ

Étape 1 : **Comprendre ce qu'est une manière d'agir pertinente dans un PIM**

• **Rappeler aux élèves la signification de « PIM ».** Leur demander s'ils se rappellent comment ils peuvent être sûrs d'avoir bien choisi le **« P »** (activité 2, p. 165).
→ Ils doivent pouvoir y faire attention immédiatement, sans hésitation. Le « P » doit être très simple à percevoir pour eux.

• **Annoncer aux élèves qu'ils vont à présent apprendre à bien choisir le M** (manière d'agir) du PIM.
→ L'intention (« I ») a été abordée en séquence 5 (p. 96).

• **Expliquer : « Le M doit être une action très simple pour nous,** qu'il nous suffit de vouloir faire pour y arriver. Par exemple, "ajuster l'inclinaison de la main en tournant plus ou moins le poignet". »

• **Poursuivre :** « Si on ne sait pas bien comment s'y prendre pour bien faire ce "M", c'est qu'il est mal choisi. On ne va pas pouvoir bien contrôler qu'on fait bien comme il faut. Il faut en choisir un plus simple et adapté. »

• **Donner un exemple :** « Si dans un PIM, le "M", c'est "parler plus fort", est-ce que tout le monde a compris ce que cela veut dire ? Est-ce que tout le monde saurait faire attention à parler bien fort ? »

• **Donner un contrexemple :** « Si dans un PIM, le "M", c'est "parler intelligiblement", est-ce que tout le monde saurait comment parler intelligemment ? »
→ Le « M » (manière d'agir) n'est pas adapté dès lors que l'élève ne voit pas bien comment s'y prendre ou que ce n'est pas clair pour lui/elle. Cela dépend aussi des compétences de chacun : « parler plus fort » est clair pour tout le monde ; « chanter plus juste » peut être très clair pour certains et ne rien évoquer pour d'autres.

Étape 2 : **Identifier une bonne manière d'agir dans un PIM**

• **Proposer aux élèves la liste de manières d'agir suivante** et leur demander d'identifier celles qui seraient adaptées dans un PIM, c'est-à-dire celles que l'on est sûr de pouvoir « faire attention à bien faire » :
– tenir en équilibre (pas forcément simple, c'est donc plus une intention qu'un mode d'action) ;
– ramener son buste à la verticale dès qu'on remarque qu'on part sur le côté (simple) ;
– serrer les deux pieds l'un contre l'autre (simple) ;
– lancer une boulette de papier dans la corbeille (c'est plutôt une intention, quelque chose qu'on souhaite faire, sans être sûr d'y arriver) ;
– faire un mouvement de la main avec la boulette vers le haut et l'avant en direction de la corbeille (simple) : sur ce dernier exemple, on voit bien qu'on ne peut pas demander à quelqu'un de « faire attention à bien lancer la boulette dans la corbeille », car il demandera aussitôt « Comment ? » ; en revanche, on peut lui demander de « faire attention à bien faire un mouvement de la main vers le haut et l'avant » ;
– faire un geste des doigts pour lancer une toupie (simple) ;

– maintenir son regard en direction du tableau sans jamais dévier (c'est une intention, car le regard peut s'échapper) ;
– ramener son regard vers le tableau dès que l'on constate qu'il s'est échappé (simple) ;
– faire le geste des doigts pour faire ses lacets (simple seulement si on sait faire ses lacets).

• **Demander aux élèves de proposer à l'oral d'autres exemples de manière d'agir.** Trier avec la classe celles qui peuvent être intégrées à un PIM et celles qui ne sont pas adaptées.

RÉACTIVATION

→ Demander aux élèves de **rappeler les trois composantes d'un PIM.**

→ Demander comment on peut savoir, dans un PIM, que **la manière d'agir définie est bien choisie** (ce doit être quelque chose qu'on est sûr de pouvoir réussir, ou contrôler, sans hésitation).

ACTIVITÉ 4

Je définis un PIM pour une activité corporelle

Objectif

- S'entrainer à construire des PIM efficaces pour réaliser des activités corporelles.

Durée : 🕒🕒
Matériel :
- DOC 138 (variante)
- livret ATOLE

DÉROULEMENT DE L'ACTIVITÉ

• **Expliquer : « Aujourd'hui, nous allons apprendre à construire des PIM** pour des activités manuelles ou corporelles. Dans ces PIM :
– **le "P" de "Perception"** désigne un élément qu'on perçoit autour de soi, dans son environnement extérieur ;
– **le "M" de "Manière d'agir"** désigne une action faite avec le corps.

• **Choisir avec les élèves des actions du quotidien**, scolaires ou non, qui mobilisent le corps, et construire avec eux les PIM correspondants. Ce travail peut également être réalisé par petits groupes.

• **Exemples** :

Colorier un mandala :
– **P :** regarder les bords du coloriage ;
– **I :** colorier une zone bien délimitée sans dépasser ;
– **M :** contrôler les mouvements des doigts pour bien tenir le crayon et maitriser le tracé.

Tracer un cercle au compas :
– **P :** regarder la mine du compas ;
– **I :** faire un cercle précis ;
– **M :** contrôler les mouvements des doigts pour faire tourner le compas à 360° sans lever la pointe ni la mine de la feuille.

• **Demander régulièrement** aux élèves, pendant d'autres cours, de vous décrire brièvement le PIM qu'ils utiliseraient pour réaliser une action précise.

→ **RITUEL** « Les PIM » p. 175

CONSEIL EPS
Les séances d'EPS constituent des occasions idéales pour demander aux élèves de définir des PIM leur permettant de mieux se concentrer et mieux contrôler leur corps.

VARIANTE
Le jeu « Trio PIM » (DOCUMENT 138)

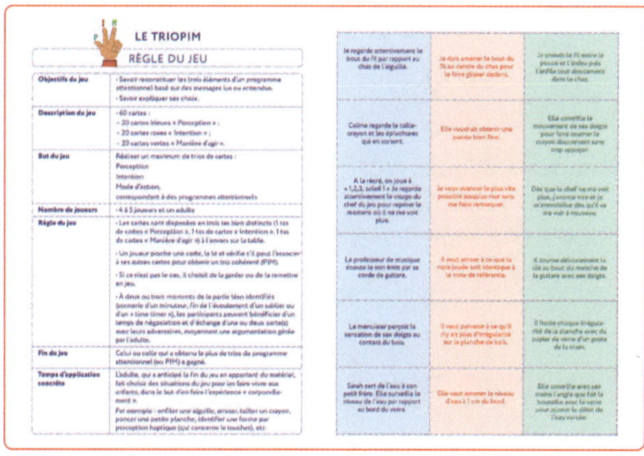

DOC 138

Ce jeu aide les élèves à comprendre comment fonctionnent les PIM et comment en créer de nouveaux. Le but du jeu est de rassembler, à partir d'un ensemble de cartes, un maximum de trios de cartes « Perception – Intention – Manière d'agir » pouvant constituer un PIM.
Les exemples renvoient à des situations de la vie quotidienne à l'école et en dehors de l'école.
Les personnages dans les exemples sont des enfants mais aussi des adultes, pour signifier qu'eux aussi sont concernés par l'équilibre attentionnel.

Dans le livret ATOLE, proposer aux élèves :

– CE CM de compléter le PIM pour « découper selon des pointillés » et d'en imaginer un pour « porter son plateau à la cantine »
→ livrets CE et CM p. 34 ;

– CM de choisir l'une des trois tâches proposées et de décrire le PIM qu'ils utiliseraient pour la réussir en étant bien concentré.
→ livret CM p. 35

RÉACTIVATION

→ **Faire « construire » un PIM** par la classe, pour une activité corporelle ou manuelle simple.

→ Rappeler que pour une même activité, **deux élèves peuvent préférer utiliser deux PIM différents.**

ACTIVITÉ 5

Je me connecte grâce aux PIM

Objectif

- Comprendre pourquoi les PIM aident à se connecter à ce que l'on fait.

Durée :
Matériel : aucun

DÉROULEMENT DE L'ACTIVITÉ

• **Prendre un stylo dans votre main et demander aux élèves de le suivre du regard** quand vous le déplacez. Illustrer ainsi et rappeler la notion de **connexion** (séquence 1, p. 44) : les yeux suivent le stylo, car on fait attention à ce stylo.

• **Demander :** « Connaissez-vous des sports où l'on doit faire attention à suivre un objet du regard ? »

• **Commenter :** « Au tennis, au foot ou au basket par exemple, le spectateur suit la balle ou le ballon avec des mouvements des yeux ou de la tête : il est connecté à l'action, mais avec un PIM différent de celui des joueurs. **Le joueur** va chercher à positionner son corps et à ajuster son geste par rapport à la balle. **Le spectateur**, lui, reste statique et cherche plutôt à ne rien rater du spectacle. »

• **Expliquer : « Être concentré, c'est être connecté** à ce que l'on perçoit, avec une intention particulière qui est très différente selon que l'on est spectateur ou acteur. Le PIM, c'est le mode d'emploi pour se connecter. »

• **Demander : « Quel est le PIM pour bien suivre le stylo du regard ?** Que doit-on percevoir ? Avec quelle intention ? Et de quelle manière doit-on agir ? »

• **Aider si besoin les élèves à décrire :** « Je vois le stylo avec pour intention de le quitter le moins possible du regard, et pour cela j'agis en bougeant les yeux ou la tête. »

• **Expliquer :** « C'est parce que vous utilisez ce PIM que vous êtes connecté, que vous réagissez aux mouvements du stylo. Avec le PIM, on réagit à ce à quoi on fait attention, on y est connecté. »

• **Demander : « Qu'est-ce qui peut vous distraire** quand vous essayez de faire tenir en équilibre un bâton dans la paume de votre main ou lorsque vous traversez une poutre ? Comment réagissez-vous à ces distractions ? »

→ Par exemple : « Les rires, les commentaires », « Je regarde untel », « J'essaie de ne pas les écouter, mais je n'y arrive pas ».

• **Montrer que, dans ce cas, la distraction interrompt le PIM :** pendant quelques instants, on ne perçoit plus ce à quoi on devait faire attention, mais autre chose, et on ne veille plus à bien contrôler ce qu'on devait contrôler. Le PIM s'arrête : on est déconcentré.

RÉACTIVATION

→ **Demander aux élèves pourquoi un PIM permet de bien se connecter** à quelqu'un ou à ce qu'on fait.

→ **Rappeler l'exercice où l'on doit suivre un stylo** avec le regard.

ACTIVITÉ 6

Je détermine si j'ai besoin d'un PIM ou pas

Objectif

- Savoir déterminer si, pour une situation donnée, un PIM est utile ou non.

Durée : 🕒🕒
Matériel : DOC 28

DÉROULEMENT DE L'ACTIVITÉ

ATTENTION
Il est important de bien faire distinguer aux élèves :
– les activités qui demandent d'imaginer un nouveau PIM ;
– celles, plus nombreuses, qui demandent simplement de se souvenir d'un PIM déjà utilisé par le passé dans la même situation ;
– celles, encore plus nombreuses, qui n'ont pas vraiment besoin d'un PIM (il serait bien fastidieux d'en imaginer un pour chaque moment de sa vie quotidienne). Les PIM possèdent généralement un caractère facultatif.

• **Demander aux élèves de rappeler un exemple de PIM**, puis leur demander : « À votre avis, faut-il imaginer un PIM pour lever la main pour répondre en classe ? » Leur poser la même question avec d'autres exemples : boire un verre d'eau, éteindre la lumière, ouvrir son cahier, fermer son cartable…

• **Constater à partir de ces exemples que pour des actes faciles**, très souvent répétés et sans risque (se moucher, par exemple), **on n'a pas besoin d'utiliser un PIM**. C'est le cas pour de nombreuses situations, à l'école comme dans la vie quotidienne, que l'on fait efficacement sans avoir besoin de se concentrer.

• **Demander aux élèves si, malgré tout, il leur arrive de rater** parfois certains de ces actes simples.
→ Si cela arrive régulièrement, alors un PIM peut être utile, notamment quand on est fatigué ou très distrait.

• **Faire remarquer que pour la plupart des autres actions,** nous nous retrouvons souvent à devoir effectuer les mêmes actes simples, pour lesquels nous pouvons utiliser « le même PIM que la dernière fois ».
→ Par exemple : rattraper un ballon, porter quelque chose de fragile, attraper un cochon d'Inde sans lui faire mal (ou lui donner à manger sans se faire mordre), refermer une porte sans bruit, marcher le matin sans réveiller toute la maison...

• **Projeter à nouveau le DOCUMENT 28** (séquence 2, p. 58) et demander aux élèves d'indiquer sur l'image dans quelle(s) situation(s) un PIM peut être nécessaire selon eux.

DOC 28

• **Conclure :** « Au final, **Minimoi a besoin d'un PIM quand sa minimission est risquée et/ou difficile,** c'est-à-dire quand la poutre à traverser est étroite ou haute. »

• **Indiquer aux élèves une série d'actions et demander pour chacune s'il faut un PIM ou pas**, par exemple :
– « casser un œuf » (non) ;
– « casser un œuf sans faire tomber le moindre bout de coquille » (peut-être) ;
– « séparer le jaune du blanc sans faire tomber de morceau de coquille » (sans doute : quel PIM alors ?).

• **Demander aux élèves de proposer d'autres exemples d'actes très simples** de la vie quotidienne ou scolaire (verser sans renverser, coller une feuille, colorier sans dépasser…), puis décider avec la classe s'il faut un PIM ou pas.

→ Pour continuer à jouer avec les PIM, les élèves peuvent essayer d'en découvrir d'autres pour des petites actions de la vie quotidienne. Par exemple, pour « Manger des céréales » :

– « P » = le gout des aliments dans la bouche ;

– « I » = observer les changements de la sensation gustative à chaque fois que l'on mâche ou avale ;

– « M » = mâcher, bouger la langue.

Cela s'appelle manger avec attention ! C'est ce que font les grand·e·s chef·fe·s lorsqu'ils ou elles goutent leurs plats pour améliorer leur recette.

RÉACTIVATION

→ **Au fil de la classe, avant de commencer une activité,** demander aux élèves : « À votre avis, faut-il un PIM ici ? Qui pense que oui ? » Le cas échéant, le construire ensemble.

→ **Rappeler qu'on n'a pas toujours besoin d'un PIM.**

→ **Demander des exemples d'activités qui demandent, ou non, un PIM** – soit parce qu'elles sont difficiles, soit pour le plaisir de les faire en étant concentré.

ACTIVITÉ 7 (FACULTATIVE)

Je me connecte à une sensation intérieure

Objectifs

- Apprendre à se concentrer sur sa respiration pour mieux se calmer.
- Comprendre le lien entre les PIM et les techniques de méditation.

Durée :
Matériel : aucun

DÉROULEMENT DE L'ACTIVITÉ

CONSEIL
Cette activité facultative s'adresse notamment aux enseignant·e·s qui utilisent la méditation en classe. Elle permet d'insérer cette pratique dans le programme ATOLE.

• **Proposer aux élèves de se concentrer sur leur respiration** en utilisant le PIM suivant :
– « **P** » : percevoir la sensation du souffle dans les narines quand on expire ;
– « **I** » : essayer de suivre la sensation du souffle dans les narines le plus longtemps possible ;
– « **M** » : ramener son attention sur la sensation, dès que l'on constate que l'attention est partie ailleurs.

• **Expliquer que ce PIM correspond à une forme de méditation** utilisée pour calmer l'attention, pour éviter que celle-ci « sautille » sans arrêt. Faire de la méditation, c'est utiliser un PIM particulier.

→ Cet exercice renvoie à celui sur le maintien de l'intention dans l'activité 2 de la séquence 5, dédiée à l'oubli de l'intention (OUIN), p. 99.

RÉACTIVATION

→ **Rappeler ce PIM avant chaque « séance » de méditation.**

SÉQUENCE 9

Synthèse

À RETENIR

→ **LES PIM** sont des modes d'emploi précis pour bien se concentrer sur une tâche à réaliser.

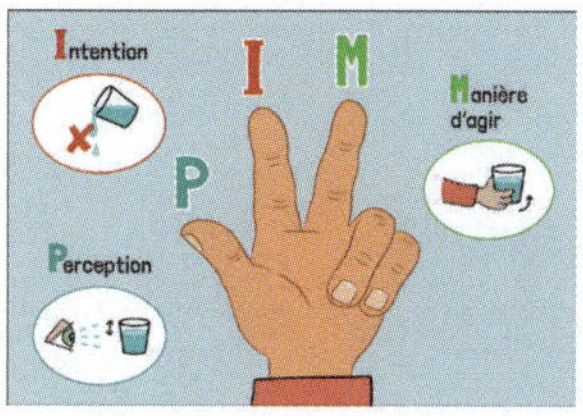

Perception, **I**ntention et **M**anière d'agir constituent trois composantes à préciser clairement dans un PIM, pour savoir comment se concentrer. On peut s'en rappeler avec **P**ouce, **I**ndex et **M**ajeur.

RITUELS

Les PIM

Quand ? Au fil de la classe, dès que les élèves s'apprêtent à réaliser une activité corporelle qui leur demande d'être bien concentré.

Comment ?

• Demander aux élèves d'indiquer avec leurs doigts (**P**ouce, **I**ndex, **M**ajeur) la **P**erception, l'**I**ntention et la **M**anière d'agir qu'ils doivent privilégier pour être bien concentré.

• Montrer éventuellement l'affiche PIM ou renvoyer à la carte PIM fabriquée par les élèves (fin d'activité 1, p. 164).

Pourquoi ? En répétant ce rituel, les élèves constateront que **les PIM à utiliser pour les petites actions délicates de la vie quotidienne sont souvent un peu les mêmes**. Ils prendront l'habitude de les utiliser pour se connecter rapidement à ce qu'ils font.

→ DANS LES LIVRETS ATOLE CE p. 35 et CM p. 36

QUIZ

Les quiz CE et CM de la séquence 9, individuels et écrits, se trouvent page 35 du livret ATOLE CE et page 36 du livret CM. Leur corrigé se trouve à la fin de ce guide (p. 205).

Il n'est pas proposé de quiz dans cette séquence pour le niveau CP, puisque celle-ci n'est pas prévue dans la progression de ce niveau.

BILAN DE FIN DE SÉQUENCE 9

Mes élèves savent-ils :

❍ ce que veut dire « PIM » ?

❍ nommer et utiliser un PIM pour privilégier une Perception, une Intention et une Manière d'agir permettant de bien se concentrer sur une activité corporelle simple ?

❍ choisir, pour le « P » de leur PIM, une bonne cible pour leur attention, immédiate à Percevoir ?

❍ distinguer les Manières d'agir à privilégier dans un PIM de celles qui sont trop complexes ?

❍ identifier par eux-mêmes la Perception, l'Intention, la Manière d'agir qu'ils doivent privilégier pour une activité corporelle simple ?

❍ utiliser le moyen mnémotechnique Pouce, Index, Majeur pour y arriver ?

❍ déterminer pour une tâche donnée s'ils doivent utiliser un PIM ou non ?

À LA MAISON

Demander aux élèves d'**identifier une activité corporelle simple** qu'ils font chez eux et qui demande de la concentration, et d'**inventer un PIM** pour la réussir en étant bien concentré·e.

SÉQUENCE 10

Les PIM pour les actions mentales

Objectifs

- Comprendre, utiliser et créer des PIM pour se concentrer sur des actions mentales.
- Apprendre à se servir de manière régulière d'un répertoire de PIM pour les activités scolaires.

Plan de la séquence 10

PRÉREQUIS ENSEIGNANT·E AVANT LA SÉQUENCE 10

❍ Je sais utiliser plusieurs PIM pour me concentrer sur des actions mentales dans lesquelles ma Perception (la cible de mon attention) ou ma Manière d'agir sont mentales.

❍ Je sais me servir de tels PIM pour me concentrer immédiatement sur une nouvelle tâche (écouter quelqu'un me décrire quelque chose, lire une explication…).

ACTIVITÉ 1

J'utilise ma « petite voix » pour mieux mémoriser

Objectifs

- Découvrir l'action mentale consistant à utiliser sa « petite voix ».
- Apprendre à se servir de sa petite voix pour mieux mémoriser.

Durée : 2 unités de temps (2 pictogrammes horloge)
Matériel :
DOC 139

DÉROULEMENT DE L'ACTIVITÉ

Étape 1 : Expérimenter à nouveau la « petite voix »

• **Annoncer aux élèves qu'ils vont devoir retenir pendant quelques secondes une phrase** dans une langue étrangère en se la répétant dans leur tête, sans parler.

→ Choisir une phrase dont les élèves ont peu de chances de connaitre la signification, par exemple : ***« en puhu suomea »***, qui signifie « je ne parle pas finnois ».

• **Prononcer cette phrase** et attendre une dizaine de secondes, puis demander à la classe de la répéter le plus précisément possible.

• **Interroger un·e élève :** « Comment t'y es-tu pris·e ? As-tu **entendu une "petite voix" dans ta tête** pendant que tu devais maintenir la phrase en mémoire ? L'as-tu entendue ou répétée une ou plusieurs fois ? »

• **Rappeler aux élèves que vous avez déjà parlé de cette « petite voix »** dans le programme ATOLE (séquence 1 p. 35, → RITUEL **« Le perroquet » p. 46**).

→ Si un·e élève répond avoir « vu » la phrase écrite dans sa tête, demander s'il/elle se rappelle comment on appelle cela. Rappeler alors le terme d'« image mentale » (voir séquence 8, activité 2, p. 152). Préciser qu'il s'agit d'une autre manière de mémoriser la phrase, mais qui est moins efficace pour retenir la manière de la prononcer (intonation, accent…).

VARIANTE 1

À l'occasion d'une poésie apprise par cœur, demander aux élèves d'écrire les deux premières lignes de la poésie de mémoire. Une fois l'exercice terminé, interroger les élèves pour savoir s'ils ont remarqué qu'ils récitaient la poésie « dans leur tête » au fur et à mesure.

VARIANTE 2

• **Demander à un·e élève de venir réciter la poésie sans émettre aucun son** mais en articulant bien (c'est-à-dire en montrant bien les gestes de la bouche), comme s'il/elle était derrière une vitre épaisse.

• **Prévenir que lorsque vous frapperez dans vos mains** une fois, l'élève devra stopper ses mimes : chacun devra alors dire à quelle phrase de la poésie il/elle en était.

• **Vérifier auprès de l'élève** qui réalisait le mime, et interroger les élèves : « Comment avez-vous su à quelle phrase il/elle en était dans sa poésie ? »

→ Réponse la plus probable : « Je me la récitais dans ma tête en même temps. »

Étape 2 : Utiliser la « petite voix » pour faire un exercice

• **Préparer les élèves :** « Nous allons maintenant faire comme si nous allions démarrer un exercice. Je vais donc vous lire un énoncé. »

• **Lire l'énoncé** (à choisir parmi ceux proposés dans le **DOCUMENT 139**) de manière assez rapide et à voix haute (les élèves ne doivent pas le voir).

• **Demander** ensuite simplement : « Qui a la réponse ? »

• **Attendre quelques instants avant d'interroger un·e élève** sur sa manière de procéder : **« T'es-tu répété la consigne**, ou quelques mots de la consigne, avant de commencer l'exercice ? As-tu utilisé ta petite voix ? », puis « Pendant que tu attendais d'être interrogé·e, as-tu utilisé ta petite voix pour te souvenir de ta réponse ? »

• **Répéter la situation à partir d'un exercice** extrait d'un cahier ou d'un manuel à disposition. Demander aux élèves d'ouvrir leur livre à la page concernée et de lire attentivement l'énoncé.
Les laisser réfléchir à l'exercice puis leur demander s'ils utilisent leur petite voix pendant la lecture de l'exercice, ou pendant qu'ils le font.
• **Demander : « À quoi vous sert votre petite voix dans ce cas ? »** Laisser venir les réponses puis guider éventuellement : « À mieux mémoriser la consigne ? À la comprendre ? »
• **Proposer une nouvelle situation :** noter une phrase au tableau et demander aux élèves de la recopier sur leur cahier. Interroger ensuite les élèves : « Avez-vous dû utiliser votre petite voix pour lire la phrase écrite au tableau ? Pour la retenir le temps de la noter ? Et pendant que vous la notiez ? »
• **Conclure avec les élèves :** « Cette petite voix, c'est un outil précieux qui nous sert tout le temps en classe. C'est une manière d'agir qui n'implique pas le corps, mais la "tête" : **une manière d'agir mentale**. »

RÉACTIVATION

→ **Proposer à nouveau aux élèves le test de la répétition de la phrase en finnois** et/ou leur demander de recopier sur leur cahier une phrase écrite au tableau.

→ **Vérifier ensuite avec les élèves que tous comprennent** ce qu'est la « petite voix ».

ACTIVITÉ 2

J'utilise des images mentales pour réussir un exercice

Objectifs

- Découvrir l'action mentale consistant à former une image mentale.
- Apprendre à se servir des images mentales pour visualiser correctement la réponse aux questions posées par un exercice.

Durée :
Matériel : DOC 140

DÉROULEMENT DE L'ACTIVITÉ

Étape 1 : Prendre conscience que certains exercices nous conduisent à créer des images mentales

• **Demander :** « Qui peut me rappeler ce qu'est une image mentale ? »

→ Si certains élèves ont oublié, reprendre l'exemple de la baleine blanche avec une tache noire (séquence 1, p. 37), ou leur demander d'imaginer un animal, par exemple un cheval blanc, puis de dire de quel côté regarde l'animal. Rappeler aux élèves que pour répondre, ils ont dû « regarder » une sorte d'image « dans leur tête », « sur leur écran mental ».

VARIANTE

On peut aussi demander aux élèves, sans l'écrire, si l'expression « un roc cornu » est un palindrome, c'est-à-dire si elle peut se lire dans les deux sens.

→ Bien rappeler aux élèves qu'une image mentale n'est pas forcément aussi détaillée qu'une vraie image.

• **Proposer l'un des exercices proposés dans le DOCUMENT 140** ou tout autre exercice de ce type qui nécessite la constitution d'image mentale.

• **Demander :** « Qui a utilisé une image mentale pour répondre ? »

• **Demander aux élèves ce qu'ils en ont fait**, comment ils s'en sont servi. Leur faire prendre conscience de l'aide que cette image a pu leur apporter pour faire l'exercice. Est-ce plus facile si l'image est plus nette ?

→ De nombreux exercices de mathématiques demandent la conversion d'une forme verbale en une forme visuelle : « un triangle ABC », « un train met deux heures pour aller de Anvers à Bruxelles »... Pour certains élèves, il peut être utile de matérialiser leur image mentale sur le papier, sous la forme d'un croquis par exemple, au fur et à mesure de la lecture.

• **Donner aux élèves des exemples d'exercices** ou d'activités qui supposent d'utiliser une image mentale (écouter comment se rendre quelque part, comment utiliser un micro-ondes...) et leur demander s'ils ont d'autres exemples qui leur viennent à l'esprit.

• **Leur rappeler la technique du « photographe »** (séquence 1, p. 46).

VARIANTE

Utiliser les images mentales pour résoudre des énigmes

• « Une chamelière a douze chameaux, tous meurent sauf un. Combien en reste-t-il ? »

• « Un berger doit faire passer une chèvre, un chou et un loup de l'autre côté d'une rivière avec sa barque. Il ne peut transporter qu'un seul autre élément avec lui. En l'absence du berger, le loup peut dévorer la chèvre, et la chèvre peut dévorer le chou. Comment doit-il s'y prendre ? »

→ La visualisation est nécessaire pour résoudre ces énigmes.

• **Expliquer qu'il ne faut pas hésiter à prendre un petit peu de temps**, lorsqu'on lit un énoncé, pour que les images mentales viennent.

• **Demander aux élèves : « Qui rencontre des difficultés** pour former des images dans sa tête ? »

→ Encourager les élèves qui ont des difficultés à stabiliser une image mentale à dessiner un petit schéma sur une feuille plutôt que d'essayer de s'imaginer quelque chose uniquement dans leur tête.

→ Il peut arriver que des élèves soient incapables de se former des images mentales. C'est l'« aphantasie », qui est parfois associée à une difficulté à dessiner de mémoire, à mémoriser les visages, à se souvenir de scènes précises...

Étape 2 : **Constater qu'être déconcentré fait facilement perdre une image mentale**

• **Faire ensuite avec la classe un exercice qui demande de former une image mentale** et de la garder en tête pendant quelques instants.

→ **Exemples :**

– donner un nom d'animal (cochon, poule, éléphant...) et demander aux élèves de dire si cet animal est plus grand ou plus petit qu'un chien ;

– annoncer un mot (« fenêtre ») et demander aux élèves de compter, sans écrire, le nombre de « e » dans chacun d'eux ;

– demander aux élèves de donner des noms d'animaux commençant par la lettre « B » ou « C »...

• **Choisir un autre exercice** mais, cette fois, distraire les élèves pendant l'exercice. On peut aussi leur demander de regarder autour d'eux pendant l'exercice ou de se distraire les uns les autres.

• **Demander : « Que se passe-t-il quand on est distrait** par un bruit ou un mouvement, alors que l'on essaye de créer ou de maintenir une image dans sa tête ? »

• **Demander : « Est-il facile de garder une image mentale dans sa tête lorsqu'on est déconcentré ? »** puis conclure avec les élèves : « Pour construire une image mentale utile pour réussir l'exercice, il faut bien se concentrer, sinon on la perd facilement. »

RÉACTIVATION

→ **Faire deviner aux élèves un anagramme.** Leur faire alors remarquer qu'ils ont sans doute pour cela utilisé leur écran mental, pour y voir une image mentale.

→ **Demander des exemples d'activités scolaires** où les images mentales sont utiles.

→ **Demander à un·e élève de rappeler ce qu'est une Manière d'agir mentale,** en donnant deux exemples (utiliser sa petite voix, ou dessiner une image mentale).

ACTIVITÉ 3

Je visualise une description orale sans me laisser distraire

Objectifs

- Apprendre à créer une image mentale à partir de ce qui nous est dit.
- Découvrir un premier exemple de PIM où la manière d'agir est mentale.
- Comprendre que ce type d'action mentale est très sensible à la distraction et qu'il faut être bien calme pour y parvenir.

Durée :
Matériel :
- DOC 141
- livret ATOLE

DÉROULEMENT DE L'ACTIVITÉ

Étape 1 : **Comprendre comment générer une image mentale à partir d'une description qu'on écoute**

• **Demander aux élèves de fermer les yeux** et de bien les garder fermés, puis les prévenir : « Je vais faire un dessin sur ma feuille à partir de plusieurs formes géométriques. Vous devez imaginer ce dessin dans votre tête au fur et à mesure pour deviner de quoi il s'agit une fois que j'aurai terminé. »

• **Annoncer : « Je commence par dessiner un gros rond sur ma feuille** *(le dessiner)*, puis un plus petit rond au centre *(le dessiner)*, puis deux ronds de cette même taille, juste au-dessus du petit rond et de chaque côté *(les dessiner)*, puis une forme de banane sous le rond du milieu, couchée les pointes vers le haut *(la dessiner)*, puis deux triangles posés sur le dessus du grand rond, qui pointent vers le haut, un peu à gauche et l'autre un peu à droite *(les dessiner également)*. »

• **Une fois le dessin terminé**, demander : « Sans ouvrir les yeux, **qui peut me dire ce que j'ai dessiné ?** »

→ Les élèves devraient répondre « un chat ».

• **Demander alors** : « Et que manque-t-il sur son visage ? »

→ Il y manque des moustaches.

• **Demander aux élèves d'ouvrir les yeux, montrer la figure réalisée** (ci-dessous) et y rajouter les moustaches.

• **Demander aux élèves si ce chat ressemble à celui qu'ils imaginaient** lorsqu'ils avaient les yeux fermés. Faire remarquer que s'ils sont capables de répondre à cette dernière question, c'est bien qu'**ils avaient créé une image de ce chat dans leur tête** lorsqu'ils avaient les yeux fermés.

→ Certains élèves auront probablement plus de mal que d'autres à former des images mentales. On peut leur proposer d'imaginer de faire les mouvements en même temps, comme s'ils dessinaient la forme.

VARIANTE

Réaliser un dessin à partir d'indications à l'oral

• **Proposer aux élèves de réaliser un dessin** à partir d'indications données seulement à l'oral. Préciser qu'ils ne doivent dessiner qu'une fois la description complète terminée.

→ Il est possible de donner le thème général du dessin (par exemple : « Ce sera une maison »).

• **Prendre un dessin géométrique facile à décrire** par étapes (exemples ci-dessous).

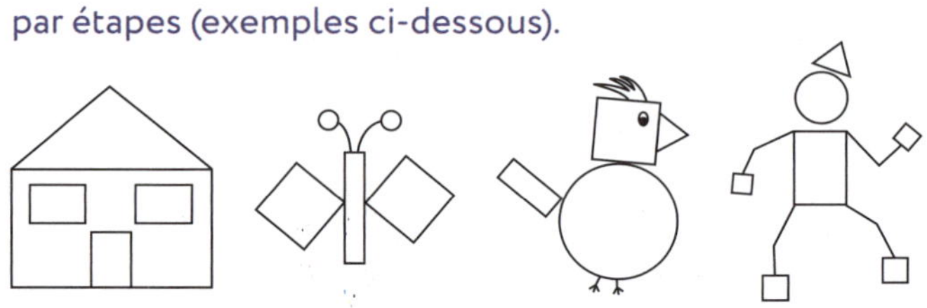

• **Dicter les formes une par une**, en précisant à chaque fois où l'élève doit la dessiner par rapport à la forme précédente.
→ **L'objectif n'est pas que le dessin de l'élève reproduise parfaitement le modèle** (cela n'arrivera jamais). En revanche, il est important d'amener l'élève à se rendre compte qu'il/elle s'est représenté les formes et/ou a imaginé « la maison » (ou autre thème) annoncée en amont dans sa tête et que cela l'a aidé·e (ou non) à dessiner sous la dictée.

• **Expliquer : « Grâce aux images mentales, nous pouvons donc dessiner dans notre tête**, sans feuille ni crayon : cela nous sert dans notre vie de tous les jours, comme lorsqu'on essaye, à l'école, d'imaginer la forme finale d'une figure géométrique en mathématiques ou de comprendre une description. »
• **Poursuivre :** « Quand on réalise ce type de dessin "dans sa tête", on fait ce qu'on appelle une "action mentale" : ce n'est pas une action physique, on ne la fait pas avec notre corps, et personne à part nous ne peut voir ce dessin. »
• **Demander : « Pouvez-vous me donner d'autres exemples d'actions mentales ? »**
→ Par exemple, se parler dans sa tête avec la petite voix.

• **Reproduire au tableau le dessin de la tête de chat** réalisé en début d'activité et demander aux élèves de bien l'observer. Leur demander ensuite de fermer à nouveau les yeux, puis leur dire « J'efface le nez » *(effacer le nez sur la figure tracée)*, « J'efface les oreilles », etc. jusqu'à laisser seulement la bouche.
• **Demander alors : « Sans ouvrir les yeux, quelqu'un peut-il me dire quelle forme il reste** sur le tableau ? », puis « Est-ce que vous la voyez dans votre tête ? »
• **Rappeler aux élèves qu'ils peuvent utiliser leur « écran mental »** (séquence 1, p. 37) autant que nécessaire, pour dessiner les images mentales qui les aident ou même y écrire mentalement des mots. Faire remarquer qu'on peut utiliser son écran mental même en gardant les yeux ouverts.
→ Il est possible de faire référence par la suite à ce tableau ou écran mental pour aider les élèves à réaliser leurs exercices scolaires.

Étape 2 : **Constater la nécessité de se concentrer sur une image mentale pour la maintenir**

• **Reprendre l'exercice précédent avec une nouvelle figure simple** (à adapter au niveau des élèves), par exemple plusieurs formes géométriques alignées de gauche à droite (un carré, puis un rond, puis un triangle...). Les élèves doivent garder leurs yeux fermés.
• **Décrire la figure puis poser une question :** « Qu'avez-vous mangé avant-hier soir ? » ou bien « Donnez-moi le nom de deux rues de la ville. »
• **Demander ensuite : « Certains ont-ils oublié ce que j'ai dessiné** sur ma feuille ? »
• **Faire constater aux élèves** qu'il est très difficile de se rappeler cette figure en réfléchissant en même temps aux questions posées, c'est-à-dire en réfléchissant à autre chose.
• **Conclure avec les élèves : « Il faut être bien concentré pour utiliser son écran mental**, sans chercher à faire autre chose. Sinon, cela revient à essayer de marcher sur deux poutres en même temps et ça ne fonctionne pas, ou beaucoup moins bien. »

Étape 3 : **Construire un PIM pour se concentrer sur une image mentale**

• **Demander aux élèves de réfléchir à un PIM** qui leur permettrait de réaliser l'exercice précédent (se représenter plusieurs figures géométriques alignées), cette fois sans question intempestive au milieu.
→ Exemple de PIM pour cet exercice :
– **Perception à privilégier (P) :** votre voix, ce que vous dites (perception auditive) ;
– **Intention (I) :** avoir à la fin une image claire en tête de la figure, que l'on peut décrire ;
– **Manière d'agir (M) :** transformer ce qui est entendu en une image mentale. À chaque nouvelle forme géométrique dictée, ajouter cette forme à son dessin global sur son « écran mental ».
• **Faire remarquer** aux élèves que tant qu'ils maintiennent ce PIM, ils sont parfaitement concentrés sur l'exercice.

• **Reprendre ensuite l'exercice avec une autre figure**, en demandant aux élèves d'utiliser le PIM qui vient d'être décrit.
• **Demander : « Y en a-t-il parmi vous qui ont été distraits** pendant l'exercice ? Par quoi ? » puis « Avez-vous parfois privilégié une autre Perception ? Avez-vous parfois cessé de réagir selon la Manière d'agir suggérée ? »

VARIANTE
• **Choisir un exercice de mathématiques.** Utiliser un énoncé qui ne peut être mémorisé et compris qu'**en se formant une image mentale de ce qui est décrit**

(« Un marchand achète trois pommes à 1 euro, cinq poires à 2 euros… ») et demander aux élèves de **simplement lire cet énoncé**.

• **Demander ensuite de « rejouer le film au ralenti »** et d'essayer de décrire **ce qu'a fait leur abeille** : « Où s'est-elle posée ? Que s'est-il passé à chaque fois qu'elle se posait ? Avez-vous créé une image de marchand quand elle s'est posée sur ce mot ? Était-ce nécessaire ? »

• **Faire remarquer ainsi que parfois, lorsque notre regard/abeille se pose sur certains mots, on forme une image mentale du mot** qu'on vient de lire pour bien comprendre l'énoncé. Cela transforme ce qu'on lit sous une forme plus facile à maintenir en mémoire et à comprendre : on « voit » ce que décrit l'énoncé.

• **Expliquer que si l'abeille passe trop vite d'un mot à un autre,** on peut avoir beaucoup de mal à bien construire l'image mentale nécessaire.

→ Le but est que les élèves s'entrainent, lors d'un exercice scolaire, à transformer ce qu'ils lisent en représentations mentales. Cette technique est approfondie dans l'activité 7 (p. 190).

Étape 4 : **Récapituler ce qui a été appris sur les actions mentales**

• **Projeter le DOCUMENT 141** et demander aux élèves de décrire ce qu'ils voient sur l'image.

• **Récapituler : « Une action mentale, c'est une action que personne ne peut voir à part toi** parce que tu la fais dans ta tête, comme dessiner un chat dans ta tête,

DOC 141

sur ton "écran mental", te parler ou imaginer que tu fais un plongeon à la piscine. »

• **Poursuivre :** « Pour répondre à certaines questions, comme "Qu'est-ce que tu as mangé hier soir ? Tes parents ont-ils des lunettes ?", tu dois aussi faire des actions mentales car tu dois imaginer des images dans ta tête pour trouver les réponses. »

• **Développer : « À l'école, tu peux avoir besoin de faire des actions mentales pour faire certains exercices.** Garder une image mentale en tête demande de se concentrer calmement, on ne peut pas réfléchir à autre chose en même temps. »

Dans le livret ATOLE, demander aux élèves de reconstituer deux PIM correspondant à des actions mentales à partir de 6 cartes mêlant des perceptions, des intentions et des manières d'agir.

→ livret CM p. 37

RÉACTIVATION

→ **Rappeler l'exercice de la dictée mentale,** et le proposer éventuellement à nouveau aux élèves.

→ **Demander de décrire le PIM nécessaire pour y parvenir.**

ACTIVITÉ 4

J'apprends à utiliser un PIM pour écouter attentivement

Objectif

- Se familiariser avec un PIM pour se concentrer quand quelqu'un nous parle et apprendre à le maitriser.

Durée : 🕒🕒
Matériel : DOC 142

DÉROULEMENT DE L'ACTIVITÉ

Étape 1 : Construire un PIM pour compter des lettres à l'écoute de mots

• **Proposer l'exercice suivant** : « Je vais vous dire des mots, et vous devrez me dire pour chacun d'eux combien de "e" il faut pour l'écrire. »

• **Commencer l'exercice**, avec par exemple : *petite, escargot, voiture, bureau, serpent, fourchette, fleur, gâteau, heure…*

VARIANTE

Dire des noms d'animaux et demander aux élèves, pour chacun d'eux, combien ils ont de pattes. Adapter ensuite le reste de l'exercice.

• **Demander ensuite : « Comment avez-vous fait ? »** Faire remarquer qu'il faut parfois se former une image mentale du mot qui est entendu, avec toutes les lettres.

→ Les élèves doivent normalement être capables de dire s'ils ont vu le mot écrit plutôt en majuscules ou en minuscules.

• **Analyser le PIM nécessaire** à cet exercice avec les élèves :

– **P(erception) :** « Que deviez-vous percevoir en priorité ? »

→ Ce que vous, enseignant·e, êtes en train de dire : votre voix (pas la voix du voisin ou de la voisine, pas ce qui est écrit au tableau, etc.).

– **M(anière d'agir) :** « Comment deviez-vous réagir ? »

→ En imaginant, comme une image dans la tête, le mot comme s'il était écrit ou l'animal désigné. Mais pas en parlant, ni en répétant le mot dans sa tête (même si cela peut arriver), car la forme purement « auditive » du mot ne permet pas de répondre à la question (exemple : « queue »).

– **I(ntention) :** « Pour faire quoi ? »

→ Savoir combien de « e » contient le mot entendu.

Étape 2 : Construire un nouveau PIM pour se créer une description imagée d'un texte lu à l'oral

• **Dire aux élèves :** « Maintenant que vous savez transformer un mot que vous entendez en une image, **essayez de le faire pour former une image à partir d'un texte que je vais vous lire**, comme si vous deviez dessiner la scène que je vous lis. »

• **Annoncer le PIM à l'avance :**

– **P(erception) :** les paroles du narrateur (perception auditive) ;

– **I(ntention) :** former une image mentale de la scène décrite, comme la scène d'un film ou comme un tableau, pour être capable de la décrire ensuite ;

– **M(anière d'agir) :** à chaque mot entendu qui peut être imagé (verbe d'action, descriptif, objet ou personne concrète nommée, etc.), essayer de le transformer en une image mentale pour l'inclure dans le tableau, sur son écran mental (exemple : « Le renard sortit de son terrier » : image rapide d'un renard et d'un trou).

→ Les élèves doivent comprendre que même une petite image rapide et incomplète (un bout de museau du renard) est utile pour comprendre le texte. Il ne sert à rien de se crisper pour essayer de visualiser tous les mots, mais seulement ceux pour lesquels la visualisation, même très partielle, est facile.

→ Si les élèves en ont le temps, ils peuvent « jouer » avec ces images (s'imaginer être le renard, imaginer les actions décrites comme s'ils les faisaient...). Cela les aidera à retenir encore mieux le texte.

• **Lire assez lentement un texte court** (par exemple celui du **DOCUMENT 142** qui décrit une anecdote vécue par un océanographe face à un cachalot), en annonçant si possible à l'avance la durée de la lecture (2 minutes, un sablier, etc.).

• **Poser ensuite quelques questions** sur ce texte pour s'assurer que les élèves l'ont bien compris.

→ Pour que les élèves puissent réaliser correctement l'exercice, selon leur niveau, il peut être nécessaire de ralentir la lecture.

• **Demander** ensuite : « Avez-vous réussi à former une image mentale de la scène ? Avez-vous rencontré des difficultés pour le faire ? Lesquelles ? »

• **Expliquez :** « Parfois, le texte qu'on vous lit contient des mots difficiles à imaginer ou abstraits. Pour se concentrer quand même dessus, une autre technique est possible : essayez, pendant que je parle, de visualiser certains des mots que je prononce comme s'ils étaient écrits sur votre écran mental, à la manière de sous-titres. Ne cherchez pas à visualiser tous les mots, mais seulement un ou deux par phrase, ceux pour lesquels c'est facile. »

• **Proposer un exemple :** « Par exemple, essayez avec la phrase suivante : "L'attention est une compétence que l'on peut apprendre." »

• **Demander alors :** « Certains d'entre vous y arrivent-ils ? » Expliquer que dans ce cas, c'est une autre Manière d'agir, et un autre PIM, pour écouter quelqu'un en étant bien concentré.

• **Détailler ce nouveau PIM :**

– P(erception) : les paroles de la personne qui lit (perception auditive) ;

– I(ntention) : visualiser régulièrement certains des mots écoutés comme des petits sous-titres sur son écran mental ;

– M(anière d'agir) : faire apparaitre le mot entendu sur son écran mental, comme s'il y était écrit.

→ Comme la manière d'agir doit être simple dans un PIM, ce PIM ne convient qu'aux élèves qui n'ont pas de difficultés à imaginer les mots écrits.

→ L'une comme l'autre de ces consignes (parmi les deux PIM d'écoute) peut être répétée tout au long de l'année avant chaque lecture de texte ou d'énoncé.

→ **RITUEL « Un PIM pour bien se concentrer en écoutant » p. 193**

VARIANTE

• **Demander à un·e des élèves de lire le texte et aux autres d'écouter.** Interroger ensuite le lecteur ou la lectrice pour savoir quel PIM il/elle a utilisé. Par exemple :

– **P(erception)** : le texte écrit sous ses yeux ;

– **I(ntention)** : parler d'une voix claire et suffisamment forte pour être compris·e par les autres ;

– **M(anière d'agir)** : transformer une image (les lettres sous ses yeux) en un son (le texte lu) avec un accent sur sa qualité d'articulation.

• **Faire remarquer que ce PIM est différent** de celui des élèves qui écoutent.

• **Évaluer si l'élève a compris le texte** aussi bien que les autres.

→ Il est probable que non, car son PIM n'était pas le plus efficace pour comprendre l'histoire.

• **Donner l'exemple d'un élève qui raconte quelque chose à une amie**, par exemple l'histoire d'un film qu'il a vu. Cet élève s'attend à ce que son amie se fasse une image « dans sa tête » de ce qu'il décrit. Si cette amie ne le fait pas, elle ne comprendra rien à ce qui lui est raconté : elle n'écoutera pas vraiment et cela n'aura donc servi à rien de lui raconter le film.

• **Insister là encore sur le fait qu'il existe plusieurs façons d'imaginer** ce que l'autre raconte : comme si on regardait la scène décrite de l'extérieur, ou comme si on était soi-même acteur de la scène. Ce sont deux Manières d'agir légèrement différentes, mais qui changent la façon d'écouter et de « vivre » ce que l'autre décrit.

RÉACTIVATION

→ **Demander (et rappeler, si nécessaire) le PIM qui permet de bien se concentrer sur une description** que l'on entend.

→ **Rappeler le rituel du PIM pour se concentrer** quand on écoute.

ACTIVITÉ 5

J'apprends à utiliser un PIM pour lire de manière concentrée

Objectifs

- Choisir parmi plusieurs PIM permettant de se concentrer lors d'une activité de lecture.
- Constater que le choix du PIM peut totalement changer la manière dont on lit.

Durée : 3

Matériel :
- DOCS 143 à 145
- DOC 66

DÉROULEMENT DE L'ACTIVITÉ

Étape 1 : Construire un premier PIM impliquant de lire un texte

• **Montrer le texte du DOCUMENT 143 au tableau.** Demander aux élèves de compter le nombre de « e », silencieusement, dans leur tête. Le premier qui a le compte lève la main.

• **Interroger ensuite la classe : « Qu'avez-vous fait pour y arriver ?** Qu'avez-vous dû regarder ? »

• **Faire remarquer** que même si c'est le même texte qu'on lit pendant l'exercice, notre abeille/regard se déplace constamment, d'un groupe de mots à l'autre.

• **Demander : « Dans cet exercice, comment devez-vous réagir** à chaque fois que votre regard fixe un nouveau groupe de lettres ? »

→ Il faut ajouter le nombre de « e » que l'on voit au décompte qu'on maintient en mémoire.

• **Décrire le PIM :**
– **P(erception) :** les lettres que l'on a sous les yeux ;
– **I(ntention) :** arriver au bon décompte à la fin du texte ;
– **M(anière d'agir) :** celle que nous venons de voir.

• **Refaire l'exercice** avec le texte du **DOCUMENT 144**, en demandant à la classe d'**utiliser explicitement ce PIM**.

→ Tout texte de type blague ou énoncé d'exercice peut également convenir pour cette activité.

• **Prévenir que vous n'allez pas laisser le texte longtemps** à l'écran (ou au tableau), et qu'il faut être bien concentré pour aller vite.

• **Interroger ensuite les élèves après avoir masqué le texte :** « **Combien y-avait-il de "e" ?** Certains ont-ils eu du mal à garder leur P, leur I, leur M pendant l'exercice ? Pourquoi ? »

• **Demander aux élèves s'ils se souviennent de certaines phrases** du texte (qui décrit le principe et l'utilisation des encres magiques).

→ En principe non, ou de manière très dégradée.

• **Expliquer : « Selon le PIM que l'on choisit, on mémorise ou non certaines informations.** Par exemple, certains d'entre vous ont peut-être retenu où était le premier "e" du texte, parce que vous faisiez attention aux "e". Le PIM servant à compter les "e" n'est pas du tout le même que celui servant à comprendre le texte ou à l'apprendre par cœur. »

→ On peut ici faire le lien avec Maximoi et Minimoi : quand Maximoi confie une mission à Minimoi, il peut l'aider en lui confiant un PIM bien précis (par exemple, ici, « compter les "e" »).

Étape 2 : Construire un second PIM pour lire le même texte, avec une intention différente

• **Demander aux élèves quel aurait été le PIM le plus utile pour comprendre le texte.** S'inspirer du PIM utilisé pour écouter attentivement :
– **P(erception)** : le texte qu'on a sous les yeux ;
– **I(ntention)** : se former une image mentale assez précise de la scène décrite par le texte (ou de l'énoncé) ;

– **M(anière d'agir)** : à chaque mot lu qui peut être imagé (verbe d'action, descriptif, objet ou personne concrète nommée…), le transformer en une image mentale pour l'inclure dans le tableau, sur son « écran mental ».

• **Ajouter que certains élèves trouveront peut-être cela plus facile en s'imaginant toucher** ce qui est décrit, pour rajouter une sensation tactile (par exemple, si on parle d'une surface « lisse », d'un « angle droit » ou de la « douce fourrure du renard »).

• **Demander aux élèves de lire le texte** que vous allez afficher avec ce PIM en prenant le temps d'imaginer ce qu'ils lisent, puis projeter à nouveau le **DOCUMENT 144**. Remarquent-ils une différence ?

• **Interroger certains élèves** pour vérifier s'ils ont compris le texte.

• **Proposer d'utiliser ce PIM de manière ritualisée.**

→ **RITUEL « Un PIM pour lire en étant bien concentré » p. 193**

• **Faire lire aux élèves le DOCUMENT 145 (un extrait de *Poil de Carotte*) en leur proposant de visualiser** la scène dans leur tête.

• **Demander** : « Est-ce que certains d'entre vous ont visualisé le récit en s'imaginant faire les choses décrites par le narrateur ? »

→ Certains élèves l'auront sans doute fait spontanément, mais pas tous.

• **Proposer aux élèves de relire le texte** en le visualisant comme si ce qui était décrit leur arrivait à eux, puis demander : « Y êtes-vous arrivé ? Cela a-t-il changé la façon dont vous avez compris le texte ? »

• **Conclure** : « Ce sont deux Manières d'agir légèrement différentes pour lire le texte. Vous voyez, en changeant la Manière d'agir, on change la manière de comprendre le texte. »

VARIANTE

Proposer aux élèves de trouver un PIM s'ils doivent lire un texte pour répondre à une question qui leur a été posée juste avant sur ce texte.

• **Rappeler le test de Stroop (DOCUMENT 66**, séquence 4, activité 2 p. 83) dans lequel il faut dire la couleur des lettres dans chaque mot (et pas le nom de couleur écrit).

DOC 66

BLEU	JAUNE	BLEU	ROUGE	BLEU
VERT	JAUNE	ROUGE	VERT	JAUNE
VERT	ROUGE	VERT	JAUNE	JAUNE
JAUNE	ROUGE	JAUNE	VERT	BLEU

• **Demander quel PIM est nécessaire** pour réussir l'exercice :

– **P** : la couleur des lettres (et non pas le mot formé par les lettres) ;

– **I** : annoncer la couleur des lettres ;

– **M** : annoncer le nom de la couleur du mot regardé.

• **Comparer ce PIM à celui utilisé naturellement lors de la lecture** (**P** : le mot dans son ensemble, **I** : lire le mot à voix haute, **M** : lire tout simplement le mot que l'on a sous les yeux).

• **Demander : « Y a-t-il un seul PIM pour bien se concentrer** en regardant des mots écrits ? »

→ Non, le PIM s'adapte à ce qu'on cherche à faire.

• **Conclure : « Selon le PIM que l'on utilise pour lire un texte, on ne réagira pas de la même manière** à ce texte. Un PIM permet d'éviter de réagir "comme d'habitude" et de se concentrer vraiment sur ce qui est utile pour suivre la consigne. »

RÉACTIVATION

→ **Demander aux élèves tout ce à quoi ils pourraient faire attention si vous leur donnez un texte à lire** et que vous avez oublié de leur donner une consigne avant.

→ **Prendre deux exemples parmi les réponses et demander si le PIM pour lire ce texte est le même** dans les deux cas. Le vérifier en construisant les PIM correspondants.

ACTIVITÉ 6

J'apprends à me concentrer pour décrire un souvenir ou une idée

Objectif

- Construire et utiliser un PIM pour être bien concentré lorsque l'on doit décrire un souvenir (ou quelque chose qu'on imagine) à l'oral ou par écrit.

Durée :
Matériel : livret ATOLE

DÉROULEMENT DE L'ACTIVITÉ

• **Demander à un·e élève de décrire le chemin qu'il ou elle devrait parcourir** pour se rendre depuis la classe jusqu'à tel ou tel endroit (ou lui demander de décrire un personnage connu des autres élèves, ou encore d'épeler un mot).
• **Demander à la classe : « Quel est le PIM qui convient à ce type d'exercice ? »** et indiquer si besoin :
– la perception (P) à cibler avec attention est l'image que l'élève a en tête de ce qu'il ou elle décrit, sur son écran mental ;
– l'intention (I) est de bien décrire la scène de façon complète ;
– la manière d'agir (M) consiste à décrire à l'oral chaque élément qu'il ou elle « voit » dans sa tête.
• **Écrire le PIM au tableau** puis demander aux élèves quel serait le PIM **s'ils devaient décrire ce chemin par écrit.**
• **Écrire ce PIM en face du précédent** et demander aux élèves de les comparer : le M (Manière d'agir) est remplacé par une description à l'écrit, plutôt qu'à l'oral, de chaque élément « vu » sur son écran mental.

• **Demander aux élèves : « Si vous remarquez une faute** d'orthographe pendant que vous racontez par écrit ce que vous voyez dans votre image mentale, que faites-vous ? »
→ Ils s'arrêteront sans doute pour corriger les mots.
• **Demander :** « Faut-il vous arrêter tout de suite pour la corriger ? »
• **Expliquer qu'il vaut mieux corriger l'orthographe après**, dans un deuxième temps, en utilisant un autre PIM, pour rester dans un premier temps bien concentré sur sa description. Une seule minimission à la fois !
→ Il en est de même si les élèves commencent à porter un jugement critique sur ce qu'ils sont en train d'écrire. Mieux vaut écrire tout ce qui passe par la tête dans un premier temps, puis faire le tri.
Dans le livret ATOLE, signaler aux élèves CM qu'ils disposent d'une page dédiée sur laquelle ils peuvent noter des PIM dont ils peuvent se servir souvent en classe ou à l'extérieur. Les encourager à le faire dès qu'ils trouvent qu'un PIM leur est particulièrement utile.
→ livret CM p. 39

RÉACTIVATION

→ **Demander à un·e élève d'expliquer le PIM qu'il ou elle utiliserait pour décrire une image** ou une scène qu'il/elle a en tête.

ACTIVITÉ 7

Je me concentre sur ce que je vois, dans un but précis

Objectifs

- Comprendre qu'il est fréquent de devoir alterner deux PIM rapidement.
- Comprendre que pour bien se concentrer quand on regarde un texte ou une image, il est nécessaire de savoir ce que l'on doit faire attention à bien faire à chaque fois que notre regard/abeille se pose.

Durée : ◔◔◔
Matériel :
- DOC 146
- DOC 81 (variante)

Vidéo : « La lecture en braille »

DÉROULEMENT DE L'ACTIVITÉ

Étape 1 : Comprendre que le cerveau peut changer une perception visuelle en une perception mentale

• **Écrire au tableau** :
« Tant que tu gardes ton PIM, tes neurones chefs font travailler et jouer ensemble, dans la même équipe, les bons neurones qui perçoivent et les bons neurones qui agissent. »
• **Demander aux élèves de compter le nombre de mots de cette phrase,** silencieusement dans leur tête, en allant assez vite. Le premier ou la première qui a le compte lève la main.
• **Demander à quelques élèves comment ils s'y sont pris** pour réaliser l'exercice, et quel PIM ils ont utilisé.
• **Revenir plus en détail sur la manière d'agir (M) :** à chaque fois que le regard se pose sur un mot, ajouter « 1 » au décompte, puis passer au mot suivant.
→ Il est très probable que ce décompte soit verbalisé par le biais de la « petite voix ».
• **Demander aux élèves s'ils ont compris** de quoi parlait la phrase.
→ En principe, non.
• **Rappeler l'analogie entre le regard et l'abeille :**
« Quand on compte les mots avec sa petite voix, on fabrique un "son mental" avec sa petite voix dès que l'abeille se pose sur un nouveau mot. C'est comme si l'abeille transformait ce mot écrit en un "son" ».
• **Demander cette fois aux élèves de le lire « normalement » la phrase,** dans leur tête. Que se passe-t-il alors quand leur abeille se pose sur un mot ? Ont-ils l'impression d'entendre certains des mots avec leur petite voix ?
• **Faire remarquer que s'ils n'ont pas bien pu lire la phrase dans l'exercice de départ,** c'est parce que les mots ne pouvaient pas être prononcés avec leur petite voix, puisqu'il fallait utiliser leur petite voix pour compter. Le PIM pour compter et le PIM pour lire sont donc deux PIM incompatibles.
• **Demander :** « Que fait une véritable abeille une fois qu'elle a pris du pollen dans les fleurs ? »
• **Expliquer :** « Dans cet exercice, on peut imaginer que l'abeille convertit ce sur quoi elle se pose **pour fabriquer autre chose de totalement différent**, comme du miel avec du pollen. Ici, le mot sur lequel se pose l'abeille/regard devient soit un nombre ("un, deux, trois..."), soit le mot, prononcé avec la petite voix. Cela devient un "son mental". »

VARIANTE ▶ Vidéo **« La lecture en braille »** (durée 34'') : cette courte séquence montre des mains parcourant une page en braille.
→ Demander aux élèves s'ils savent ce que montre la vidéo, et ce que fait la personne dont on voit les mains. Expliquer qu'elle transforme une perception de son corps (ce qu'elle ressent quand ses doigts se posent sur les caractères en relief) en mots dans

sa tête. Comme l'abeille qui transforme le pollen en miel, elle transforme cette sensation, ici en « son mental ».

• **Poursuivre :** « Quand vous posez votre abeille à un endroit, sur quelque chose, cela a un effet. Vous produisez, fabriquez quelque chose de nouveau : un son avec votre petite voix par exemple. Mais cela peut être aussi une image, ou un peu les deux. Ce "quelque chose" peut être amplifié ou modifié à volonté. »

• **Projeter le DOCUMENT 146** et indiquer aux élèves qu'ils doivent comprendre comment réaliser ce nœud et retenir la méthode employée.

NŒUD DE HUIT

DOC 146

• **Demander aux élèves quel est le PIM nécessaire** à la réalisation de cet exercice.
→ L'action mentale peut consister à s'imaginer réaliser le geste décrit par l'image avec la main, ou bien même à le faire réellement.

VARIANTE 1
Mémoriser un geste
• **Annoncer aux élèves :** « Je vais faire un geste de la main, et en posant votre abeille sur ma main, vous allez essayer de vous imaginer en train de faire le même geste, pour le mémoriser. C'est une Manière d'agir mentale, puisque vous ne faites pas vraiment le geste. »
• **Faire un mouvement assez lent** avec le poignet et les doigts, par exemple en imitant l'utilisation d'un outil.
• **Attendre quelques secondes, puis demander ensuite aux élèves de reproduire le geste :** ont-ils réussi à s'imaginer faire le geste en vous observant ? Quel PIM ont-ils utilisé ? Se sont-ils répété le geste ensuite pour le garder en mémoire ? Comment ?

VARIANTE 2
Apprendre un PIM utile pour se concentrer sur la relecture d'une dictée
• **Faire une dictée avec la classe** (ou présenter un texte au tableau avec des fautes d'orthographe). L'exercice consiste à **trouver les fautes** d'orthographe et à les corriger.
• **Demander aux élèves d'imaginer ce qu'ils doivent faire attention à bien faire** (leur Manière d'agir) à chaque fois que leur abeille se pose. Leur préciser que ce doit être une Manière d'agir simple, qu'ils sont sûrs de pouvoir réussir s'ils essaient. Selon le type de fautes à repérer, l'abeille devra par exemple plutôt se poser sur les fins de mots, sur les verbes, etc.

VARIANTE 3
Utiliser un PIM utile pour se concentrer sur un exercice de français
• **Proposer un exercice de mise au singulier** des groupes nominaux (ou un exercice analogue adapté au niveau de la classe).
• **Demander : « Que devez-vous faire quand votre abeille se pose ?** Quelle est votre manière d'agir mentale ? »
→ Cela peut-être : se poser sur les fins de mots et transformer l'image du mot vu en l'image du même mot au singulier (le même sans « s »).
• Insister sur le fait que ce qu'ils font « attention à bien faire » doit être **une Manière d'agir simple,** quelque chose qu'ils sont sûrs de réussir dès qu'ils essaient.

VARIANTE 4
Comprendre la règle d'un jeu
• **Afficher la règle d'un jeu** assez simple et demander aux élèves de la lire pour la comprendre.
• **Demander aux élèves : « Quel PIM utilisez-vous ?** Que devez-vous faire quand l'abeille se pose sur un mot ou une phrase ? »

Étape 2 : **Comprendre qu'il peut être utile d'alterner deux PIM**

• **Décrire l'exercice suivant :** « Vous devez recopier sur une feuille une figure que j'affiche (ou n'importe quel dessin que je dessine) au tableau. »
• **Demander :** « Comment allez-vous procéder ? »
→ Les élèves vont avoir besoin de regarder la figure, d'en mémoriser une partie selon la technique du photographe, sur leur écran mental, de la reproduire sur la feuille, puis de regarder à nouveau la figure, d'en mémoriser une autre partie, etc.

• **Faire remarquer** aux élèves qu'ils vont donc avoir besoin de deux PIM pour réaliser cette tâche.
• **Demander aux élèves un PIM efficace** pour chacun de ces deux moments : celui où ils regardent la figure pour la mémoriser et celui où ils regardent leur feuille pour la recopier. Je mémorise sur mon écran mental (M) une partie de l'image que je regarde (P), puis je dessine sur ma feuille (M) la partie d'image que je « vois » sur mon écran mental (P).
• **Expliquer :** « Comme dans cet exemple, pour certaines tâches, il peut donc être nécessaire d'alterner deux PIM. »

VARIANTE

Lire un discours

Donner à un·e élève le texte du **DOCUMENT 81** (**« Le sage et l'enfant »**) et lui demander de lire ce texte à haute voix en s'adressant à toute la classe comme s'il/elle faisait un discours, en regardant son public. Il lui faudra pour cela jeter un œil à sa feuille pour mémoriser quelques mots (technique du « photographe »), puis lever la tête et « lire » les mots qu'il/elle garde en mémoire sur son écran mental, puis prendre une nouvelle « photo », etc. L'élève doit donc alterner deux PIM.

VIDÉO

La lecture en braille
(34'')

media.mdi-editions.com/s10a7

RÉACTIVATION

→ **Demander aux élèves plusieurs manières d'agir mentales possibles** quand notre regard/abeille se pose sur quelque chose.

→ **Reprendre l'exemple du dessin expliquant la réalisation d'un nœud,** ou demander aux élèves de reproduire un geste que vous réalisez devant eux, puis leur demander quels sont les PIM à chaque fois.

→ **Demander pourquoi il faut parfois alterner deux PIM et rappeler des exemples où c'est nécessaire (recopier ce qui est noté au tableau...).**

SÉQUENCE 10

Synthèse

À RETENIR

→ **LES PIM POUR LES ACTIONS MENTALES** : dans ces PIM, la manière d'agir (« M ») est mentale (se former une image mentale sur son « écran mental », utiliser sa « petite voix »…). Comme tous les PIM, un PIM pour une action mentale se compose de : **P**erception, **I**ntention et **M**anière d'agir (dont on peut se rappeler avec **P**ouce, **I**ndex et **M**ajeur). C'est un mode d'emploi précis pour bien se concentrer sur une tâche à réaliser.

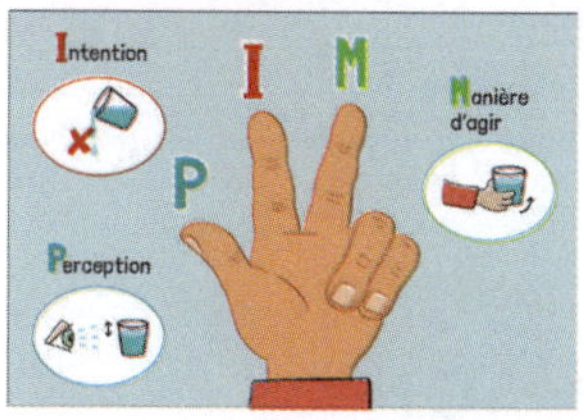

RITUELS

Les PIM

Quand ? Au fil de la classe, dès que les élèves s'apprêtent à réaliser une activité mentale qui demande à être bien concentré.
Comment ? Leur demander d'indiquer avec leurs doigts (**P**ouce, **I**ndex, **M**ajeur) la **P**erception, l'**I**ntention et la **M**anière d'agir qu'ils doivent privilégier pour être bien concentré.
Pourquoi ? Les élèves constateront que les PIM à utiliser pour les petites actions délicates de la vie quotidienne sont souvent un peu les mêmes. **Ils prendront l'habitude de les utiliser pour se connecter rapidement** à ce qu'ils font.

Un PIM pour bien se concentrer en écoutant

Quand ? Au fil de la classe, dès que vous vous apprêtez à lire un énoncé ou un texte que les élèves doivent bien comprendre.
Comment ? Suivre ce PIM :
– **P(erception) :** les paroles du narrateur (perception auditive) ;
– **I(ntention) :** former une image mentale de la scène décrite, comme la scène d'un film ou comme un tableau, pour être capable de la décrire ensuite ;
– **M(anière d'agir) :** à chaque mot entendu qui peut être imagé (verbe d'action, descriptif, objet ou personne concrète nommée, etc.), essayer de le transformer en une image mentale pour l'inclure dans le tableau, sur son écran mental.
Pourquoi ? Pour se concentrer rapidement sur une explication orale.

Un PIM pour lire en étant bien concentré

Quand ? Au fil de la classe, dès que les élèves s'apprêtent à lire un texte qu'ils doivent bien comprendre.
Comment ? Suivre ce PIM :
– **P(erception)** : le texte sous les yeux ;
– **I(ntention)** : se former une image mentale assez précise de la scène décrite par le texte (ou de l'énoncé) ;
– **M(anière d'agir)** : à chaque mot lu qui peut être imagé (verbe d'action, descriptif, objet ou personne concrète nommée…), le transformer en une image mentale pour l'inclure dans le tableau, sur son « écran mental ».
Pourquoi ? Pour se concentrer rapidement sur un texte.

→ DANS LE LIVRET ATOLE CM p. 38

QUIZ

Le quiz CM de la séquence 10, individuel et écrit,
se trouve page 38 du livret ATOLE CM.
Son corrigé se trouve à la fin de ce guide (p. 205).

Il n'est pas proposé de quiz dans cette séquence pour les niveaux CP et CE,
car cette séquence n'est pas prévue dans la progression de ces niveaux.

BILAN DE FIN DE SÉQUENCE 10

Mes élèves savent-ils :

❍ générer un mot ou une phrase avec leur « petite voix » de manière pertinente au cours d'un exercice ?

❍ se former une image mentale (à partir d'un mot lu ou entendu) de manière pertinente au cours d'un exercice ?

❍ décrire précisément ce qu'ils cherchent à « voir » sur leur « écran mental » au cours d'un exercice ?

❍ décrire et utiliser le (ou les) PIM efficace(s) pour :
- comprendre le sens d'un texte qui leur est lu, ou qu'ils lisent ?
- décrire une scène qu'ils ont vécue ou imaginée ?

❍ appliquer un PIM qui leur est proposé pour une action mentale ?

❍ imaginer et construire de nouveaux PIM pour les activités scolaires ?

À LA MAISON

Demander aux élèves d'**utiliser chez eux un PIM qui utilise une Perception ou une Manière d'agir mentale**. Par exemple : pour bien comprendre une explication d'un adulte (**→ RITUEL « Un PIM pour bien se concentrer en écoutant » p. 193**), ou pour jouer un morceau de piano ou de guitare (on visualise très rapidement l'endroit où on doit placer les doigts avant de le faire : P = image mentale, M = bouger les mains comme dans cette image mentale).

Catalogue des PIM

RAPPEL

• Un PIM n'est vraiment nécessaire que pour une activité dont le niveau d'attention requis correspond pour l'élève à une poutre haute ou étroite (voir séquence 2, p. 54-56). Ainsi, certains PIM s'adressent aux plus jeunes et ne seront pas utiles pour les plus grands : les PIM servent pour les tâches que l'on n'est pas sûr de réussir et qui demandent encore de la concentration.
• Ne pas hésiter à confier directement aux élèves la création de leurs propres PIM (→ livret CM p. 39).

MODE D'EMPLOI DU CATALOGUE

• Les pictogrammes indiquent la nature de la perception :
visuelle, auditive, tactile, proprioceptive.
• Certaines tâches simples impliquent l'emploi successif de plusieurs PIM : PIM 1, PIM 2…
• Il existe souvent plusieurs PIM possibles pour une même activité ; à chacun·e de choisir ce qui lui convient le mieux.

VIE QUOTIDIENNE

Tâche	PERCEPTION « À quoi dois-je faire attention ? »	INTENTION « Qu'est-ce que je cherche à faire ? »	MANIÈRE D'AGIR « Que dois-je faire attention à bien faire ? »
Verser du lait dans un bol	La position du filet de lait par rapport au centre du bol	Avoir du lait jusqu'au niveau souhaité dans le bol sans en avoir renversé à côté	Ajuster avec ma main la position et l'angle de la bouteille
Mettre du dentifrice sur sa brosse à dents	Le dentifrice qui sort du tube par rapport à la brosse à dent	Mettre la bonne quantité de dentifrice sur les poils de la brosse et pas à côté	Ajuster le mouvement du tube et la pression qui lui est exercée avec les doigts
Enclencher une fermeture Éclair	/ La position des deux parties de la fermeture (le « wagon » et les « rails ») l'une par rapport à l'autre	Emboiter jusqu'au fond le « rail » dans le « wagon »	Ajuster la position des deux parties de la fermeture Éclair avec les doigts
Régler la tempé-rature de l'eau sous la douche	La sensation de chaleur ou de froid au contact de la main / du corps	Avoir un jet d'eau à la bonne température	Ajuster finement l'orientation du robinet avec la main
Faire ses lacets	Les deux bouts des lacets	Reproduire le chemin des lacets l'un par rapport à l'autre, tel qu'il a été appris (sous forme d'une petite histoire, par exemple)	Ajuster la position des bouts des lacets avec les mains
Marcher sur un banc ou une poutre	La sensation éventuelle d'équilibre ou de déséqui-libre	Parvenir au bout de la poutre ou du banc sans perdre l'équilibre	Ajuster la position des bras tendus sur le côté et du haut du corps

Tâche	PERCEPTION « À quoi dois-je faire attention ? »	INTENTION « Qu'est-ce que je cherche à faire ? »	MANIÈRE D'AGIR « Que dois-je faire attention à bien faire ? »
Se laver les mains	**PIM 1** Le savon qui sort du récipient sur la main	Avoir une quantité de savon suffisante sur la main, ni trop, ni trop peu	Ajuster la pression sur le récipient du savon avec les doigts
	PIM 2 Le savon sur les mains	Avoir du savon partout sur les deux mains	Frotter les deux mains l'une contre l'autre (en faisant tourner les poignets !)
	PIM 3 Les deux mains	Avoir enlevé tout le savon des mains	Déplacer et tourner ses mains sous le filet d'eau
Boire de la soupe avec une cuillère	La surface de la soupe dans la cuillère	Amener la cuillère à la bouche sans que la soupe ne se rapproche du bord de la cuillère	Déplacer délicatement la cuillère avec la main
Couper un morceau de viande avec un couteau	La position et l'angle du couteau sur la viande	Avoir découpé un morceau de viande de la bonne taille (sans renverser tous les petits pois)	Faire des mouvements tranquilles d'avant en arrière avec la main qui tient le couteau en le maintenant selon la même direction
Écouter une histoire pour la raconter ensuite	**PIM 1 (écoute)** La voix de la personne qui parle	Se faire un petit film mental de l'histoire écoutée	Imaginer sur son écran mental chaque mot entendu pouvant évoquer une image (objet, lieu, personnage…) pour enrichir progressivement une image mentale de la scène et de l'action décrites
	PIM 2 (récit) Le film mental gardé en mémoire depuis l'écoute	Décrire le plus complètement possible le film mental gardé en mémoire	Décrire à voix haute chaque élément que l'on voit dans son film mental (« Une personne arrive de la droite… »)

CONTEXTE SCOLAIRE

Tâche	PERCEPTION « À quoi dois-je faire attention ? »	INTENTION « Qu'est-ce que je cherche à faire ? »	MANIÈRE D'AGIR « Que dois-je faire attention à bien faire ? »
Chercher une pièce particulière d'un puzzle	La forme ou les motifs des pièces de puzzle dans la boite (en fonction du critère utilisé dans sa Manière d'agir, voir colonne 3)	Trouver la pièce qui s'ajuste à celles déjà posées	Comparer chaque pièce que l'on voit avec l'image mentale d'un élément caractéristique de la pièce que l'on cherche (un bord plat, un certain bleu, un bout d'œil…)

Tâche	**PERCEPTION** « À quoi dois-je faire attention ? »	**INTENTION** « Qu'est-ce que je cherche à faire ? »	**MANIÈRE D'AGIR** « Que dois-je faire attention à bien faire ? »
Étaler de la colle à bâton sur une feuille de papier	La position et la sensation de pression du bâton de colle sur le papier	Appliquer la colle de manière homogène sur les bords de la feuille sans écraser le bâton	Ajuster le mouvement et la pression de la main qui tient le bâton
Découper avec des ciseaux en suivant une ligne	La ligne formée par l'intersection des deux lames par rapport à la ligne à découper	Découper la feuille en suivant bien la ligne	Ajuster l'orientation des ciseaux avec la main
Faire une roulade	La position d'une partie particulière du corps, par exemple la ligne tête-bassin	Rouler sur le dos	Ajuster l'inclinaison de la ligne tête-bassin en poussant progressivement sur les jambes
Lire l'heure sur une montre à aiguilles	Les aiguilles sur la montre, d'abord la petite puis la grande	Savoir quelle heure il est	Prononcer dans sa tête le chiffre de l'heure associé à la petite aiguille, puis le chiffre des minutes associé à la grande aiguille
Écrire son prénom	L'image mentale de son prénom	Avoir écrit son nom sur la feuille comme il apparait dans son image mentale	Convertir chaque lettre de son image mentale en un geste de la main qui reproduit sa forme sur la feuille
Recopier un dessin	**PIM 1** Une partie du dessin à recopier	Avoir en tête une image mentale précise de la partie du dessin qu'on souhaite recopier	Mémoriser la partie du dessin observée sous la forme d'une image mentale
	PIM 2 , en alternance avec **PIM 1** L'image mentale gardée en mémoire	Avoir reproduit sur sa feuille la partie du dessin correspondant à l'image mentale gardée en mémoire	Guider les mouvements de son crayon en fonction de l'image mentale gardée en mémoire
Écrire droit sur les lignes d'un cahier	La position du bas des lettres que l'on écrit par rapport à la ligne sur laquelle on souhaite écrire	Écrire en gardant les lettres collées à la ligne	Ajuster la position du stylo et l'angle de la feuille
Écrire sous la dictée	**PIM 1** en alternance rapide avec **PIM 2** La voix de la personne qui parle	Garder en écho avec la « petite voix » les derniers mots prononcés	Se répéter avec sa petite voix, la dernière partie de phrase dictée et/ou transformer ces mots entendus en une image mentale des mots écrits « dans sa tête » (« un cheval »)
	PIM 2 La « petite voix » et/ou l'image mentale du mot gardé quelques secondes en mémoire	Avoir écrit sur la feuille la partie de phrase maintenue en mémoire	Convertir le son de la « petite voix » (ou l'image mentale du mot) en un mot écrit sur la feuille

Tâche	PERCEPTION « À quoi dois-je faire attention ? »	INTENTION « Qu'est-ce que je cherche à faire ? »	MANIÈRE D'AGIR « Que dois-je faire attention à bien faire ? »
Recopier sur sa feuille un mot ou un nom dont on apprend l'ortho-graphe, écrit au tableau	**PIM 1** Le mot écrit au tableau	Avoir en tête une image mentale précise, syllabe par syllabe, du mot à recopier	Créer une image mentale du mot à recopier, syllabe par syllabe, et garder cette image en tête (« marion-nette »)
	PIM 2 L'image mentale du mot, maintenue en mémoire quelques secondes	Avoir le mot écrit sur sa feuille, comme dans l'image mentale maintenue en mémoire	Convertir syllabe par syllabe, l'image mentale du mot maintenue en mémoire, en un mot écrit sur la feuille
Rechercher un type d'élément grammatical dans un texte (sujets, pronoms, verbes...)	Tous les mots du texte un par un	Avoir souligné tous les mots correspondant au type recherché	Par exemple, pour rechercher des verbes, juger pour chaque mot « XXX » sur lequel on hésite, se dire avec sa petite voix « je vais XXX » pour juger si la phrase est « bizarre »
Rechercher un mot dans un dictionnaire	Le mot écrit en haut à droite ou à gauche de la page du dictionnaire	Trouver la bonne page	À chaque fois que l'œil se pose sur un mot en haut à droite de la page, je compare ses premières lettres à l'image mentale du mot que je recherche pour évaluer si ces lettres sont après ou avant dans l'alphabet (et je change de page en fonction). Un même PIM s'applique alors pour trouver le mot sur la page
Tracer une forme simple (par exemple, un carré) sans modèle et à main levée	L'image mentale de la forme que l'on souhaite dessiner, imaginée déjà dessinée sur le papier devant soi	Avoir sur la feuille devant soi une figure ressemblant à l'image mentale que l'on s'est faite au préalable	Convertir l'image mentale en une forme tracée sur la feuille (comme si on la repassait au crayon)
Apprendre une table de multiplication	Chaque ligne de la table de multiplication à apprendre, en cachant le résultat (3 x 3 = ?)	Pouvoir voir s'afficher sur son écran mental ou avec sa « petite voix » le résultat de chacune des multiplications de la table (par exemple, pour la table de 2 : 2, 4, 6, 8…)	Par exemple, en utilisant des images : former l'image mentale du nombre attendu à la place du résultat (3 x 3 = …), puis découvrir le résultat pour vérifier. Parcourir la table plusieurs fois jusqu'à ce que le résultat soit correct à chaque fois
Apprendre la date d'un évènement historique	La date que l'on a sous les yeux, associée à un évènement particulier	Former une image mentale qui associe la date et l'évènement	Créer et maintenir aussi longtemps que possible une image mentale associant la date avec l'évènement (par exemple : l'image de Charlemagne en train de se faire sacrer empereur et tenant dans ses mains le nombre 800)

Index des notions et concepts clés

La réglette indique les séquences au cours desquelles la notion ou le concept sont principalement abordés.

3 « A » p. 57

1	**2**	3	4	5	6	7	8	9	10

Les 3 « A » de couleur (rouge, orange, vert) permettent d'indiquer à l'élève si, dans les minutes qui suivent, il lui faudra être très attentif, modérément attentif ou entre les deux.

Les 4 « R » p. 88 et p. 155

1	2	3	**4**	5	6	7	**8**	9	10

Quand je **R**essens l'action de mon circuit de la récompense (les « neurones aimants », l'envie soudaine de passer à autre chose) ou que je suis en « mode marionnette », je **R**alentis au lieu de foncer et je **R**egarde où cela va me conduire, puis je **R**éagis pour calmer cette impulsion ou pour au contraire la suivre, en fonction de ce que j'ai décidé.

Abeille p. 134

1	2	3	4	5	6	**7**	8	9	10

Elle matérialise le regard de l'élève et ses déplacements et permet de mieux constater ses errances. Ces déplacements peuvent être spontanés, se référant aux neurones aimants et aux habitudes, ou bien contrôlés volontairement.
Exemple : assis·e dans un canapé « à ne rien faire », mon regard « butine » çà et là.

Attention p. 28-45

1	2	3	4	5	6	7	8	9	10

L'attention est un bien précieux dont nous avons tous besoin. Elle nous permet de nous connecter à notre entourage.

Contact p. 45

1	2	3	4	5	6	7	8	9	10

Quand on fait attention à une autre personne ou à quelque chose, c'est comme si on est connecté à cette personne ou cette chose. L'attention crée un contact qui permet d'agir sur l'autre.
Exemples : je suis en contact avec un·e ami·e, un livre, avec mon écran d'ordinateur, tout en étant moins sensible à ce qui se passe alentour.

Équilibre attentionnel (Sens de l') p. 52 et p. 143

1	**2**	3	4	5	6	**7**	8	9	10

Ce sens consiste à savoir remarquer des signes précis qui indiquent que notre attention est déstabilisée, distraite, et à savoir y réagir.
Exemple : je reste concentré·e sur un exercice en classe alors que d'autres élèves font du sport dans la cour de récréation.

Image mentale p. 37 et p. 180

1	2	3	4	5	6	7	8	9	**10**

Les images mentales nous permettent de visualiser mentalement une situation, comme si l'on avait une sorte d'écran mental sur lequel on pourrait projeter une photographie de la situation (même si cette image est très généralement beaucoup moins nette et détaillée qu'une véritable photographie).

Intention p. 96

1	2	3	4	**5**	6	7	8	9	10

C'est ce qu'on cherche à faire, notre objectif du moment, qui permet de distinguer ce qui est utile pour cet objectif et ce qui ne l'est pas (et qui constitue donc une distraction).
Exemples : déplacer ce verre d'eau très rempli, recharger mon téléphone, relire ce mail avant de l'envoyer, comprendre ce schéma sur ce mode d'emploi…

Marionnette (Mode) p. 80

1	2	3	**4**	5	6	7	8	9	10

L'image de la marionnette signale à un·e élève qu'il/elle s'est laissé·e distraire en réagissant de manière automatique. Ses gestes ne sont pas vraiment décidés mais contraints par ces automatismes, cet·te élève est comme une marionnette manipulée par des fils, avec le risque de se laisser distraire.
Exemple : j'entends la porte qui s'ouvre et je me retourne, je ramasse un stylo tombé par terre, je griffonne tout en téléphonant.

Maximoi et Minimoi p. 114

1	2	3	4	5	**6**	7	8	9	10

L'élève alterne deux postures : celle de Maximoi, qui réfléchit à une façon de découper les tâches complexes en tâches simples, et celle de Minimoi, qui les exécute une par une.
Exemple : j'identifie les différentes étapes d'une action de la vie quotidienne telle que préparer mon sac pour la piscine.

Mmmmm p. 117

1	2	3	4	5	**6**	7	8	9	10

Ce code visuel rappelle la technique de découpage en minimissions, avec l'alternance entre le rôle de Maximoi (M) et de Minimoi (m). On peut l'écrire dans un coin du tableau avant de se lancer dans un exercice pour signifier aux élèves qu'ils devront l'utiliser.

Neurones « aimants » p. 86

1	2	3	**4**	5	6	7	8	9	10

Ces neurones représentent l'action du circuit de la récompense, et les forces qui font que notre attention est facilement attirée par tout ce qui nous parait immédiatement agréable et/ou excitant et amusant.
Exemples : je lis mes textos pendant une réunion, je joue avec mon taille crayon pendant une explication en classe.

Neurones « chefs » p. 96

1	2	3	4	**5**	6	7	8	9	10

Ces neurones nous permettent de ne pas oublier ce qu'on doit faire, de ne pas nous laisser distraire et de résister aux tentations que provoquent les neurones aimants. La notion de neurones chefs est fortement liée à l'intention. Le problème, c'est qu'ils s'endorment facilement…
Exemples : lancer un ballon de basket dans un panier, aller chercher du beurre dans le réfrigérateur, identifier tous les mots contenant un phonème spécifique dans un corpus… : quand on mène à bien ces intentions, c'est parce que nos neurones chefs s'en souviennent.

Oubli de l'intention (OUIN) p. 101

1	2	3	4	**5**	6	7	8	9	10

Ce code indique un **OU**bli de l'**IN**tention de départ, quand quelqu'un a oublié ce qu'il cherchait à faire (ses neurones chefs se sont endormis).
Exemples : je vais dans une pièce et me demande ce que je viens y chercher, je vais dans une pièce et, chemin faisant, bifurque vers autre chose.

PAM (proposition de **P**asser à **A**utre chose de **M**ieux) p. 153

1	2	3	4	5	6	7	**8**	9	10

Il s'agit de pensées soudaines qui nous incitent à passer à autre chose de plus attrayant ou de plus important, souvent associées à une émotion.
Exemples : je me mets à discuter avec mon voisin en classe, à jouer à un jeu sur mon téléphone, à repenser au film que je suis allé·e voir au cinéma.

Pensoscope p. 150

1	2	3	4	5	6	7	**8**	9	10

Cet outil simple peut être utilisé quand nos pensées s'emballent et nous font perdre le fil de ce que nous sommes en train de faire, pour remarquer ces pensées sans les laisser captiver notre attention, nous couper du monde et nous faire oublier notre intention de départ.

Perception p. 32 et p. 165

1	2	3	4	5	6	7	8	**9**	**10**

Tout ce qu'on perçoit, remarque et dont on peut parler ou que l'on peut décrire. L'attention se pose toujours sur une perception, qui en est la cible.
Exemples : un visage, le son de la guitare dans un morceau de musique, la vitesse de rotation d'un ballon de basket filant vers le panier, la voix avec laquelle on se chante « dans sa tête », une vive émotion.

« Petite voix » p. 35 et p. 178

1	2	3	4	5	6	7	8	9	**10**

Cette impression sonore de se parler dans sa tête, qui sert à lire ou à se répéter mentalement une phrase pour la retenir ou la comprendre.

PIM (**P**erception, **I**ntention, **M**anière d'agir) p. 162 à 193

1	2	3	4	5	6	7	8	**9**	**10**

Il s'agit des trois composantes à préciser clairement dans un PIM, pour savoir comment se concentrer. Le PIM est un mode d'emploi précis pour bien se concentrer sur une tâche à réaliser. On peut se rappeler de réfléchir à ses trois composantes en comptant sur ses doigts : **P**ouce (**P**erception), **I**ndex (**I**ntention) et **M**ajeur (**M**anière d'agir).
La perception correspond à une cible que l'on sait tout de suite trouver (savoir où regarder, ce qu'il faut écouter, ce à quoi il faut faire attention).
L'intention représente un but que nous souhaitons atteindre et que nous gardons en mémoire. C'est finalement ce que nous cherchons à faire.
La manière d'agir correspond à ce que l'on s'efforce de bien faire, au geste adéquat, ou à une action mentale, qui nous permet d'avoir un contrôle sur les choses pour que tout se passe selon notre intention.
Exemples : on peut définir un PIM pour emballer un cadeau, enfiler une aiguille, tracer un cercle avec un compas, visualiser un chemin qu'on est en train de nous décrire.

Poutre p. 54

1	**2**	3	4	5	6	7	8	9	10

La poutre évoque le sens de l'équilibre attentionnel. Les dimensions de la poutre (largeur, hauteur, longueur) précisent le niveau et la durée d'attention nécessaires pour réaliser une activité.

Ralentir p. 89

1	2	3	**4**	5	6	7	8	9	10

« Je ralentis... Est-ce que j'y vais ? » Cette formule simple résume l'action suivante : « Quand je remarque que je suis en train de tomber de la poutre, je ralentis et je décide si c'est bon, si je me laisse entrainer ou non, parce que c'est moi le chef, pas mes neurones aimants ni mes habitudes. »

RAP (Regard, Attention, Posture) p. 144

1	2	3	4	5	6	**7**	8	9	10

Les trois éléments de ce code permettent de bien sentir quand on ne fait plus attention, pour vite se replacer sur la poutre.

RAPPEL p. 157

1	2	3	4	5	6	7	**8**	9	10

RAPPEL : « Regard, **A**ttention, **P**osture, **P**ensées, **É**lan du corps, **L**aisser faire... ou pas ». Ce code rappelle tous les signes qui permettent de détecter et réagir à l'action des neurones aimants et des automatismes, afin de rétablir aussitôt son attention si besoin.
Exemple : j'identifie les signes et reconnais le moment au cours duquel je me sens attiré·e par l'envie de lire mes messages au cours d'une réunion (envie mais retenue quand même...).

Index des rituels

La réglette indique les principales séquences concernées par chaque rituel.

Les 3 « A » p. 60

1	**2**	3	4	5	6	7	8	9	10

Quand ? Avant chaque activité où cela peut être utile.
Comment ? De deux manières :
– en alternance avec la poutre, demander de temps en temps aux élèves d'évaluer en quelques secondes, à l'aide des 3 « A », le niveau d'attention dont ils pensent avoir besoin pour cette activité ;
– mobiliser les 3 » A » de manière directe, par exemple lorsqu'on aborde quelque chose de nouveau, une nouvelle explication : « Attention," A "rouge pendant trois minutes ! », et afficher au tableau un grand" A "de couleur rouge pendant ces trois minutes (bien penser à l'enlever à la fin de l'explication).
Pourquoi ? Pour amener progressivement les élèves à **gérer l'intensité de leur concentration dans le temps**.

Les 4 « R » p. 92

1	2	3	**4**	5	6	7	**8**	9	10

Quand ? Régulièrement, quand un·e élève se laisse distraire.
Comment ? Faire référence au mode marionnette ou aux neurones aimants pour **lui rappeler la raison précise de sa distraction :** « J'ai l'impression que là, tes neurones aimants viennent de décider pour toi de prendre ton bâton de colle pour jouer avec. Qu'est-ce que tu en penses ? N'oublie pas qu'ils ne doivent pas décider de tout dans ton cerveau. »
Rappeler l'attitude à adopter pour bien réagir à l'action de ses neurones aimants, en 4 « R » :
– je **R**essens que je me laisse entrainer ;
– je **R**alentis, au lieu de foncer vers ce qui m'attire ;
– je **R**egarde ce qui va se passer si j'obéis aux neurones aimants pour savoir si c'est une bonne idée et décider de ce que je fais ;
– je **R**éagis : j'y vais ou non, selon ce que j'ai décidé.
Pourquoi ? Pour amener les élèves à **identifier et à reconnaitre de plus en plus clairement et systématiquement, dès qu'elle se met en œuvre, l'action des automatismes et du circuit de récompense** sur leur attention. Les sensations caractéristiques qui accompagnent cette envie pourront ainsi lui servir de signal d'alarme.

Abeille (Poser son) p. 146

1	2	3	4	5	6	**7**	8	9	10

Quand ? Régulièrement, en début de classe ou au fil de la classe, lorsqu'on a besoin de mobiliser l'attention et le regard des élèves.
Comment ? Dessiner trois petits cercles concentriques au tableau, comme une cible, et **demander aux élèves d'y maintenir leur regard (leur « abeille »)** pendant une minute (adapter la durée, à allonger éventuellement au fil de l'année).
Rappeler aux élèves que leur abeille va avoir tendance à s'envoler sous l'action des systèmes qui distraient l'attention (automatismes et neurones aimants) et qu'ils doivent simplement **remarquer ces forces, en laissant leurs neurones chefs y résister doucement**, comme un funambule sur un fil.
On peut poser comme consigne supplémentaire de lever la main dès que le regard quitte les cercles et le jeu sera alors d'être le dernier à lever la main…
Ce rituel peut être appliqué à tout élément visuel sur lequel on souhaite maintenir l'attention et le regard des élèves (une image à observer, un texte à lire…).
Pourquoi ? Pour pouvoir faire appel à cette capacité à tout moment pour **ramener le regard et l'attention des élèves** sur ce qu'on est en train de montrer.

« Contact » p. 46

1	2	3	4	5	6	7	8	9	10

Quand ? À chaque fois qu'il est nécessaire que les élèves se « connectent » à vous, à ce que vous leur dites ou leur montrez.
Comment ? Prononcer le mot « Contact » (ou « Connexion », « Concentration » ou tout autre mot systématique de votre choix). Il indiquera aux élèves qu'il est nécessaire d'établir, pendant quelques instants, une connexion directe entre vous et les régions les plus « intelligentes » de leur cerveau, grâce à leur attention.
Pourquoi ? Habituer l'élève à **contrôler son attention** en se « connectant » grâce à un code simple.

Intention (Quelle est ton… ?) p. 110

1	2	3	4	**5**	6	7	8	9	10

Quand ? Régulièrement, au fil de la classe.
Comment ? Demander à un élève qui se jette tête baissée dans une activité de faire une petite pause pour expliquer le plus précisément possible ce qu'il cherche à faire. Pour vérifier qu'il est assez clair, on peut lui demander : « Si je répète à ton voisin ce que tu viens de m'expliquer, penses-tu qu'il aura suffisamment bien compris pour pouvoir finir à ta place ? » ou bien « Est-ce que tu vois bien comment tu vas t'y prendre ? De combien de temps as-tu besoin ? », ou encore « Dans cinq minutes, quand tu auras fini, qu'est-ce que tu verras devant toi sous tes yeux ? » On peut également demander : « As-tu besoin d'être très attentif/attentive ? » (voir « Les 3 "A" »).
Lorsque l'on constate que l'élève a oublié ce qu'il cherchait à faire, faire référence, régulièrement, au code « OUIN ».
Pourquoi ? Pour amener les élèves, par la répétition, à **toujours agir avec une intention claire et unique** qui guidera d'autant plus facilement leur attention.

Maximoi et le découpage en minimissions p. 131

1	2	3	4	5	**6**	7	8	9	10

Quand ? Régulièrement, avant de résoudre un problème, d'effectuer une tâche...
Comment ? Demander aux élèves de jouer (éventuellement collectivement) le rôle de Maximoi pour **établir la liste des petites missions précises à réaliser pour réussir** cette maximission. Préciser si possible pour chacune le temps qu'elle prendra (« Au bout de la première mission de cinq minutes, toutes les chaises seront retournées sur les tables »). On peut utiliser pour ce rituel la liste de vérification (p. 123, DOCUMENT 107).
Pourquoi ? Pour donner aux élèves **le réflexe de visualiser rapidement le « chemin », de petites poutres en petites poutres**, qui les conduira à l'objectif visé.

Le « pensoscope » p. 159

1	2	3	4	5	6	7	**8**	9	10

Quand ? Au fil de la classe ou en début de classe, lorsqu'on a besoin de mobiliser l'attention des élèves (alternative à « Poser son abeille »).
Comment ? Demander aux élèves de parcourir un cercle avec le doigt (ou de le dessiner en l'air ou sur une table) en une trentaine de secondes et de **prendre conscience des pensées qu'ils peuvent avoir** au fil du parcours (petite voix, images mentales, PAM...).
Rappeler qu'il ne s'agit pas forcément de distractions et qu'il n'est pas nécessaire de chercher à les éliminer, mais simplement de rester maitre de son attention.
Faire remarquer aux élèves que s'ils sont arrivés au bout du cercle, c'est qu'**ils savent prendre conscience de leurs pensées tout en maintenant leur attention** sur ce qu'ils sont en train de faire, et sans oublier la consigne. Ils restent sur cette petite poutre circulaire sans tomber.
En variante, on peut également demander aux élèves, lorsqu'une pensée survient, de se rappeler ce qu'ils étaient en train de faire, précisément, au moment où ils ont eu cette pensée.
Pourquoi ? Pour rappeler aux élèves qu'ils sont capables de maintenir leur attention malgré l'émergence de pensées distractrices.

Le perroquet p. 46 et p. 178

1	2	3	4	5	6	7	8	9	**10**

Quand ? De temps en temps.
Comment ? Au moment de donner une consigne orale ou écrite (par exemple, lorsqu'on dicte les devoirs), proposer aux élèves de **répéter consciemment et silencieusement la consigne dans leur tête** jusqu'à ce qu'ils aient fini de la noter. Leur laisser le temps de terminer, sans répéter la consigne.
Si les élèves l'ont bien comprise, ils peuvent utiliser cette technique plus souvent.
Pourquoi ? Cela permet aux élèves de **ritualiser l'utilisation de leur « petite voix »** et de prendre conscience de son intérêt dans la mémorisation.

La « petite voix » et l'alphabet : garder en tête une intention p. 110

1	2	3	4	**5**	6	7	8	9	10

Quand ? Régulièrement, au fil de la classe.
Comment ? Régulièrement, pour calmer l'attention des élèves avec la « petite voix », commencer à prononcer à voix haute une séquence de quatre lettres de l'alphabet (« A... B… C… D… ») à un rythme lent et bien cadencé, puis continuer mentalement en suivant l'alphabet. Les élèves doivent également poursuivre l'alphabet dans leur tête au même rythme jusqu'à un signal « Stop » donné par l'enseignant. Demander ensuite : « Qui en est à la lettre… G ? Qui en est à la lettre… H ? etc. » Le but du jeu est d'arriver à la même lettre que l'enseignant.
Pourquoi ? Pour donner aux élèves l'habitude de **garder en tête une intention**, sans se laisser distraire.

Le photographe p. 46 et p. 180

1	2	3	4	5	6	7	8	9	**10**

Quand ? Lorsque les élèves doivent ranger leur bureau.
Comment ? Demander aux élèves de fermer les yeux et de poser les mains sur leur bureau, pendant que vous leur décrivez à l'oral ce qu'ils doivent laisser sur le bureau (par exemple, la trousse + la règle + l'agenda). **Proposer aux élèves d'imaginer dans leur tête à quoi va ressembler leur bureau après le rangement, sous forme d'une image mentale** (leur demander de « prendre une photographie dans leur tête du bureau rangé », pour qu'ils visualisent exactement à quoi celui-ci va ressembler). Ensuite, les laisser agir pour que leur bureau ressemble à l'image mentale qu'ils se sont créée.
Pourquoi ? Cela permet de ritualiser **l'utilisation des images mentales** avant de passer à l'action.

Les PIM p. 175 et p. 193

1	2	3	4	5	6	7	8	**9**	**10**

Quand ? Au fil de la classe, dès que les élèves s'apprêtent à réaliser une activité (corporelle ou mentale) qui leur demande d'être bien concentré.
Comment ? Demander aux élèves d'indiquer avec leurs doigts (**P**ouce, **I**ndex, **M**ajeur) la **P**erception, l'**I**ntention et la **M**anière d'agir qu'ils doivent privilégier pour être bien concentré. Montrer éventuellement l'affiche PIM ou renvoyer à la carte PIM fabriquée par les élèves (p. 164).
Pourquoi ? En répétant ce rituel, les élèves constateront que **les PIM à utiliser pour les petites actions délicates de la vie quotidienne sont souvent un peu les mêmes**. Ils prendront **l'habitude de les utiliser** pour se connecter rapidement à ce qu'ils font.
→ Un PIM pour bien se concentrer en écoutant p. 193
→ Un PIM pour lire en étant bien concentré p. 193

La poutre p. 60

1	**2**	3	4	5	6	7	8	9	10

Quand ? Avant chaque activité où cela peut être utile.
Comment ? Demander aux élèves de se représenter cette activité comme une poutre à traverser. Indiquer ensuite : « Quand vous serez prêts, montez sur la poutre et préparez-vous à rester bien stables, même si vous êtes distraits par des choses autour de vous. » Pour les plus grands, leur faire évaluer le niveau et la durée de concentration dont ils vont avoir besoin : « Pour vous, pour cette activité, la poutre est-elle étroite ou large ? Courte ou longue ? Haute ou basse ? »
Pourquoi ? Pour que les élèves se rappellent **l'importance d'être bien concentrés**, mais aussi pour les ramener dans une attitude de vigilance.

Regard, Attention, Posture (RAP) p. 146

1	2	3	4	5	6	**7**	8	9	10

Quand ? Au fil de la classe, quand l'action des neurones aimants ou du mode marionnette se fait sentir chez un·e élève.
Comment ? Demander à un·e élève d'indiquer **quelles lettres du mot RAP** lui ont permis de savoir qu'il/elle était tombé·e de la poutre. Lui demander : « T'es-tu rendu·e compte que tu étais en train de tomber ? » et « As-tu vraiment choisi de le faire ? »
Pourquoi ? Pour rendre les élèves de plus en plus sensibles aux signes précurseurs de la distraction par des éléments externes.

Le signal du départ p. 131

1	2	3	4	5	**6**	7	8	9	10

Quand ? Avant de réaliser une minimission.
Comment ? L'élève prend l'habitude de lâcher ce qu'il/elle tient dans la main (si possible !) pour poser doucement son pouce au contact de son majeur (voir p. 127), comme pour se préparer à claquer des doigts (éventuellement avec chaque main, de manière à former deux petits cercles), le temps de visualiser précisément comment va se dérouler sa minimission et ce qu'il va falloir faire. Quand il/elle est prêt(e) à agir, l'élève claque discrètement les doigts pour lancer Minimoi, donc se mettre en action.
Pourquoi ? Pour empêcher l'élève de se lancer tout de suite sans réfléchir dans l'action (dessiner, saisir, écrire…) sans prévoir vraiment où celle-ci va le/la mener. Cette petite gestuelle indique également à l'enseignant·e que l'élève se prépare à agir.

Corrigés des quiz CE et CM

Séquence 1

→ livret CE p. 7

1. Faux, on peut être sage sans être attentif. Être attentif ne veut pas dire être sage. **2.** qu'on n'entend que dans sa tête. **3.** Quand je me récite une poésie dans ma tête, j'utilise ma petite voix. Quand j'imagine un personnage décrit dans un livre, j'utilise une image mentale. **4.** Barrer : « ce que pense mon voisin ». **5.** le frein du vélo, qui fonctionne quand il est en contact avec la roue. **6.** apprendre à être attentif.

→ livret CM p. 7

1. qu'on n'entend que dans sa tête. **2.** Quand je me récite une poésie dans ma tête, j'utilise ma petite voix. Quand j'imagine un personnage décrit dans un livre, j'utilise une image mentale. **3.** Barrer : « ce que pense mon voisin ». **4.** Je me fabrique une image mentale… : « Le photographe ». Je me répète plusieurs fois dans ma tête… : « Le perroquet ». **5.** le frein du vélo, qui fonctionne quand il est en contact avec la roue. **6.** apprendre l'attention. **7.** C'est savoir être attentif aux émotions des autres ou de soi-même. **8.** contact, connexion.

Séquence 2

→ livret CE p. 11

1. réfléchir à ce qu'il faut faire si on tombe. **2.** haute et étroite. **3.** je dois être bien concentré sur mon activité. **4.** à gauche : A, à droite : A. **5.** Vrai. **6.** au bon moment.

→ livret CM p. 11

1. réfléchir à ce qu'il faut faire si on tombe. **2.** Vrai. **3.** haute et étroite. **4.** Poutre haute : « Ce que je dois faire est difficile. » Poutre étroite : « Il serait risqué de me déconcentrer. » Poutre courte : « Je n'ai pas besoin de me concentrer longtemps. » **5.** Faux. **6.** Le niveau d'attention nécessaire pour réussir une activité précise peut varier d'une personne à l'autre. **7.** Faux. **8.** au bon moment.

Séquence 3

→ livret CE p. 14

1. un gant de boxe. **2.** un arbre. **3.** Barrer : « faire pousser les cheveux ». **4.** en travaillant en équipe. **5.** la sonnette de la boulangerie. **6.** Faux.

→ livret CM p. 14

1. À un gant de boxe. **2.** Les lobes. **3.** À une immense forêt, composé de milliards d'arbres qui communiquent entre eux. **4.** Barrer : « faire pousser les cheveux ». **5.** à l'avant. **6.** Vrai. **7.** neurones, se connecter, percevoir, automatismes. **8.** la sonnette de la boulangerie.

Séquence 4

→ livret CE p. 18

1. mes automatismes me font réagir trop vite. **2.** ☹ puis ☺ **3.** b. Les neurones aimants peuvent être utiles, ils nous aident à être concentré quand on fait quelque chose qui nous fait plaisir. **4.** Faux. **5.** neurones aimants, habitudes. **6.** 1 Ressentir, 2 Ralentir, 3 Regarder, 4 Réagir.

→ livret CM p. 18

1. mes automatismes me font réagir trop vite. **2.** Vrai. **3.** J'entends la porte qui s'ouvre : Je tourne la tête. J'entends la sonnerie : Je commence à ranger mes affaires. Je remarque un copain au loin : Je l'appelle ou lui fais un signe. Je m'ennuie à mon bureau : Je gribouille sur une feuille. **4.** habitude. **5.** ☹ puis ☺ **6.** parce que ces neurones nous attirent vers ce qu'on aime. **7.** Vrai. **8.** 1 Ressentir, 2 Ralentir, 3 Regarder, 4 Réagir.

Séquence 5

→ livret CE p. 21

1. ce que je cherche à faire. **2.** Vrai. **3.** on oublie son intention de départ. **4.** courtes. **5.** chanter/t'habiller ou marcher, regarder quelqu'un/écouter quelqu'un ou marcher. Il arrive de pouvoir lire et marcher en même temps. **6.** Vrai.

→ livret CM p. 21

1. ce que je cherche à faire. **2.** Vrai. **3.** facile. **4.** quand on oublie son intention de départ.
5. Sur des tâches courtes. **6.** Se concentrer sur une chose à la fois. **7.** ça ne se mélange pas. **8.** Vrai.

Séquence 6

→ livret CE p. 26

1. qu'on voit tout de suite comment faire. **2.** Minimoi est rapide et fort. Maximoi a une très bonne mémoire et est intelligent. **3.** minimission : « Je sais faire. »

maximission : « Je dois la découper en missions plus simples. » **4.** claires, concrètes, courtes. **5.** une seule poutre qu'on doit traverser. **6.** La 2e ligne : **S**top : je m'arrête pour réfléchir ; je découpe ma mission avec **M**aximoi ; j'agis avec **M**inimoi, et quand tout est **O**K, je fais une **P**ause et je savoure mon succès (SMmOP).

→ livret CM p. 26
1. qu'on voit tout de suite comment faire. **2.** Minimoi est rapide et fort. Maximoi a une très bonne mémoire et est intelligent. **3.** minimission : « Je sais faire. » maximission : « Je dois la découper en missions plus simples. » **4.** Faux. **5.** claires, concrètes, courtes. **6.** une seule poutre qu'on doit traverser. **7.** 4, 1, 3, 2. **8.** Au golf, car le golfeur atteint le trou en plusieurs coups successifs.

Séquence 7

→ livret CE p. 29
1. rapidement, par saccades. **2.** marcher sur une poutre. **3.** Vrai. **4.** je dois remarquer tout de suite si je suis en train de tomber pour rétablir mon équilibre. **5.** Regard, Attention, Posture.
6. Il faut ralentir.

→ livret CM p. 29
1. rapidement, par saccades. **2.** Vrai. **3.** marcher sur une poutre. **4.** Vrai. **5.** je dois remarquer tout de suite si je suis en train de tomber, pour pouvoir rétablir mon équilibre. **6.** Regard, Attention, Posture. **7.** Vrai. **8.** Il faut ralentir.

Séquence 8

→ livret CE p. 33
1. Vrai. **2.** Passer à Autre chose de Mieux (ou qui a l'air mieux). **3.** est exactement comme une vraie image. **4.** Faux. **5.** ralentir. **6.** R, A, P, P, E, L : RAPPEL.

→ livret CM p. 33
1. Vrai. **2.** Passer à Autre chose de Mieux (ou qui a l'air mieux). **3.** est exactement comme une vraie image. **4.** Faux. **5.** Un cercle qui me permet de repérer quand des pensées arrivent, sans me laisser distraire. **6.** ralentir. **7.** Vrai. **8.** R, A, P, P, E, L : RAPPEL.

Séquence 9

→ livret CE p. 35
1. Perception, Intention, Manière d'agir. **2.** Un PIM est un mode d'emploi pour bien se concentrer. **3.** Vrai. **4.** *A priori*, faire du vélo car ce doit être un automatisme pour les élèves, mais on peut imaginer que certain·e·s puissent ressentir le besoin d'utiliser un PIM pour cela. **5.** « Je dois bien ajuster la position et l'inclinaison de la bouteille avec ma main » : M, « Je regarde le lait qui coule dans le bol » : P, « Je veux que le lait s'écoule doucement dans le bol, jusqu'à ce qu'il arrive au niveau désiré » : I. **6.** Faux, ils peuvent servir pour des activités faciles, mais qui demandent à être bien concentré pour y arriver.

→ livret CM p. 36
1. Perception, Intention, Manière d'agir. **2.** Vrai. **3.** M, P, I. **4.** Vrai. **5.** ont chacun un PIM différent. **6.** Faux, ils peuvent servir pour des activités faciles, mais qui demandent à être bien concentré pour y arriver. **7.** rester connecté à cette activité. **8.** Faux.

Séquence 10

→ livret CM p. 38
1. peut être quelque chose que l'on fait dans sa tête, une action mentale. **2.** Vrai. **3.** utiliser ma petite voix, me répéter des mots dans ma tête, créer une image mentale, imaginer un personnage, écrire des mots sur mon écran mental. **4.** Vrai. **5.** difficile. **6.** me créer des images mentales de ce qu'on me raconte. **7.** plusieurs manières. **8.** alterner deux PIM rapidement.

Crédits photographiques

DOCUMENTS (BLOC RESSOURCES DÉTACHABLE)

Doc 2 CP img1 © Soho A studio - stock.adobe.com ; img2 © Stephan Franz Ferdinand Dinges - stock.adobe.com ; img3 © Nomad_Soul - stock.adobe.com ; img4 et 5 © Katarzyna Bialasiewicz - stock.adobe.com ; img5 ; img6 © Alex - stock.adobe.com ; img7 © Troels Kjems - stock.adobe.com ; img8 © Image'in - stock.adobe.com (reprises : guide p. 8, p. 29) ; **Doc 2 CE-CM** img5 © Robert Kneschke - stock.adobe.com ; img8 © Rido - stock.adobe.com ; img10 ©Irina Belcikova - stock.adobe.com ; img11 © master1305 - stock.adobe.com ; img12 © Tatsiana - stock.adobe.com (reprise : guide p. 29) ; **Doc 3** © moofushi - stock.adobe.com (reprises : guide p. 16, p. 29 ; livrets CE et CM p. 1) ; **Doc 8** img1 © primo-piano - istock.com ; img2 © Ilyabolotov - istock.com ; img3 © calvindexter - istock.com ; img4 © rosinka- istock.com ; img5 © Chereliss - istock.com ; img6 © Olivier Verriest - istock.com ; img7 © robuart - istock.com ; img8 © hidesy - istock.com ; img9 © edge69 - istock.com (reprise : guide p. 38) ; **Doc 9** img1 © ncognet0 - istock.com ; img2 © LIGHTFIELD STUDIOS - stock.adobe.com ; img3 © Pixel-Shot - stock.adobe.com ; img4 © Olga Yastremska New Africa Africa Studio - stock.adobe.com ; img5 © x4wiz - stock.adobe.com ; img6 © Tan Kian Khoon - istock.com (reprise : guide p. 40) ; **Synthèse séquence 1** © ET - stock.adobe.com (reprise : guide p. 46) ; **Doc 15** © Monkey Business - stock.adobe.com (reprise : guide p. 55) ; **Doc 16** © matimix - istock.com (reprise : guide p. 55) ; **Doc 17** © Sven Bähren - stock.adobe.com (reprise : guide p. 55) ; © Katarzyna Bialasiewicz - istock.com (reprise : guide p. 55) ; **Doc 20** © ChristianSchwier - istock.com (reprise : guide p. 58) ; **Doc 21** © svetikd - istock.com (reprise : guide p. 58) ; **Doc 22** © Andrey Sinenkiy - istock.com (reprise : guide p. 58) ; **Doc 24** © Robert Kneschke - istock.com (reprise : guide p. 58) ; **Doc 29** © ChrisGorgio - istock.com (reprise : guide p. 64) ; **Doc 30 g** © Jolygon - istock.com (reprises : Doc 33, Doc 38, guide p. 64, 66, 67, 70, 77, Synthèse séquence 3) ; **Doc 30 d** © alaik - istock.com (reprises : guide p. 64, p. 77) ; **Doc 31** © mmzgombic - stock.adobe.com (reprise : guide p. 65) ; **Doc 34** © ktsdesign - stock.adobe.com (reprises : guide p .67, p. 77) ; **Doc 35** © Redfox1980 - stock.adobe.com (reprise : guide p. 67) ; **Doc 38** les sens © passengerz - istock.com (reprises : guide p. 70 ; livret CM p. 4) ; **Docs 47-48** © avirid - stock.adobe.com (reprise : guide p. 74) ; **Doc 49** © André PASCAL / Biosphoto (reprise : guide p. 74) ; **Doc 50** © Bruno Manunza / Biosphoto (reprise : guide p. 74) ; **Doc 51** Ph.Style-photography © Archives Sejer (reprise : guide p. 74) ; **Doc 52** © SPL - Science Photo Library / Simon Booth / Biosphoto (reprise : guide p. 74) ; **Doc 53** © Fedoruk - stock.adobe.com (reprise : guide p. 74) ; **Doc 54** © vpardi - stock.adobe.com (reprise : guide p. 74) ; **Doc 55** Ph. Jeanbor © Archives Bordas (reprise : guide p. 74) ; **Séquence 3 synthèse d** © Beboy - stock.adobe.com (reprise : guide p. 77) **; Séquence 3 synthèse 2** © ekolara - istock.com ; **Doc 60** Ph. Sylvie Thenard © Archives Sejer (reprise : guide p. 80) ; **Doc 61** ©supamas - stock.adobe.com (reprise : guide p. 80) ; **Doc 62** Ph.J. Helgason © Archives Sejer (reprise : guide p. 80) ; **Doc 63** © Suraphol - stock.adobe.com (reprise : guide p. 80) ; **Doc 67** © webphotographeer - istock.com (reprise : guide p. 84) ; **Doc 68** © Mendel Perkins - istock.com (reprise : guide p. 86) ; **Doc 72 ht** en bas img1 © Dusan Kostic - stock.adobe.com ; img2 © Natasha - stock.adobe.com ; img3 © OlgaKhorkova - istock.com ; img4 © Olesia Bilkei - stock.adobe.com (reprise : livrets CE-CM p. 23) ; img5 © TheVisualsYouNeed - stock.adobe.com ; img6 © Kenishirotie - stock.adobe.com ; img7 © monkeybusinessimages - istock.com ; img9 © WavebreakMediaMicro - stock.adobe.com ; img10 © Laiotz - stock.adobe.com ; **Doc 86** © Daniel Holland - istock.com (reprise : guide p. 104) ; **Doc 87** © Archives Larbor (reprise : guide p. 104) ; **Doc 92** © Pro100Dzu - istock.com (reprises : guide p. 108, p. 110) ; **Doc 97** chat - poisson © Laiotz - stock.adobe.com ; oiseau © maya - stock.adobe.com ; **Doc 98** img1 © Monkey Business - stock.adobe.com ; img2 © Yuri Arcurs - istock.com ; img3 © Olga Yastremska- stock.adobe.com ; img4 © Muralinath - istock.com ; img5 © xavierarnau - istock.com ; img6 © Ivan Bliznetsov - istock.com ; img7 © ziggy - stock.adobe.com ; img8 © Ella - stock.adobe.com ; img9 © Liudmila - stock.adobe.com ; img10 © zest_marina - stock.adobe.com ; img11 © kaganskaya115 - stock.adobe.com ; img12 © PeopleImages.com - istock.com (reprises : guide p. 118) ; **Doc 113** © Grecaud Paul - stock.adobe.com (reprise : guide p. 134) ; **Doc 114** img1-6-9-11 © Olivier Verriest - istock.com ; img3814-15 © IconicBestiary - istock.com ; img4-51-16 © seijiro- istock.com ; img7-13 © maria17 - istock.com (reprises : guide p. 134, Doc 116) ; **Doc 117** img1-12 © Nitr - stock.adobe.com ; img2-16 © Grecaud Paul - stock.adobe.com ; img3-9 © Ian Grainge r- stock.adobe.com ; img4-10 © Stanislau Beloglazov - stock.adobe.com ; img5-16 © nattanan726 - stock.adobe.com ; img5-11 © Akio Torikoshi - stock.adobe.com ; img7-13 © Jan - stock.adobe.com ; img8-14 © May_Chanikran - stock.adobe.com (reprises : guide p. 135) ; **Doc 122** © Luckykot - istock.com (reprises : guide p. 138, p. 153) ; **Doc 123** © Photoplotnikov - istock.com (reprises : guide p. 138, p. 153) ; **Synthèse séquence 7** 1 © Vect0r-0vich - istock.com (reprises : guide p. 146, livret CE-CM) ; **Synthèse séquence 7** 2 © alashi - istock.com (reprise : guide p. 146) ; **Doc 138** sol glissant © graphlight - stock.adobe.com ; panneau © iMAGINE - stock.adobe.com

LIVRET CE

p. 3 img1 © May_Chanikran - stock.adobe.com ; img2 © Soloviova - stock.adobe.com ; img3 © Kumer Sergii - stock.adobe.com ; img4 © Sergey Novikov - stock.adobe.com ; img5 © Andrey - stock.adobe.com ; img6 © Akio Torikoshi - stock.adobe.com ; img7 © yanlev - stock.adobe.com ; img8 © Sasiistock - stock.adobe.com ; **p. 8** img1-5 © Imgorthand - stock.adobe.com ; img2 © Katarzyna Bialasiewicz - stock.adobe.com ; img3 © Dmitri Maruta - stock.adobe.com ; img4 © djedzura - stock.adobe.com ; img6 © alexbrylovhk - stock.adobe.com ; **p. 10** bas g © skif - stock.adobe.com ; bas m © Iakov Filimonov - stock.adobe.com ; bas d © mashiki - stock.adobe.com ; **p. 11** g © Alexander Rochau - stock.adobe.com ; d © Biserka Stojanovic - stock.adobe.c om (reprises : guide p. 17, p. 61) ; **p. 15** img1 © Katarzyna Bialasiewicz - stock.adobe.com ; img2 © Vesnaandjic - istock.com ; img3 © fstop123 - stock.adobe.com ; img4 ©Paolese - stock.adobe.com ; img5 © mimagephotos - stock.adobe.com ; img6 © New Africa - stock.adobe.com ; **p. 16** ht g © STEVE DEBENPORT- istock.com ; ht d © Graham Oliver - stock.adobe.com ; bas g © Vasyl - stock.adobe.com ; bas d © Ermolaev Alexandr - stock.adobe.com ; **p. 18** g © shironosov - istock.com ; d © Joaquin Corbalan - stock.adobe.com ; **p. 23** ht d © Zoran Mircetic - istock.com ; bas g © Rido - istock.com ; bas d © Halfpoint - stock.adobe.com ; **p. 27** m-d © Andrii Shelenkov - istock.com ; **p. 35** g © Cheryl Casey - istock.com ; d © Monkey Business - stock.adobe.com

LIVRET CM

Reprise des images du livret CE et **p. 3** img1 © New Africa - stock.adobe.com ; img5 © skumer - stock.adobe.com ; img6 © vladans - stock.adobe.com ; **p. 8** img1 © zhukovvvlad - stock.adobe.com ; img2 © triloks - stock.adobe.com ; img3 © damircudic - stock.adobe.com ; **p. 35** g © Lsantilli - stock.adobe.com ; m © Marina_Eno - stock.adobe.com ; d © Vrzalski - istock.com

Nous remercions Aurélia Onyszko (blog MaitresseAurel.ektablog.com)
et Delphine Guichard (blog Charivarialecole.fr) pour leur éclairage
sur leur pratique en classe du programme ATOLE.

Cet ouvrage est conforme à l'orthographe rectifiée :
www.orthographe-recommandee.info

Édition : **Anne Balaguier**, avec l'aide de **Beata Zagorowska**
Direction éditoriale : **Marjorie Marlein**
Maquette et mise en page : **Hugues Vollant**
Illustrations : **Astrid Scaramus**
sauf docs 4 et 121 : **Charlotte Cornudet** ;
docs 25, 26 et 27 : **Laurent Blondel • Corédoc**
Recherche iconographique : **Sylvie Leneveu**
Fabrication : **Sébastien Argant**

N° édition : 10280642 - Dépôt légal : août 2021
Imprimé en France en décembre 2021 par la Nouvelle Imprimerie Laballery, 58500 Clamecy - N°111577

Accédez à la version numérique vidéoprojetable du Guide des séquences ATOLE !

Comment faire ?

1 Rendez-vous sur **activation.mdi-editions.com**

2 Saisissez le code d'activation et connectez-vous (ou créez votre compte si vous n'en avez pas) :

FRM82-USJ-Y7Q-DTCN

3 Vous recevrez un email avec les instructions à suivre pour accéder aux ressources dans Biblio Manuels

- ✓ **Installation sur PC ou MAC**
- ✓ **Une connexion Internet est requise pour l'installation**

Les éditions MDI vous accompagnent :

tél. : 01 53 55 26 21
du lundi au vendredi (8h30-17h30)

site : www.mdi-editions.com
e-mail : service.clients@mdi-editions.com

JEAN-PHILIPPE LACHAUX

CYCLES 2 et 3

ATOLE

Apprendre l'ATtention à l'écOLE

Bloc ressources détachable

CANOPÉ

éditions mdi

MODE D'EMPLOI DU BLOC DÉTACHABLE

Vous trouverez dans ce bloc tous les documents utilisés dans le programme ATOLE et mentionnés dans le guide des séquences. Tous ces documents sont également disponibles et téléchargeables sur le site compagnon du programme ATOLE, classés par séquence et par activité.

→ Les documents

L'usage du document est précisé à chaque fois (à projeter, à distribuer, à afficher…). « À afficher » concerne les classes ne disposant pas de matériel de projection ; il est également possible de faire passer le document parmi les élèves.

Les documents sont classés dans l'ordre des séquences et des activités.

Les images des pages « Synthèse » qui ne font pas partie des documents numérotés vus dans la séquence sont proposées après tous les documents de la séquence concernée.

Certains documents sont déclinés en versions CP, CE ou CM.

→ Les livrets ATOLE CE et CM

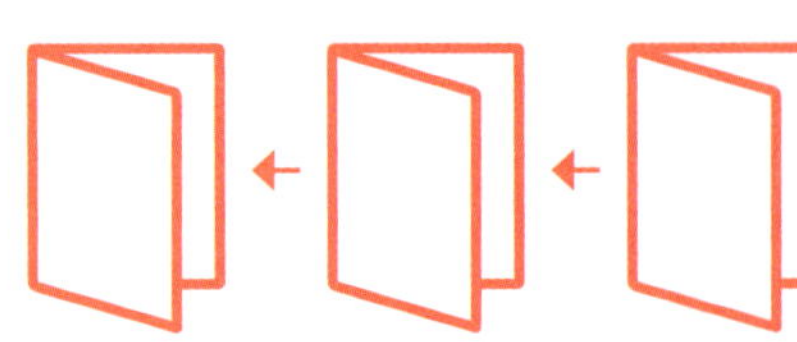

Ces livrets individuels (une version CE, une version CM) sont proposés à la fin de ce bloc, après les documents et avant les images récapitulatives des séquences.
Il suffit de les imprimer, puis de plier en deux ensemble toutes les feuilles du livret.
Leur usage est appelé dans le guide par le pictogramme

→ Les affiches des séquences

En fin de bloc, une image par séquence rappelle l'essentiel de ce qui y a été vu. Ces images peuvent être affichées en classe de manière permanente au fur et à mesure de l'avancée du programme.

SÉQUENCE 1 · Activité 1 · **DOCUMENT 1 : QUE SIGNIFIE « ÊTRE ATTENTIF ? »** · À projeter / À afficher

JE DÉCOUVRE CE QU'EST L'ATTENTION

1. **Colorie** le numéro des activités qui demandent d'être attentif, selon toi.

2. **Entoure** sur les images les personnages qui te semblent attentifs.

3. **Barre** sur les images les personnages qui te semblent inattentifs.

JE DÉCOUVRE CE QU'EST L'ATTENTION

1. **Écris** le numéro des activités qui demandent d'être attentif selon toi.

....

2. **Entoure** sur les images les personnages qui te semblent attentifs.

3. **Barre** sur les images les personnages qui te semblent inattentifs.

SÉQUENCE 1 • Activité 2 • **DOCUMENT 4 CP : OBSERVER L'ATTENTION ET L'INATTENTION** • À projeter / À afficher

QUEL EXTRAORDINAIRE BUCHERON !

Le castor est un rongeur qui pèse à peine 20 kilos.
Il peut mesurer jusqu'à 1,60 mètre de long, dont 30 centimètres pour la queue.
Il est fait pour vivre dans l'eau : il a les pieds palmés et une queue aplatie qui lui sert de pagaie.
On le trouve principalement en Amérique du Nord, dans la forêt, près des ruisseaux, des lacs et des étangs.
Son nom scientifique est d'ailleurs « *castor Canadensis* » ou castor du Canada !
Il se nourrit d'écorces et de feuilles et stocke des branches sous l'eau pour avoir de quoi manger pendant l'hiver.

Le castor n'a pas de moyen de défense.
Il ne sait même pas effrayer son adversaire, ni se sauver en courant ou en grimpant.
Lorsqu'un danger survient, il frappe l'eau ou la terre avec sa queue plate.
Ainsi prévenus, les autres castors se sauvent en plongeant dans l'eau.
Ils peuvent y rester jusqu'à un quart d'heure sans respirer.

Mais la profondeur des points d'eau change souvent : pendant les fortes pluies, les lacs sont pleins, tandis que pendant les périodes de sécheresse, le niveau baisse.
Le castor court alors le risque d'être à la merci de ses ennemis.
C'est pourquoi, comme les hommes, il construit des barrages pour retenir l'eau.
Il peut ainsi disposer d'une profondeur constante en toute saison.

Pour construire ses barrages, le castor utilise tout ce que lui donne la forêt : du bois, des pierres, de la terre… Les pièces de bois doivent être énormes et solides.
Alors le castor abat des arbres et en découpe le tronc et les branches.
Pour ce travail, il s'assied sur ses pattes de derrière et s'appuie sur sa large queue.
Avec les ongles de ses pattes de devant, il griffe l'écorce.
Puis il attaque le bois avec ses dents : celles de devant servent de point d'appui, tandis que celles du bas arrachent de larges copeaux.
Record obtenu par ces bucherons exceptionnels : abattre un arbre de 30 mètres de haut et de 1,75 mètre de diamètre à la base !

Une fois l'arbre coupé, les castors le découpent en morceaux de 1 à 2 mètres de long qu'ils transportent jusqu'à leur barrage.
La plupart de ces barrages font moins de 100 mètres de long, mais le plus grand mesurait 650 mètres !
Le castor construit ensuite sa hutte au milieu du lac avec plusieurs entrées et sorties sous le niveau de l'eau… ce qui lui permet d'aller et venir tranquillement sans être repéré par ses ennemis.

Texte de Jean et Jeanine Guion

SÉQUENCE 1 · Activité 5 · **DOCUMENT 6 : LA « PETITE VOIX »** · À projeter / À afficher

SÉQUENCE 1 • Activité 6 • **DOCUMENT 7 : LES IMAGES MENTALES** • À projeter / À afficher

DESSINS À MÉMORISER

SÉQUENCE 1 • Activité 7 • **DOCUMENT 9 : IDENTIFIER LES ÉMOTIONS** • À projeter / À afficher

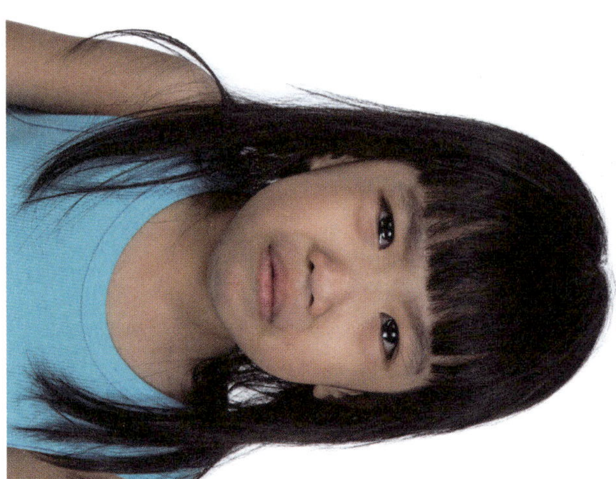

10

SÉQUENCE 2 • Activité 3 (partie 1) • **DOCUMENT 17 : QUEL EST LE NIVEAU D'ATTENTION NÉCESSAIRE ?** • À projeter / À afficher

A
A
A

LE TABLEAU DES 3 « A »

J'évalue le besoin d'attention dont je pense avoir besoin pour réaliser une activité.

A	A	A

EXEMPLES D'ACTIVITÉS POUR LE TABLEAU DES 3 « A »

Copier une leçon	Lire à haute voix	Lire l'heure	Apprendre une poésie
Apprendre une leçon	Réciter une leçon	Répondre à une question	Tracer une figure géométrique
Lire dans sa tête	Poser une opération	Calculer dans sa tête	Faire une dictée
Compter dans sa tête	Écouter la maitresse ou le maitre	Apprendre des dates historiques	Utiliser sa règle

L'ATTENTIFOMÈTRE

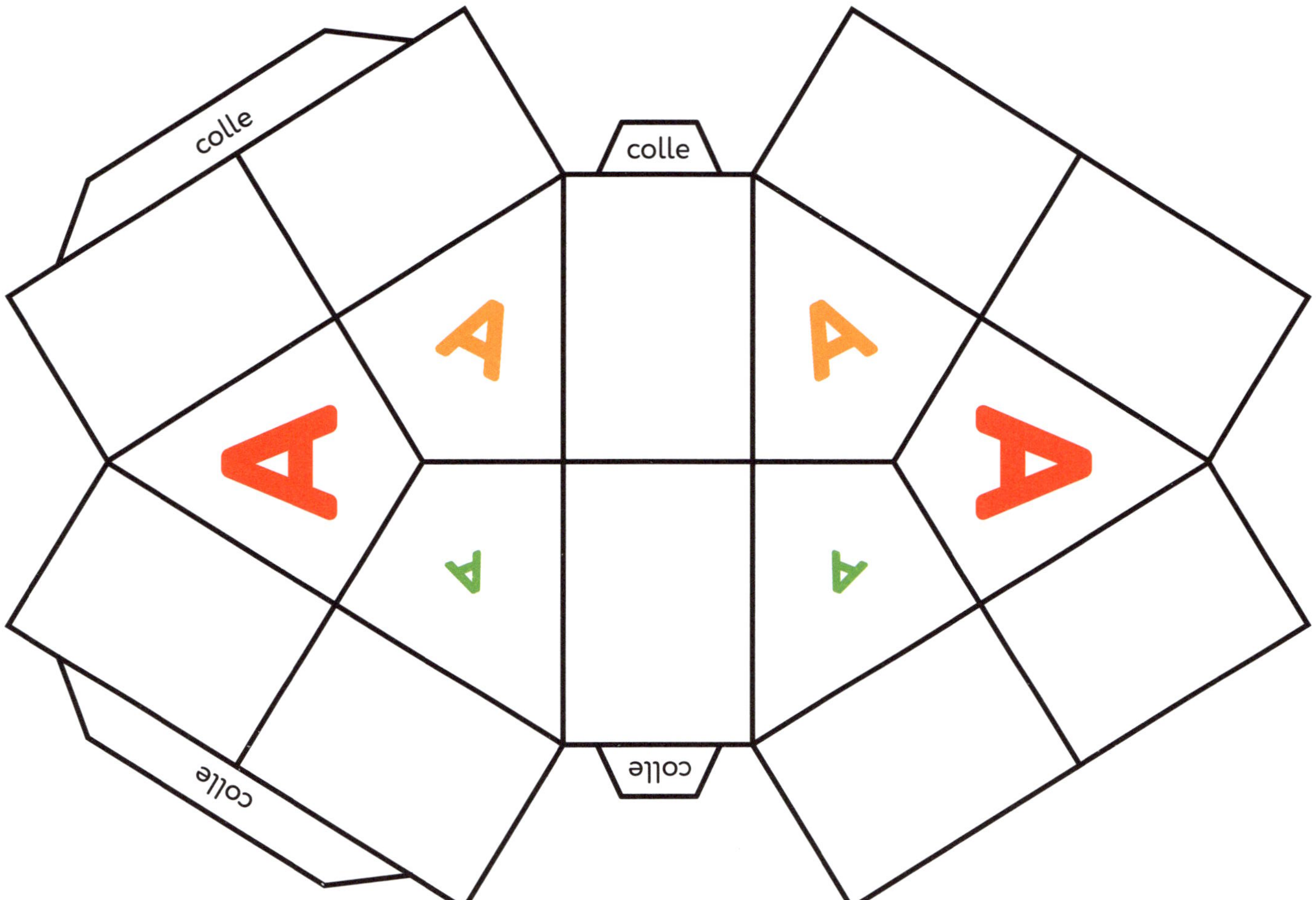

1. **Découpe ce patron.**

2. **Marque bien les pliures.**

3. **Dépose de la colle** sur les languettes et assemble-le.

4. Tu peux désormais évaluer le niveau d'attention dont tu penses avoir besoin pour réaliser une activité ! Il te suffit de poser ton attentifomètre sur la table en mettant vers le haut le A de couleur correspondant.

LE CUBE DES 3 « A »

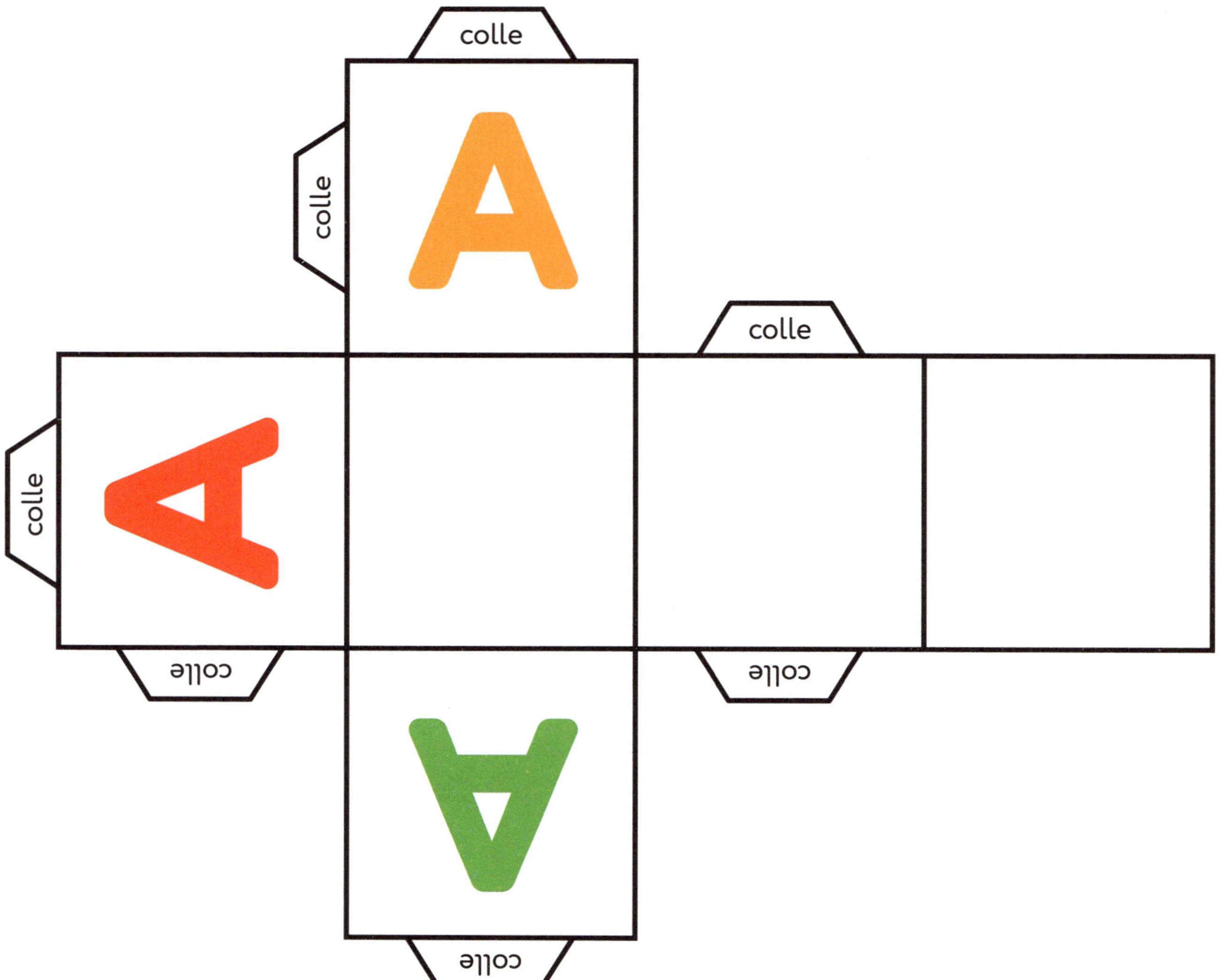

1. **Découpe ce patron.**

2. **Marque bien les pliures.**

3. **Dépose de la colle** sur les languettes et assemble-le.

4. Tu peux désormais évaluer le niveau d'attention dont tu penses avoir besoin pour réaliser une activité ! Il te suffit de poser ton cube sur la table en mettant devant toi le « A » de couleur correspondant.

LE CAMEMBERT DES 3 « A »

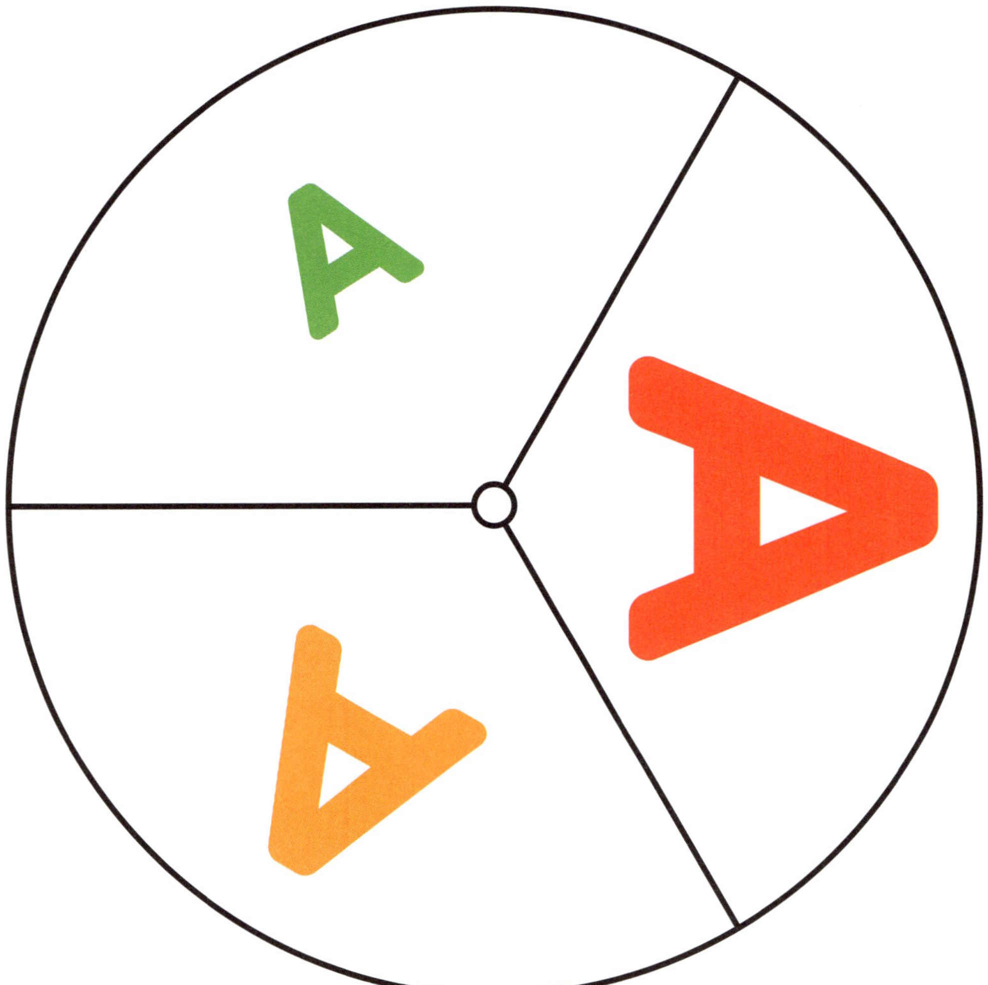

1. Découpe le camembert des 3 « A ».

2. Découpe l'aiguille et fixe-la au centre du camembert avec une attache parisienne.

3. Tu peux désormais évaluer le niveau d'attention dont tu penses avoir besoin pour réaliser une activité ! Il te suffit de déplacer l'aiguille vers le « A » de couleur correspondant.

A
HAUTE?
ÉTROITE ?
LONGUE ?
A
A
COURTE ?
LARGE ?
BASSE ?

SÉQUENCE 3 • Activité 1 • **DOCUMENT 29 : LE CERVEAU** • À projeter / À afficher

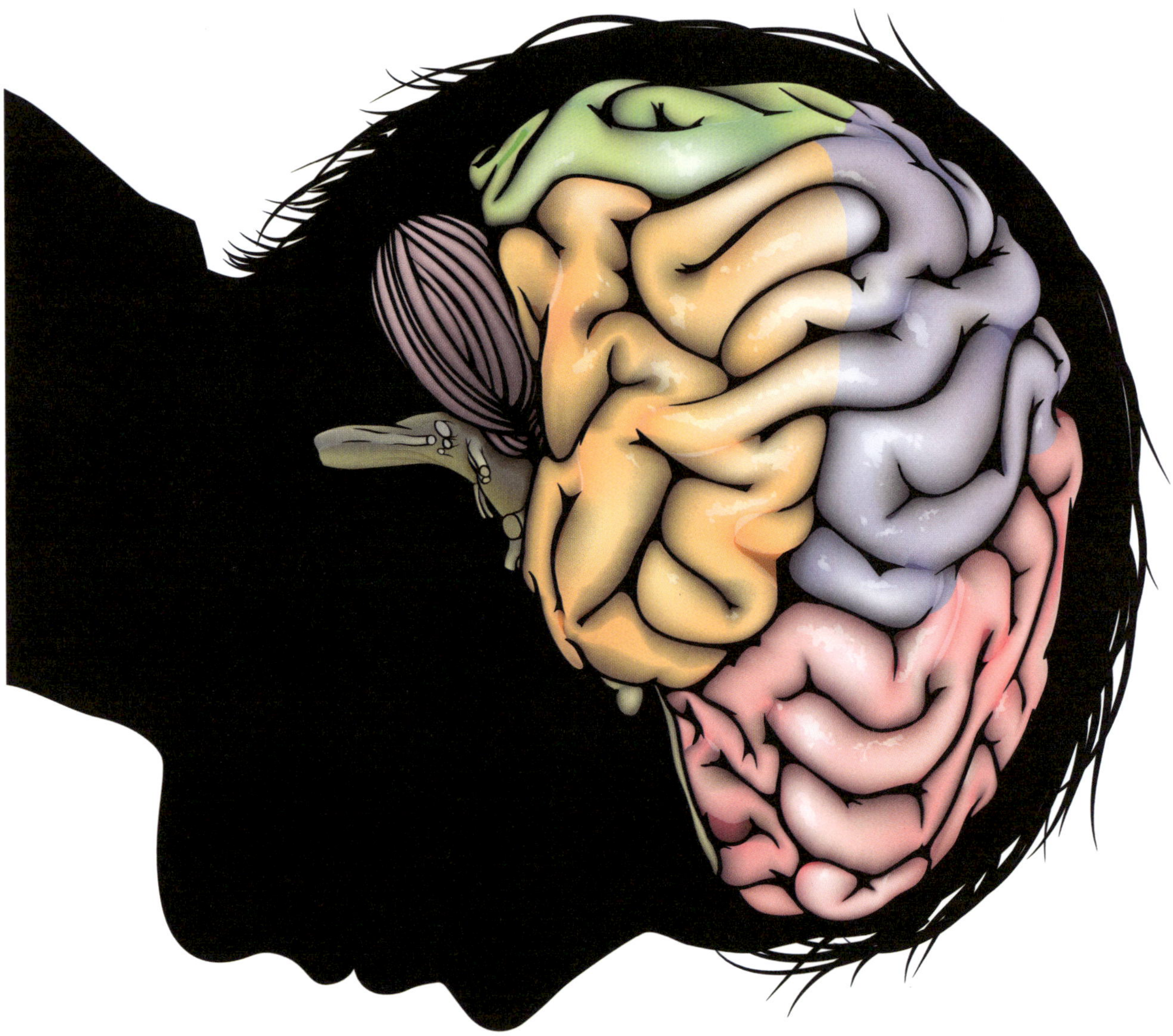

À QUOI RESSEMBLE LE CERVEAU ?

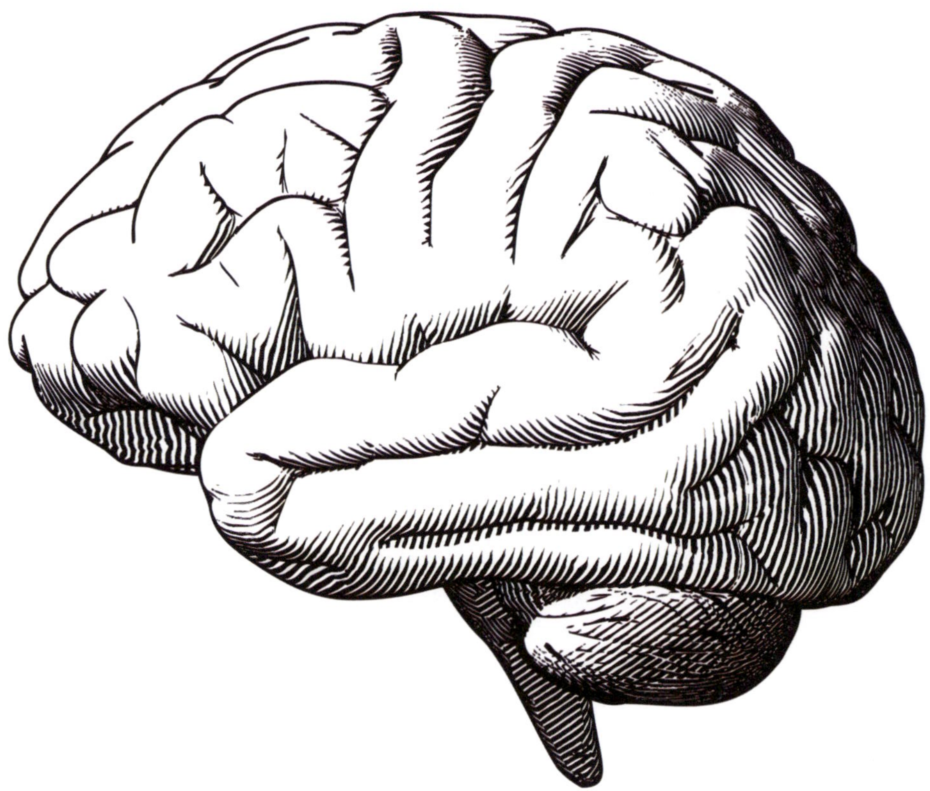

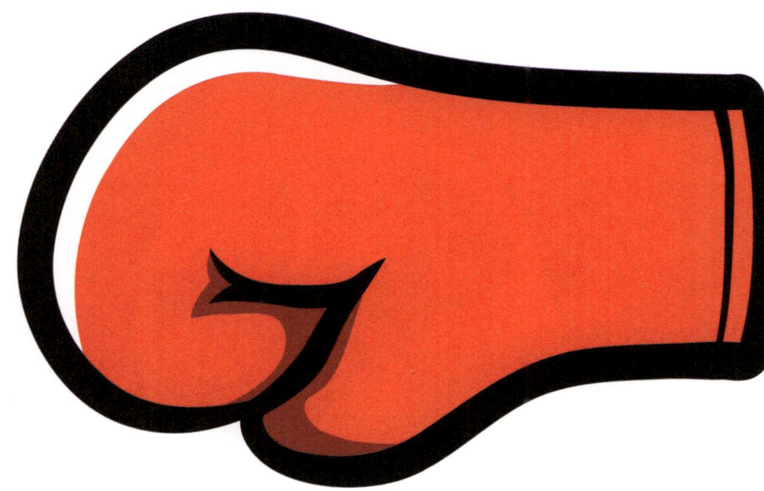

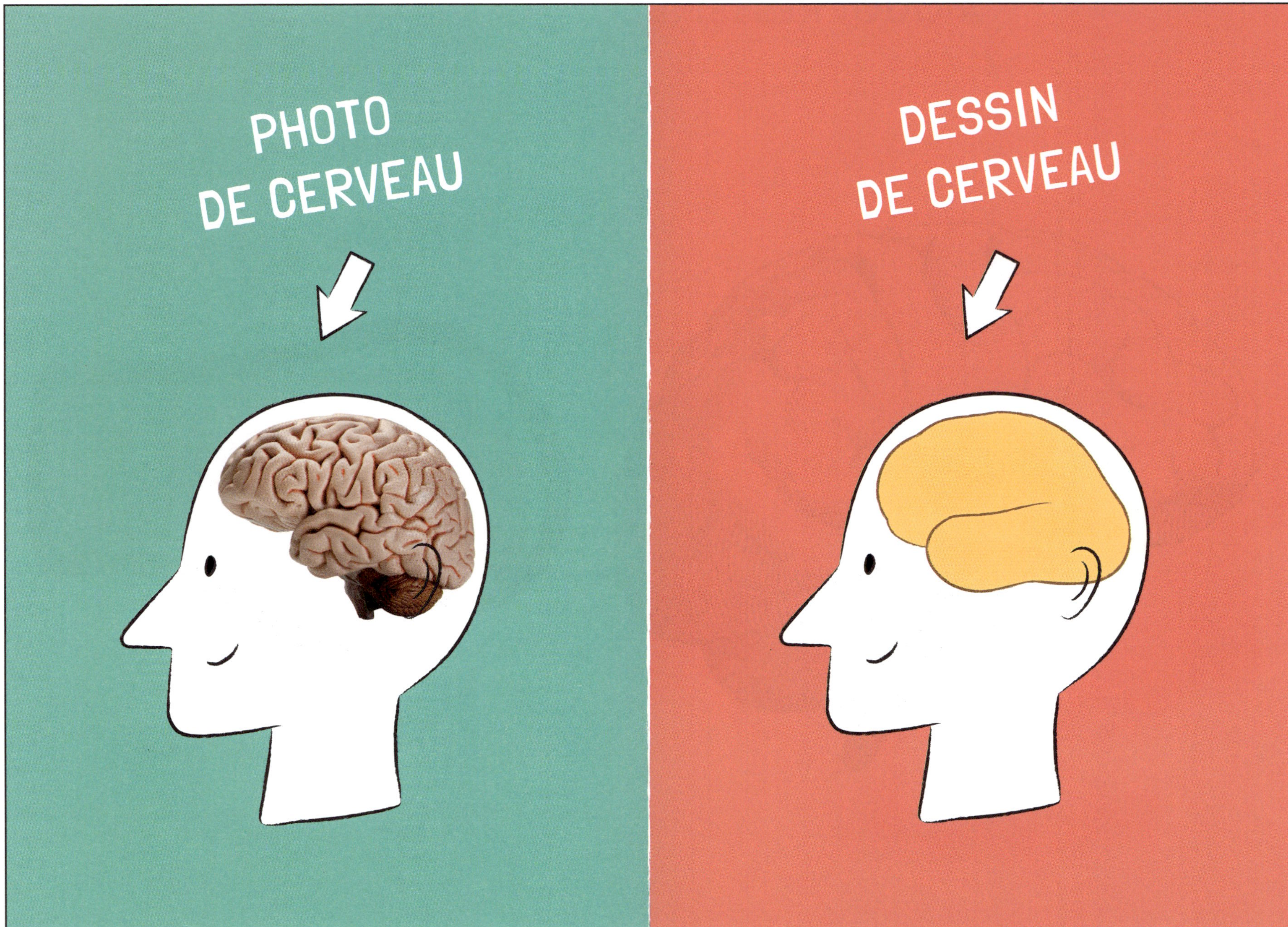

SÉQUENCE 3 · Activité 1 · **DOCUMENT 31 : À QUOI SERT LE CERVEAU ?** (1/2) · À projeter / À afficher

PLIC !
PLOC !

LES LOBES DU CERVEAU

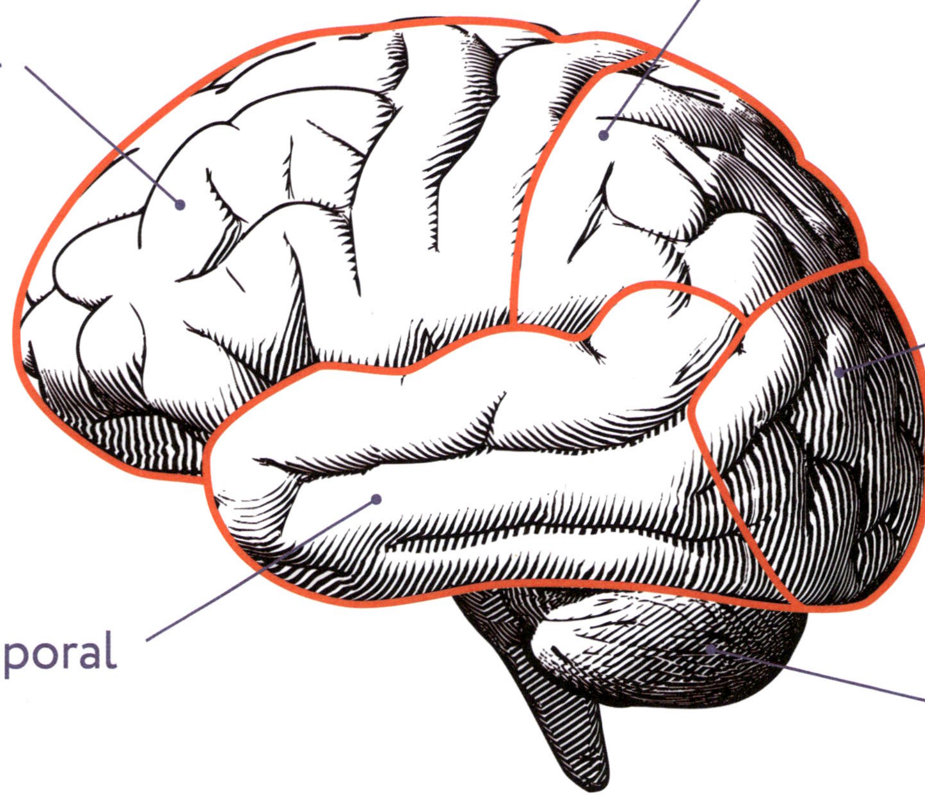

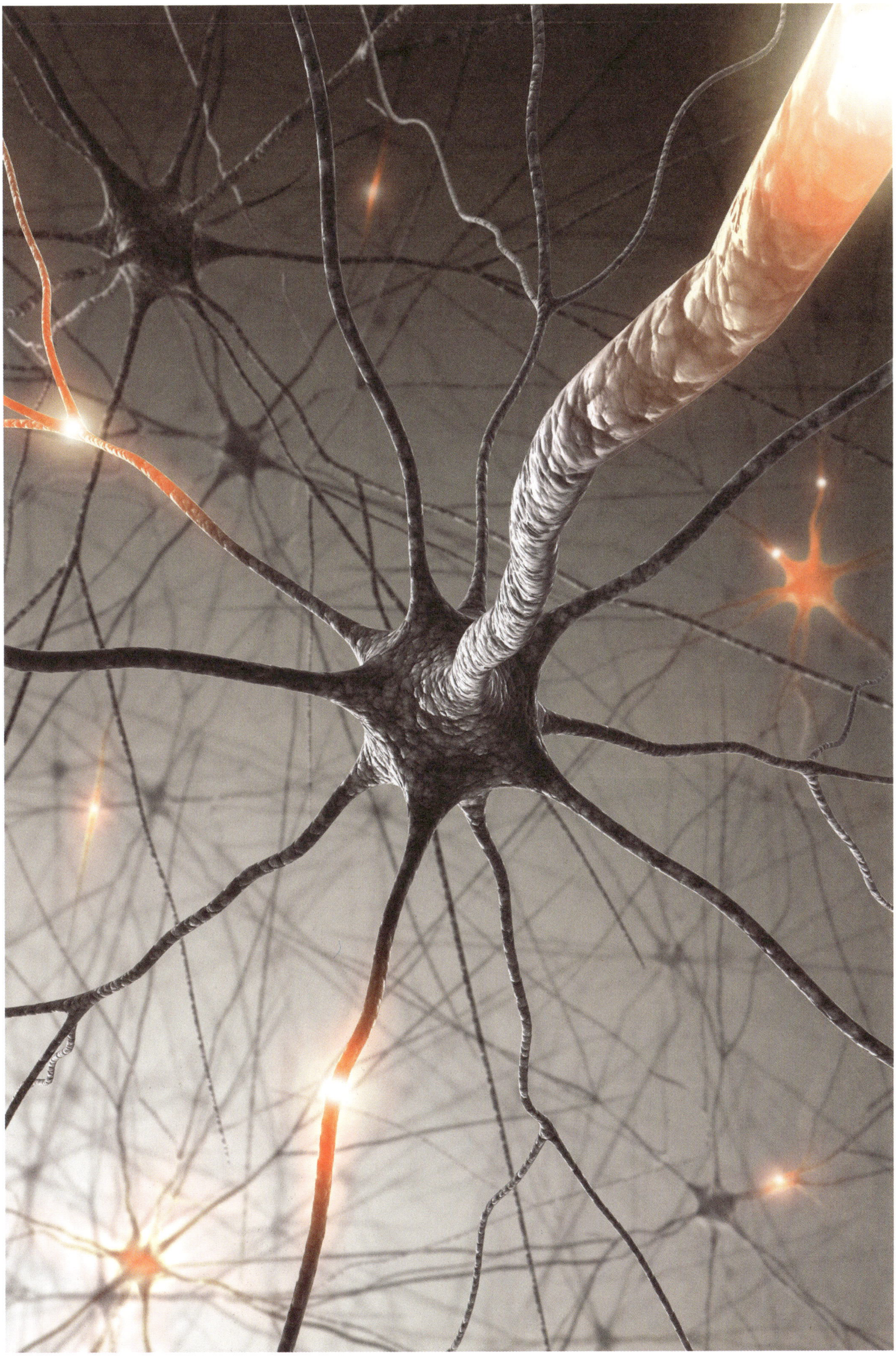

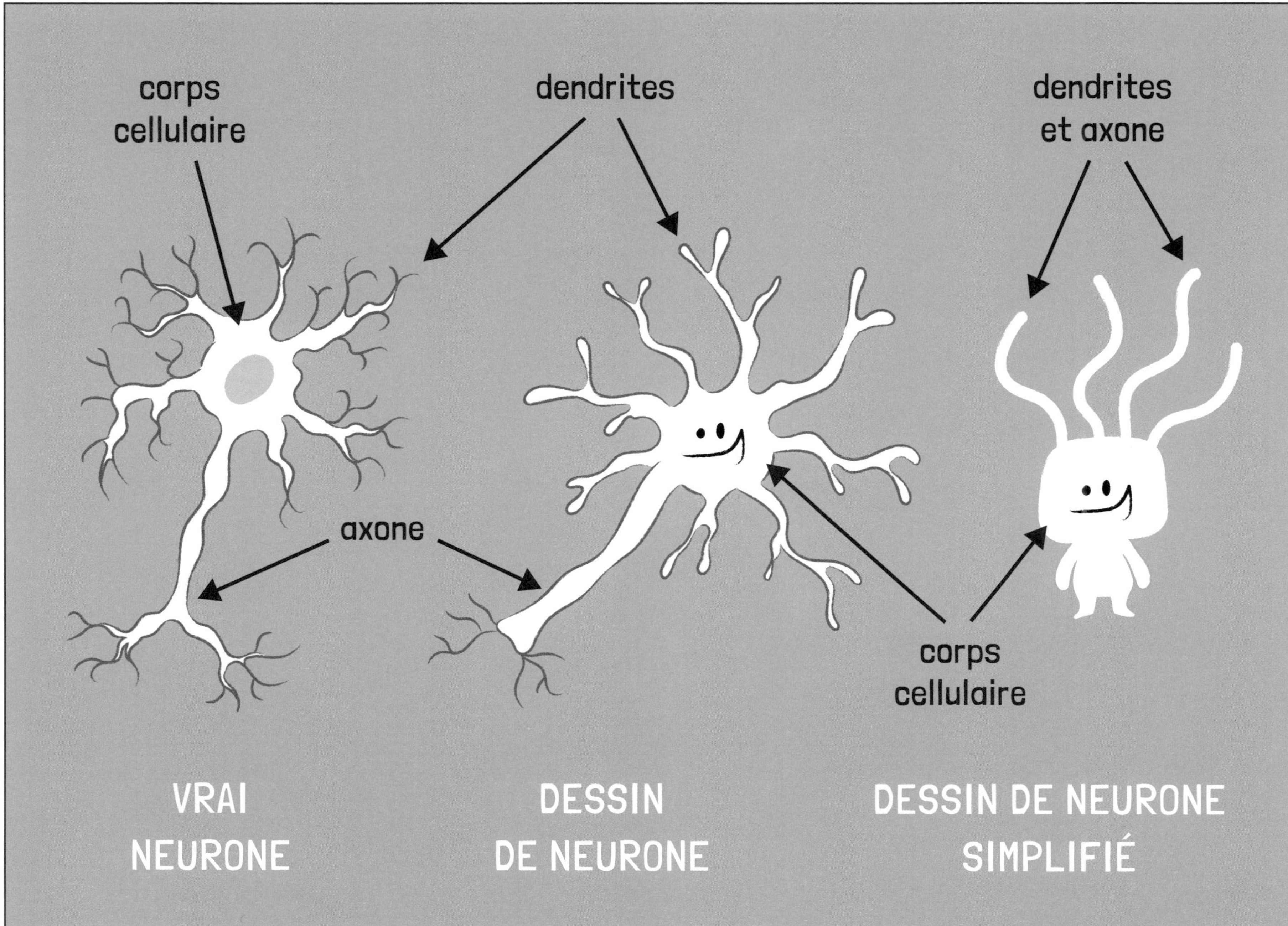
corps
cellulaire
dendrites
dendrites
et axone
axone
corps
cellulaire
VRAI
NEURONE
DESSIN
DE NEURONE
DESSIN DE NEURONE
SIMPLIFIÉ

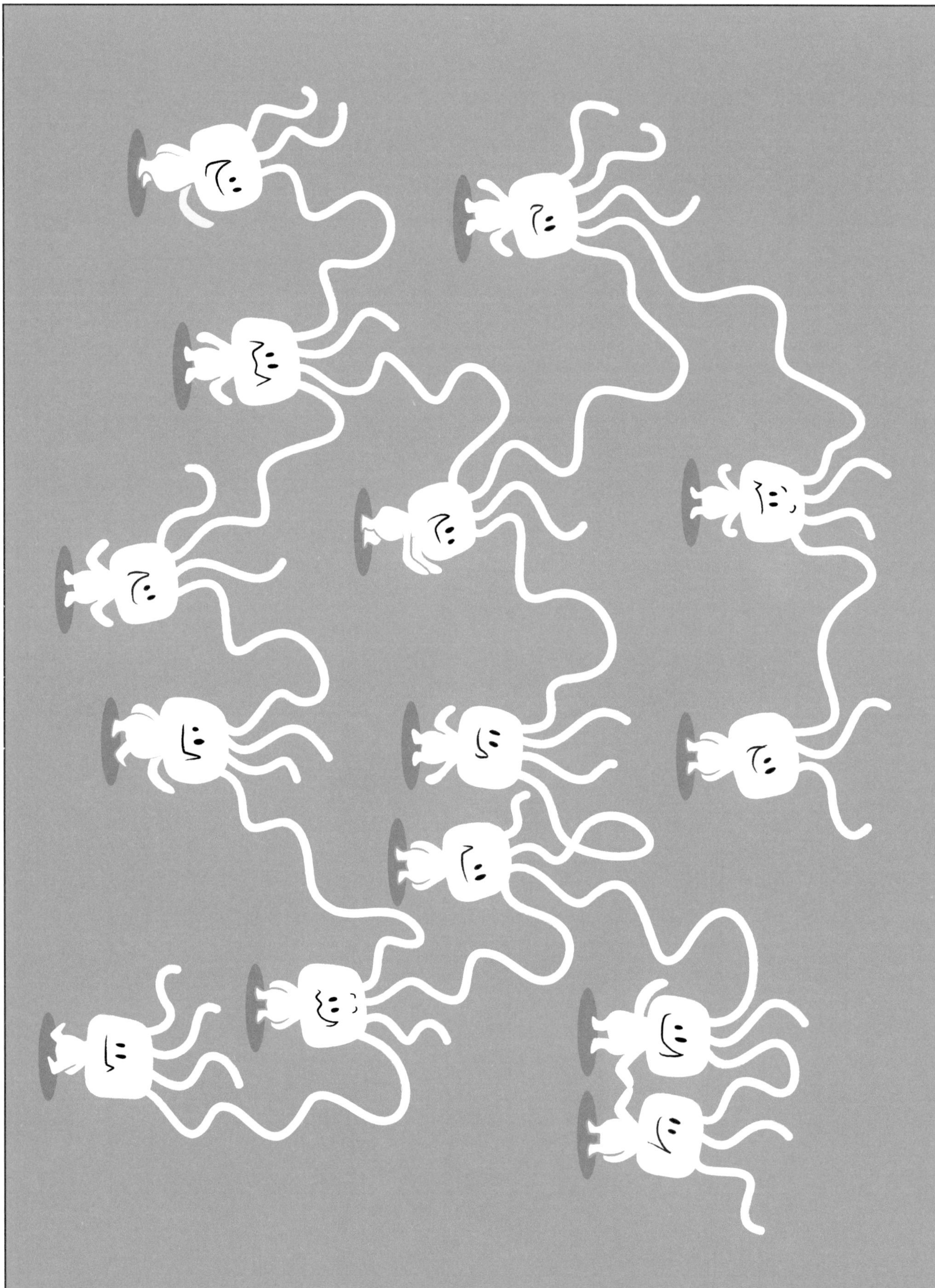

LE CERVEAU ET LES SENS

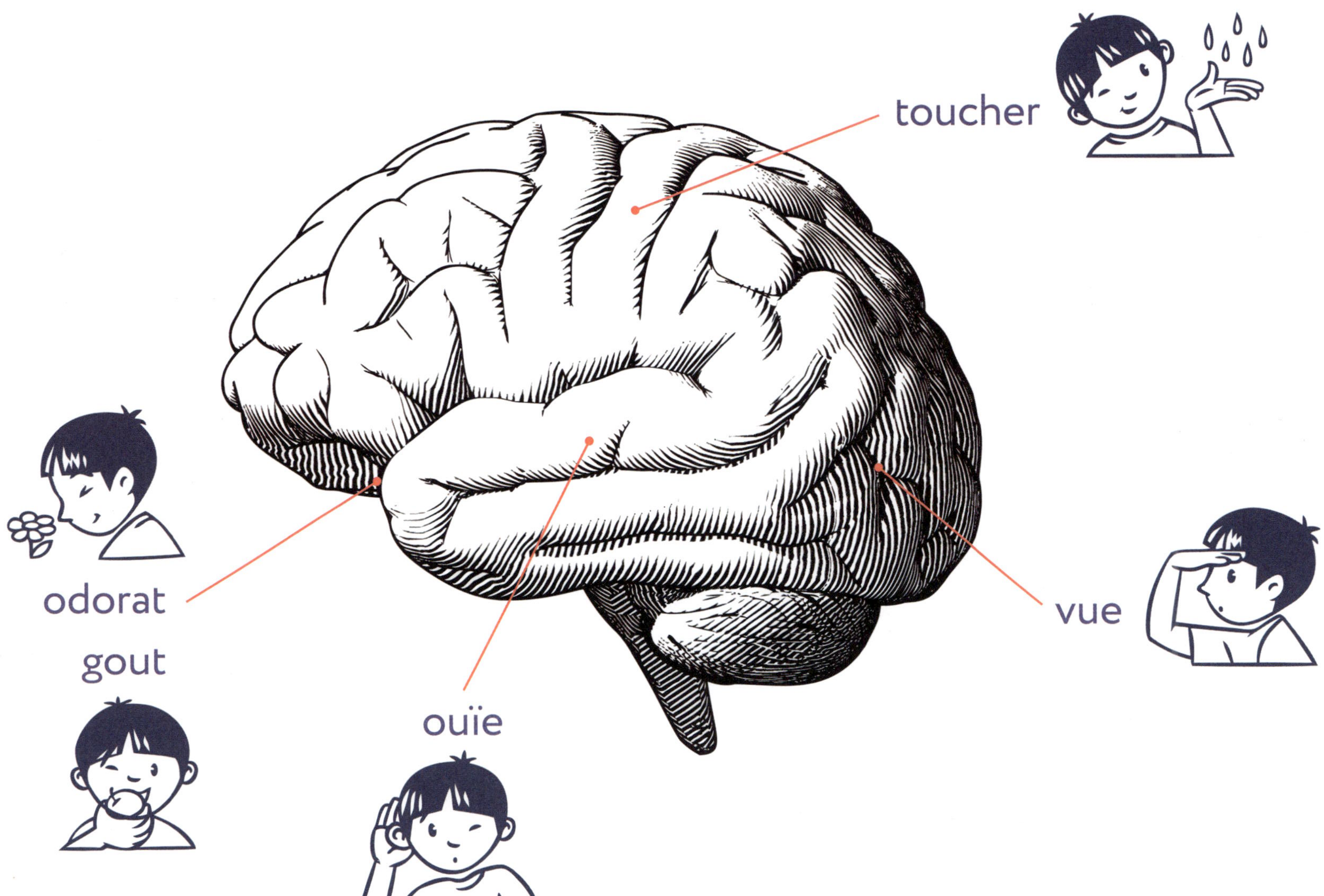

SÉQUENCE 3 · Activité 4 · **DOCUMENT 39 : LES NEURONES DÉTECTEURS** (1/2) · À projeter / À afficher

TOM

1
2
BLA BLA BLA
BLA BLA BLA BLA BLA BLA

PERCEPTION
RÉSEAU
DÉTECTEUR
OBSERVATEURS

SÉQUENCE 3 · Activité 5 · **DOCUMENT 49 : LE JEU DES CHAMPIGNONS • CHAMPIGNON 3** · À projeter / À afficher

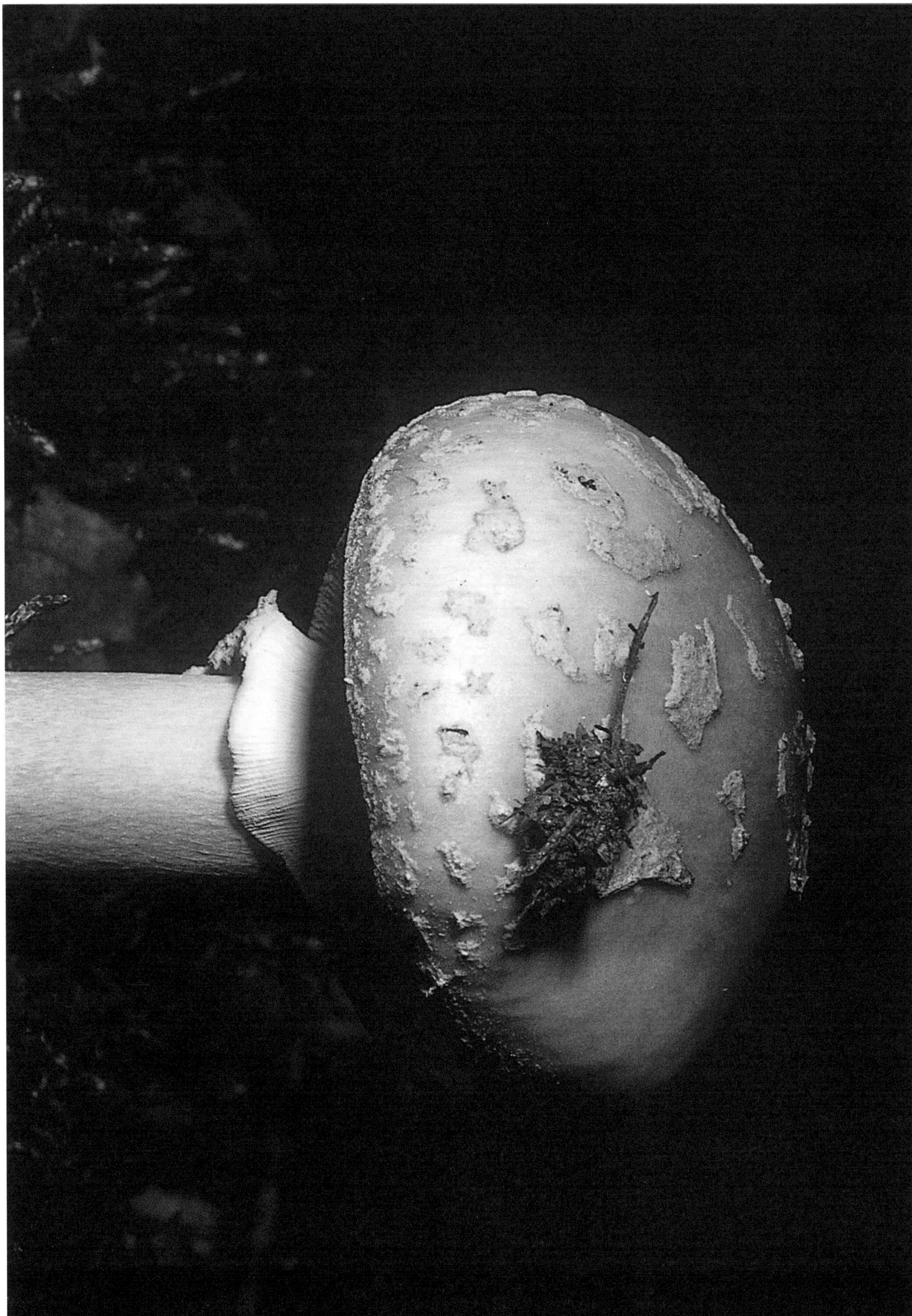

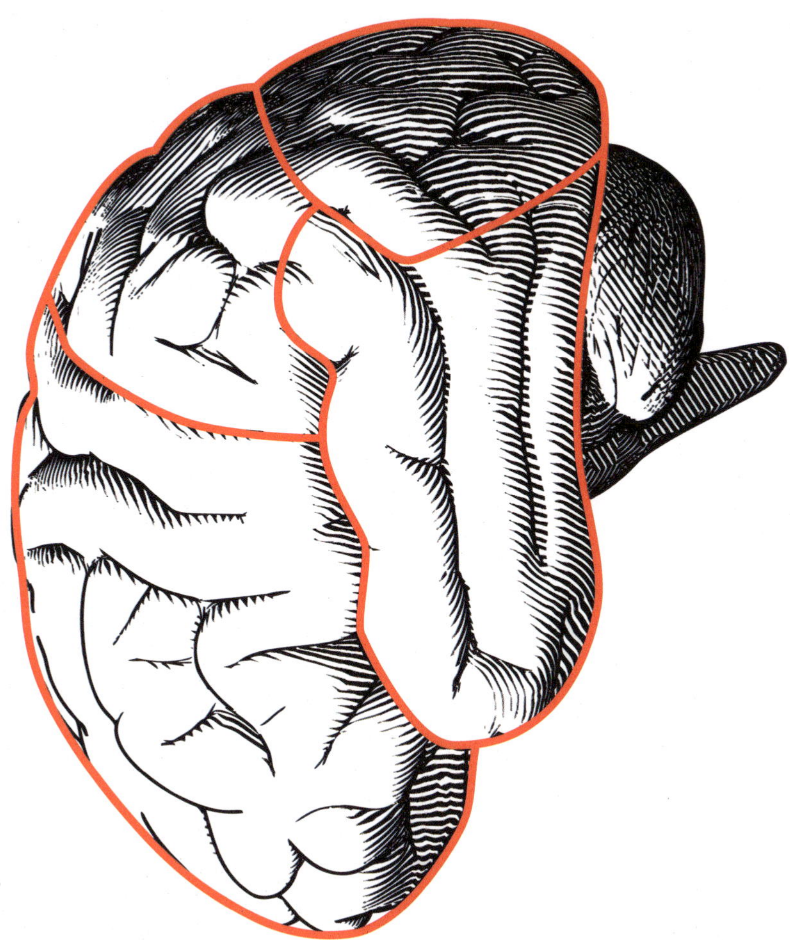

SÉQUENCE 4 • Activité 1 • **DOCUMENT 61 : DÉCOUVRIR LE « MODE MARIONNETTE »** (2/4) • À projeter / À afficher

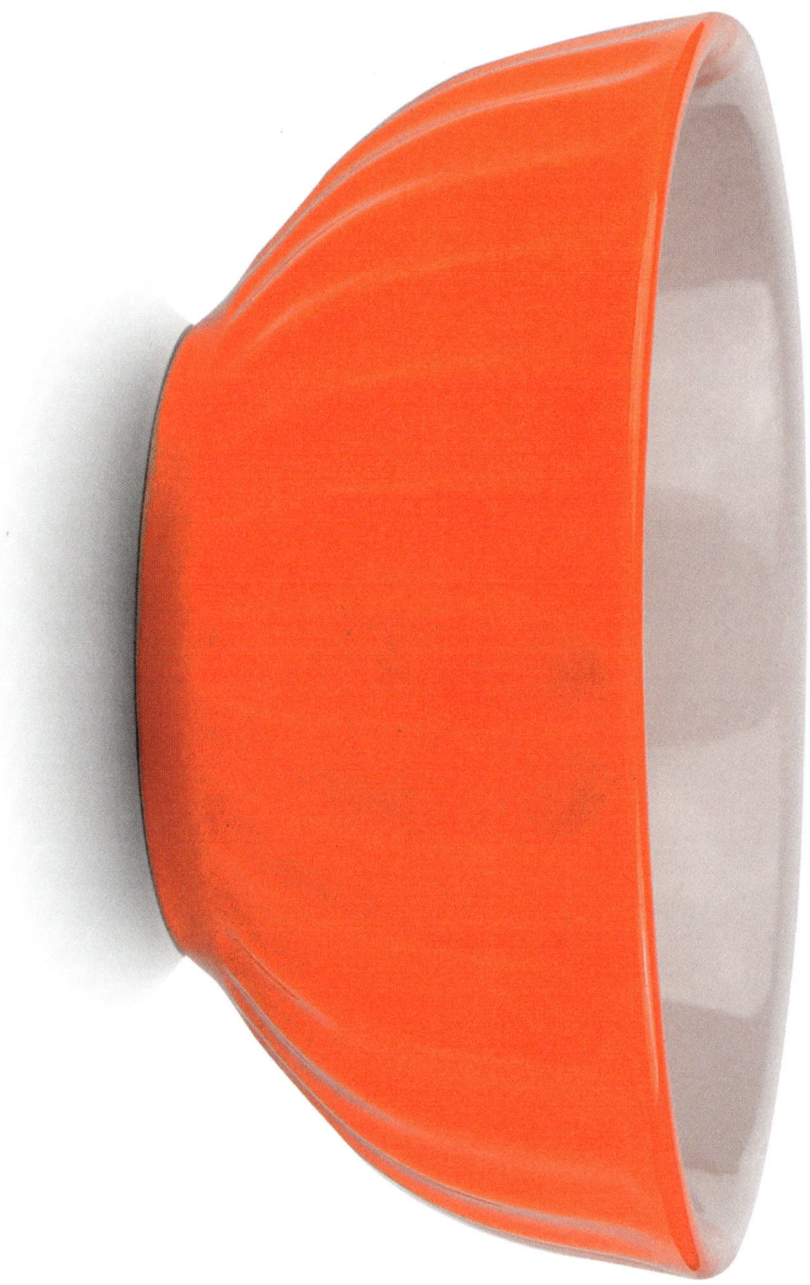

AD
0
7
8
4
5
1
9
6
2
3
SLEEP
VOL
CH
INFO
MENU
EXIT
ENTER
P.M
SOURCE
AUTO
S.M
EPG
NICAM/A2
REC
INDEX
SIZE
REVEAL
TEXT
HOLD
FAV
MIX
SUBPAGE
TV/RADIO
POWER
MUTE

BLEU	JAUNE	BLEU	ROUGE	BLEU
VERT	JAUNE	ROUGE	VERT	JAUNE
VERT	ROUGE	VERT	JAUNE	JAUNE
JAUNE	ROUGE	JAUNE	VERT	BLEU

SÉQUENCE 4 • Activité 3 • **DOCUMENT 69 : LES « NEURONES AIMANTS » ET CEUX DU « MODE MARIONNETTE »** • À projeter / À afficher

J'AIME ? JE N'AIME PAS ?

1. **Entoure** le personnage qui indique si tes neurones aimants t'aident à te connecter à l'activité ou non.

2. **Complète** la première colonne en dessinant deux autres activités que tu dois souvent faire à l'école, à la maison ou à l'extérieur puis entoure le dessin correspondant à chaque fois.

	Je cours.		
	Je fais un dessin.		
	Je joue.		
	Je mets la table.		
	Je joue à la console.		
	Je dors.		
	Je fais mon lit.		
	Je lis.		
	Je fais du vélo.		

J'AIME ? JE N'AIME PAS ?

1. **Indique si les neurones aimants t'aident à te connecter ou non** à chacune de ces activités en entourant le personnage correspondant.

2. **Complète la première colonne** avec d'autres activités que tu dois souvent faire à l'école, à la maison ou à l'extérieur puis **entoure le dessin correspondant pour chacune**.

Je joue à un jeu vidéo.		
Je mets la table.		
Je copie une poésie.		
Je fais du vélo.		
J'écoute une chanson.		
Je joue avec un ou une camarade.		
Je range ma chambre.		
....		
....		
....		
....		
....		

SÉQUENCE 4 • Activité 3 • **DOCUMENT 73 : CONTRÔLER L'ACTION DE SES « NEURONES AIMANTS »** (1/4) • À projeter / À afficher

Hiiiii !

1 Je **R**essens.

2 Je **R**alentis.

3 Je **R**egarde ce qui va se passer.

4 Je **R**éagis: j'y vais, ou non.
Mais c'est moi qui l'ai décidé !

SÉQUENCE 4 · Activité 3 · **DOCUMENT 76 : CONTRÔLER L'ACTION DE SES « NEURONES AIMANTS »** (4/4) · À projeter / À afficher

SÉQUENCE 4 · Activité 3 · **DOCUMENT 77 : LES « NEURONES AIMANTS », CONSEILLERS DU/DE LA PRÉSIDENT·E** · À projeter / À afficher

SÉQUENCE 5 · Activité 1 · **DOCUMENT 80 : LE RÔLE DES « NEURONES CHEFS »** (3/3) · À projeter / À afficher

LE SAGE ET L'ENFANT

Par une belle journée ensoleillée, un sage roulait en voiture, perdu dans de profondes réflexions, lorsque soudain le chauffeur s'arrêta.
Le sage se pencha au dehors et aperçut au milieu du chemin un petit garçon qui jouait à construire une ville avec des pierres.
Le gamin le regarda mais ne bougea pas pour dégager le chemin.

Le sage appela l'enfant :
– Eh bien gamin, tu ne veux pas laisser passer ma voiture ?
Sans bouger, l'enfant le regarda de bas en haut et répondit :
– Je n'y suis pour rien, Monsieur. Ce n'est pas aux murs de la ville de s'écarter, c'est à la voiture de suivre le mur de la ville.

Le sage fut étonné par la réponse.
Il descendit de voiture, s'approcha de l'enfant et lui dit :
– Tu me parais d'une intelligence peu commune pour ton âge !

L'enfant lui répondit :
– Pourquoi donc ? À l'âge de trois jours, le lièvre saute et court dans les champs. Pourquoi ne saurais-je pas deux ou trois choses à l'âge de sept ans ?

Le sage sourit et demanda :
– Si tu veux, je vais te poser plusieurs questions et si tu y réponds, alors je pourrais croire que tu as quelques connaissances.
– Je suis prêt, dit l'enfant.
– Alors, reprit le sage, dis-moi quelle est l'eau où ne vit aucun poisson ? Quelle est la montagne qui n'a pas de pierres ? Quel est l'arbre sur lequel ne pousse aucune branche ?
L'enfant réfléchit quelques instants et répondit :
– L'eau de la source ne contient pas de poisson. La dune de sable n'a pas de pierres et aucune branche ne pousse sur l'arbre mort.
Le sage écoutait les réponses de l'enfant, plein d'admiration.

Les yeux de l'enfant pétillèrent alors de malice :
– Je peux, à mon tour, vous poser une question, une seule ?
– Demande, dit le sage.
– À une condition : si vous ne trouvez pas, vous devrez contourner ma ville de pierres.
– Je suis prêt ! dit le sage en souriant.
– Dites-moi : combien y a-t-il d'étoiles dans le ciel ?
– Pourquoi m'interroges-tu sur des choses aussi éloignées de nous ? Questionne-moi sur quelque chose de plus proche et je te répondrai.
– Eh bien, reprit le gamin, combien de poils y a-t-il dans votre barbe ?
Le sage se mit à rire. Un petit enfant s'était montré plus malin que lui !

Il remonta en souriant dans sa voiture et indiqua au chauffeur de contourner la ville de pierres que construisait l'enfant.

Adaptation d'un conte chinois © Éditions MDI, 2017.

SÉQUENCE 5 · Activité 3 · **DOCUMENT 82 : L'OUBLI DE L'INTENTION DE DÉPART (« OUIN »)** (1/3) · À projeter / À afficher

SÉQUENCE 5 • Activité 3 • **DOCUMENT 83 : L'OUBLI DE L'INTENTION DE DÉPART (« OUIN »)** (2/3) • À projeter / À afficher

SÉQUENCE 5 · Activité 3 · **DOCUMENT 84 : L'OUBLI DE L'INTENTION DE DÉPART (« OUIN »)** (3/3) · À projeter / À afficher

ZZZ

SÉQUENCE 5 • Activité 4 • **DOCUMENT 86 : DÉCOUVRIR L'ATTENTION SÉLECTIVE AVEC LE PRINCIPE DU VASE DE RUBIN** • À projeter / À afficher

Giuseppe Arcimboldo, *L'Automne*, 1573, huile sur toile (64 x 76 cm), musée du Louvre, Paris.

SÉQUENCE 5 · Activité 5 · **DOCUMENT 89 : LE CONFLIT DE NEURONES CHEFS** (1/3) · À projeter / À afficher

Les cumulus peuvent être tout petits ou très grands, leur base est assez plate alors que le dessus fait penser à un chou-fleur. Ces nuages sont toujours bien séparés les uns des autres. Les grands cumulus peuvent se transformer en averses fortes mais courtes.

Les altostratus ressemblent à une grande nappe de nuages blancs ou gris qui couvre tout le ciel. On peut souvent voir le soleil à travers, ce qui peut donner de très beaux couchers de soleil. Les altostratus sont à l'origine de chutes de pluie ou de neige.

Les cirrus ressemblent à des filaments, comme des virgules ou de longues mèches blanches et transparentes. Lorsque ces nuages s'étalent et que d'autres petits nuages apparaissent, cela peut annoncer de la pluie pour le lendemain.

Texte de Leslie Le Bigot © Éditions MDI, 2017.

100
75
50
25
100
75
50
25
100
75
50
25

Minimoi
Forte
Rapide
Organisée
Maximoi
Forte
Rapide
rganisée

SÉQUENCE 6 • Activité 1 • **DOCUMENT 94 : MINIMOI ET MAXIMOI** (2/3) • À projeter / À afficher

1
2
3
OK !
OK !
OK !

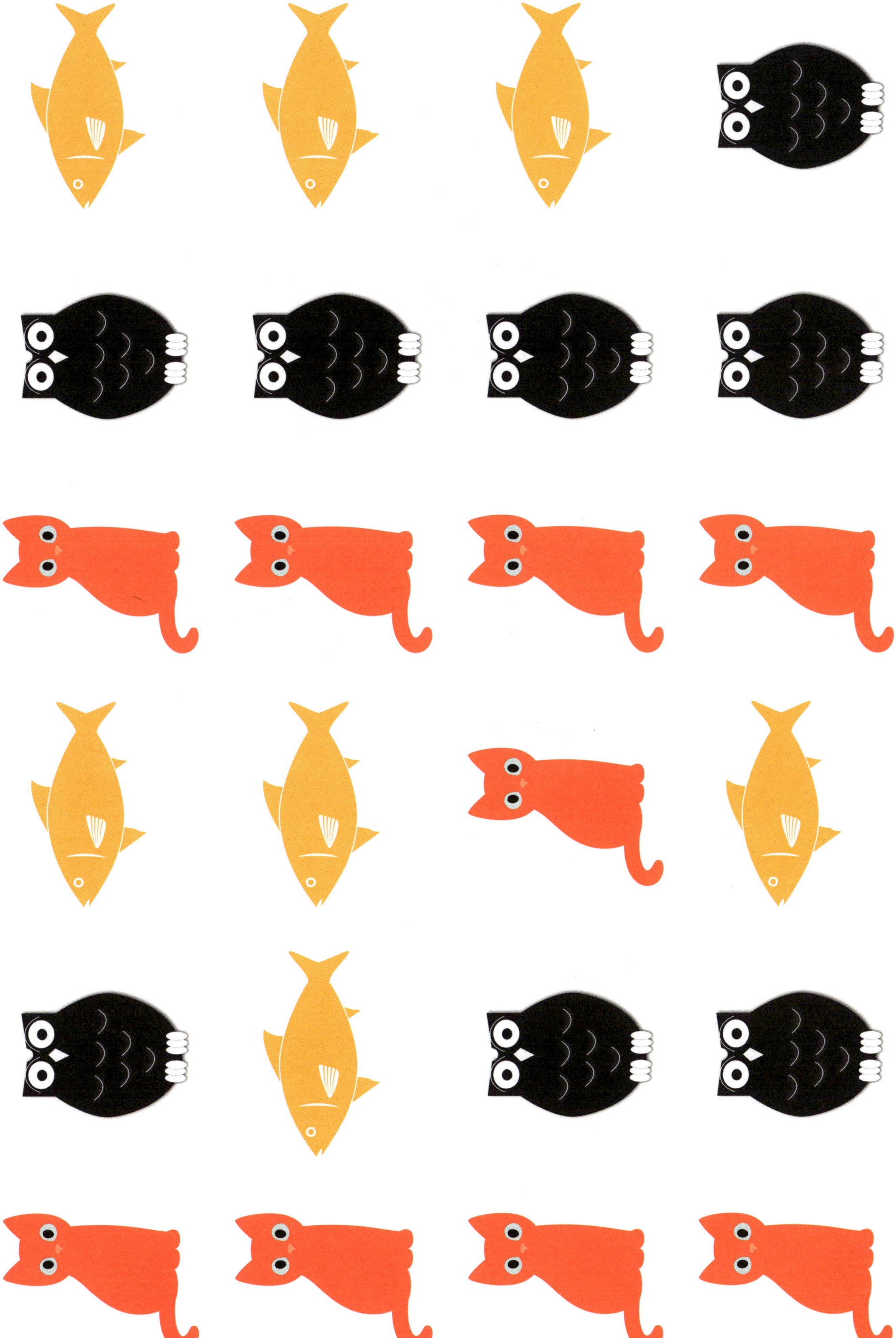

JE SAIS FAIRE OU JE DÉCOUPE ?

Entoure d'un trait pointillé les missions qu'il te faut encore découper.

Entoure d'un trait plein les missions que tu sais faire.

Faire une cabane

Ranger sa chambre

Faire un gâteau

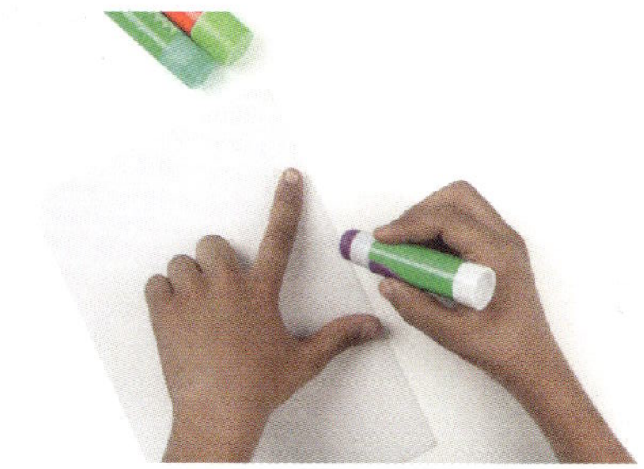
Coller une feuille

Mettre la table

S'habiller

Lancer une balle

Remplir un verre

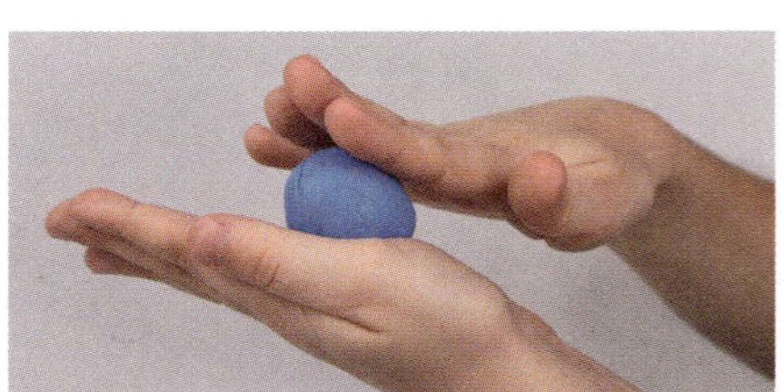
Faire une boule
en pâte à modeler

Prendre un stylo

Se brosser les dents

Colorier un dessin

JE DÉCOUPE OU JE SAIS FAIRE ?

À DÉCOUPER	JE SAIS FAIRE

LISTE D'ACTIVITÉS

Faire une cabane	Ranger sa chambre	Faire un gâteau	Mettre la table
Coller une feuille	Copier ses devoirs dans son agenda	S'habiller	Faire une boule en pâte à modeler
Faire son cartable	Ouvrir un cahier	Souligner un titre	Lancer une balle
Prendre un stylo	Se brosser les dents	Colorier une fleur	....

LISTE DE VÉRIFICATION

MAXIMISSION
Copier ses devoirs dans son agenda

1. Sortir son agenda

2. Se mettre à la bonne page

3. Recopier les devoirs

4. Se relire

5. Fermer et ranger son agenda

Respirer et savourer sa réussite !

1
2
3

SÉQUENCE 6 • Activité 4 • **DOCUMENT 102 : LA CARTE MAXIMOI / MINIMOI** (recto) • À distribuer (1 carte par élève)

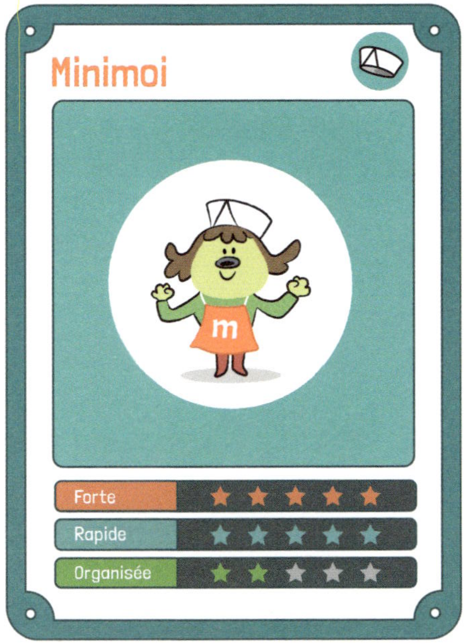
Minimoi
Forte
Rapide
Organisée

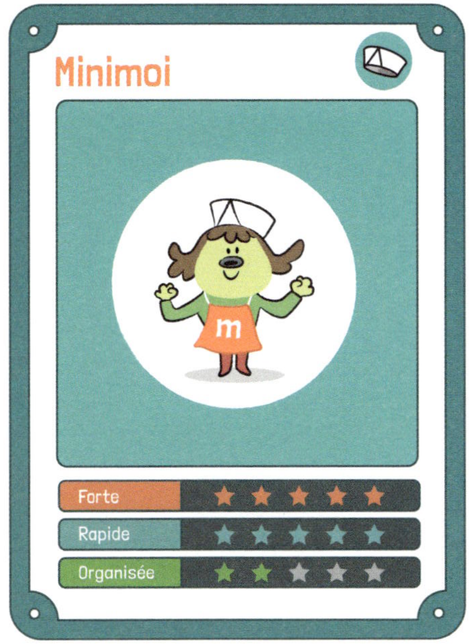
Minimoi
Forte
Rapide
Organisée

Minimoi
Fort
Rapide
Organisé

Minimoi
Fort
Rapide
Organisé

Minimoi
Forte
Rapide
Organisée

Minimoi
Forte
Rapide
Organisée

Minimoi
Fort
Rapide
Organisé

Minimoi
Fort
Rapide
Organisé

SÉQUENCE 6 • Activité 4 • **DOCUMENT 104 : LE CONSEIL DES NEURONES CHEFS** • À projeter / À afficher

SÉQUENCE 6 · Activité 4 · **DOCUMENT 105 : MINIMOI ET SA MINIMISSION** (1/2) · À projeter / À afficher

LISTE DE VÉRIFICATION

MAXIMISSION : ....

....

1. .... ⏱ .... ☐

....

2. .... ⏱ .... ☐

....

3. .... ⏱ .... ☐

....

4. .... ⏱ .... ☐

....

5. .... ⏱ .... ☐

....

6. .... ⏱ .... ☐

....

Je respire et savoure ma réussite !

SÉQUENCE 6 · Activité 5 · **DOCUMENT 108 : LES AIMANTS MAXIMOI ET MINIMOI** · À imprimer, découper et coller sur des aimants

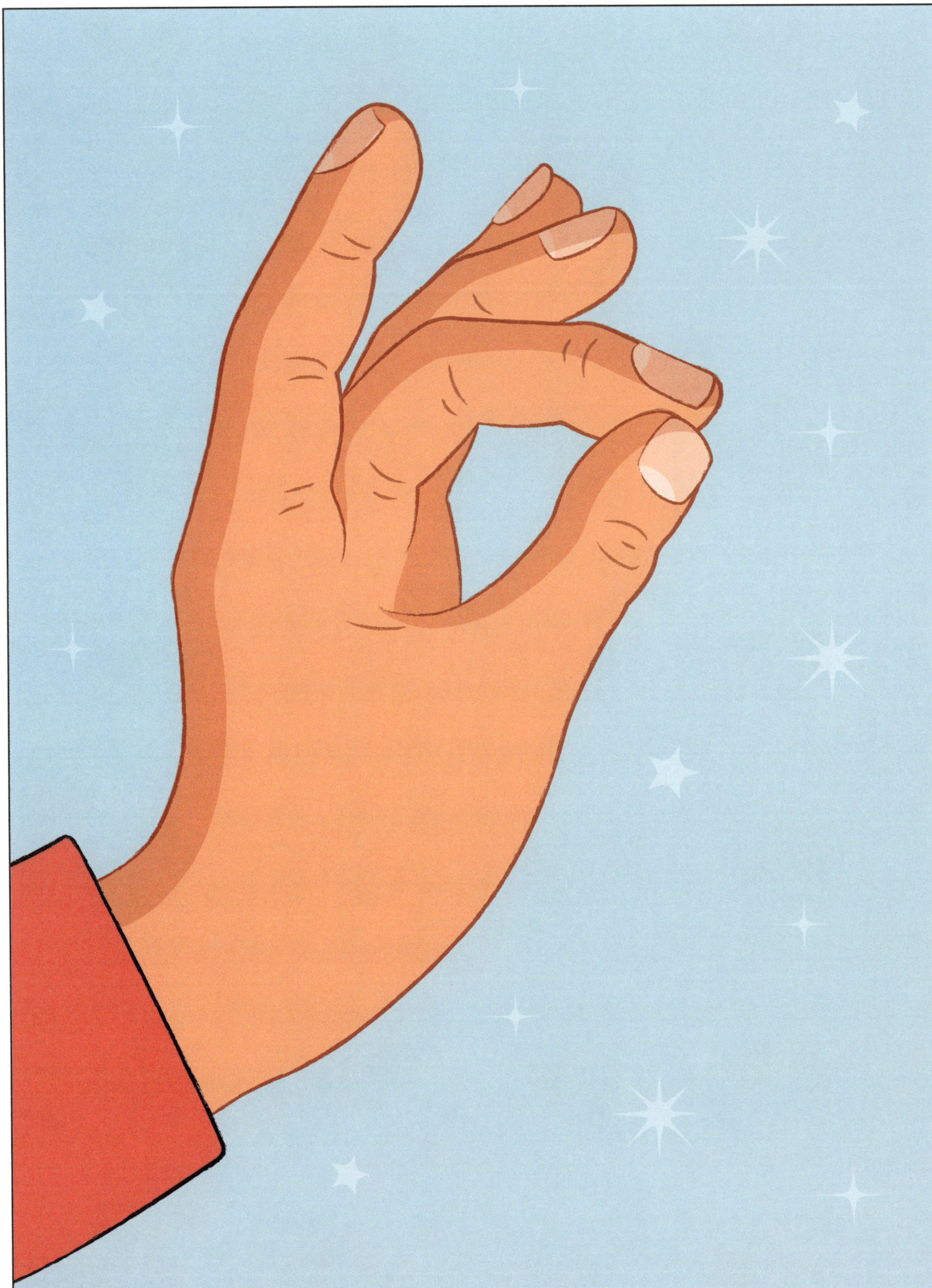

S	M	mO	P
Stop : Je m'arrête pour réfléchir.	Je découpe ma mission avec **M**aximoi.	J'agis avec **M**inimoi et quand tout est **O**K…	Je fais une **p**ause et je savoure mon succès !

CP **Repasse** sur les pointillés puis **colorie** les rayures en rouge et bleu.

CE **Colorie** en jaune le nombre de médailles d'or du Canada, en gris le nombre de médailles d'argent de la France et en orange le nombre de médailles de bronze de la Norvège.

	Or	Argent	Bronze
France	5	4	6
Canada	11	8	10
Norvège	14	14	11

CE **Trouve** le code pour ouvrir le coffre du capitaine Black.

Voici les nombres mystères :

1 987 marins **2 749 boulets de canon** **6 325 pièces d'or**

Décompose ces nombres à l'aide du tableau, puis recompose le code secret à l'aide des cases inutilisées.

6 000	7	2 000	5
800	40	90	9
20	4	80	1 000
900	700	3 000	300

CM Léo se trouve devant le sas d'entrée de la fusée mais il a oublié le code. Cependant, il se rappelle que les chiffres **6 3 4 8 9** en font partie.
Il se souvient également que c'est un nombre décimal ayant trois chiffres après la virgule et que la somme des chiffres de la partie entière est 14.
Cherche les 12 codes possibles puis **classe**-les par ordre croissant.

....

....

....

....

CP **Complète** le texte avec les mots suivants.

roses | cerises | pelouse

Papi arrose la ....

Mamie coupe des ....

Et moi, je picore des ....

CE **Colorie** uniquement les étiquettes contenant un nom au singulier.

un ami	dix enfants	des voyous
deux crayons	un nid	la gomme
une cage	des oiseaux	une fête

CE **Entoure** seulement les mots dans lesquels on entend le son è.

fraicheur	seize	fiable	braise
enneigé	polie	abeilles	éveil
baleineau	alliage	acier	aimant

CM **Complète** les groupes nominaux puis **colorie** les parties du drapeau selon le code indiqué.

- un petit sac......
- des étoiles filant......
- un renard rusé......
- mes écrans plat......
- une affiche géant......
- les chat...... sauvage......
- un œuf rond......
- les panthères discrèt......

jaune	rien
rouge	-s
noir	-e
vert	-es

Mmmm

SÉQUENCE 7 · Activité 1 · **DOCUMENT 119 : ASSOCIER LE DÉPLACEMENT DU REGARD À CELUI D'UNE ABEILLE** · À projeter / À afficher

LES SINGES PARLENT-ILS ?

Certains singes d'Afrique peuvent « se parler » entre eux !
Ils n'utilisent pas des mots ou des phrases comme les hommes, mais ils se transmettent des signaux qu'ils comprennent sans se tromper.
Un singe aperçoit-il un aigle en train de chasser ?
Une sorte d'appel retentit et tous les singes dégringolent vers les branches basses sur lesquelles l'aigle ne peut pas les atteindre.

Une autre fois, c'est un léopard à l'affût qui est repéré : un singe fait immédiatement retentir dans la forêt une sorte d'aboiement.
Ainsi prévenus, tous les singes alentour se réfugient au sommet des arbres !
Pourquoi jacassent-ils tous encore ? Encore une fois, il y a du danger : c'est un cobra.
Tous les singes se rassemblent et accompagnent le serpent, en se tenant à distance de l'animal dangereux !
Quand le cobra aura quitté leur territoire, ils se disperseront et retourneront dans les arbres…
Mais ces cris ne ressemblent pas au langage humain !

Pourtant, au début des années 1950, on a réussi à faire réellement « parler » des chimpanzés.
Le premier à qui l'on apprit à prononcer quelques mots s'appelait Vicky.
Mais ce singe ne disait que « tasse », « papa », « maman », et encore fallait-il de la bonne volonté pour comprendre ces mots…

D'autres chercheurs ont essayé d'utiliser le langage des non-entendants.
Dans les années 1960, une jeune guenon nommée Washoe a réussi à apprendre 85 gestes.
Après trois ans de travail, elle pouvait s'exprimer en « disant » avec ses mains des phrases comme : « s'il vous plait – donner – moi – boisson sucrée » ou bien « vous – moi – sortir – vite ».

Mais le chimpanzé le plus instruit a été Sarah ! Dans les années 1970, elle apprit à utiliser des jetons de formes et de couleurs variées.
Chaque pièce avait un sens : le triangle bleu signifiait « pomme », le carré rouge « banane », etc.

En tout, Sarah apprit 130 mots et un peu de grammaire.
Parfois, elle donnait l'impression de se tromper, alors qu'elle aurait dû savoir.
Par exemple, on lui demandait de montrer le jeton correspondant à la pomme placée devant elle.
Elle savait que si elle réussissait, elle pourrait manger le fruit.
Pourtant Sarah présentait souvent le jeton « banane » !
Très vite son professeur s'aperçut que Sarah procédait ainsi parce qu'elle préférait les bananes et ne voulait pas de pomme !
Pas si bête, Sarah !

Ces expériences montrent que les singes sont parfaitement capables de s'adapter à des situations très différentes de leur milieu naturel.
Au contact des hommes et après un apprentissage adapté, ils arrivent à « échanger » avec les hommes, sinon à s'exprimer comme eux !

Texte de Jean Guion © Éditions MDI, 2017.

SÉQUENCE 7 · Activité 2 · **DOCUMENT 121 : EXPÉRIMENTER LE DÉPLACEMENT DE SON REGARD** (2/4) · À projeter / À afficher

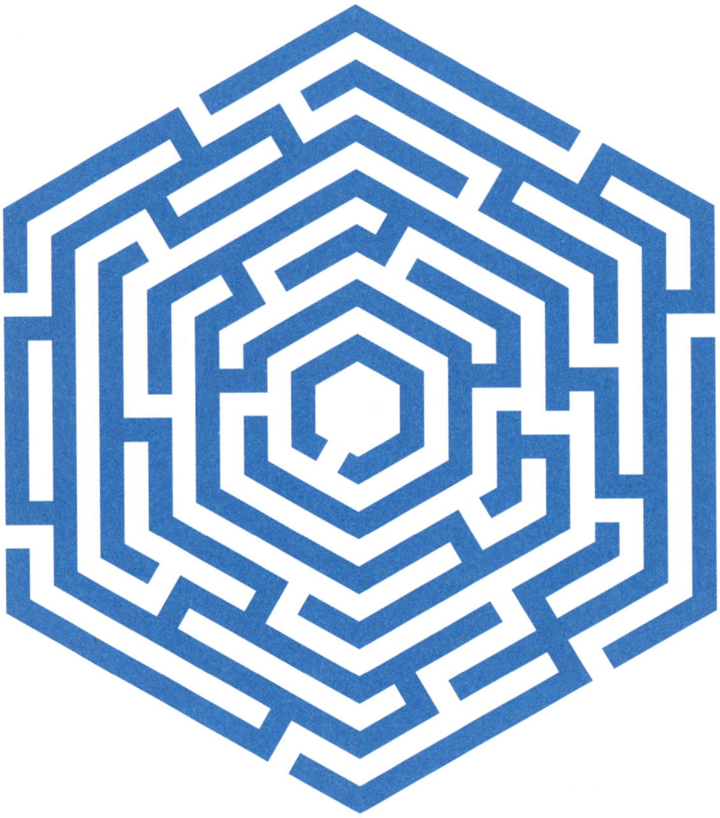

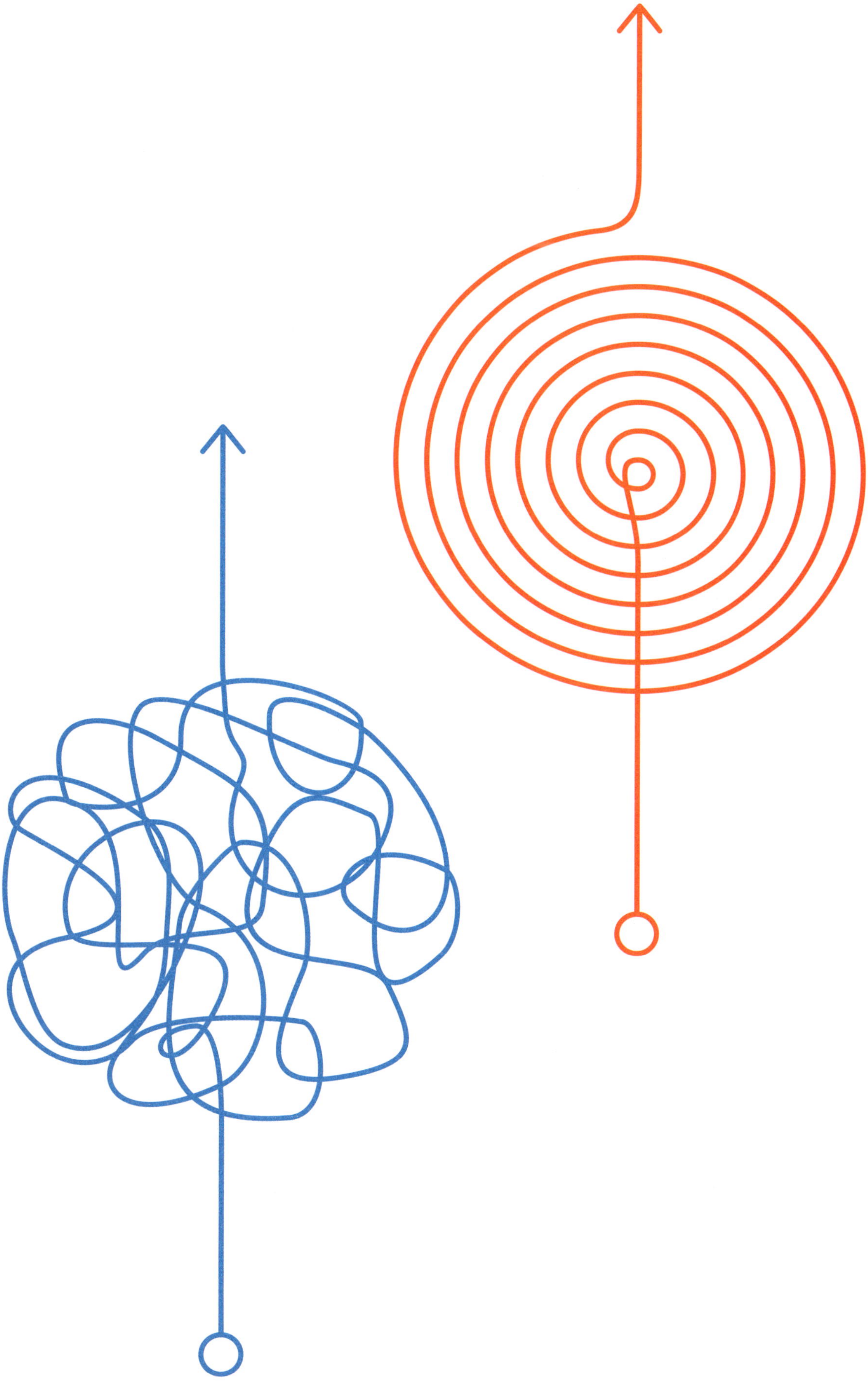

SÉQUENCE 7 · Activité 4 · **DOCUMENT 124 : CONTRÔLER SON « ABEILLE »** · À projeter / À afficher

SÉQUENCE 7 · Activité 5 · **DOCUMENT 125 : REGARD, ATTENTION, POSTURE (« RAP »)** · À projeter / À afficher

C'est long...
Tiens, je ...
L'heure de la récré ?
C'est quoi, ce bruit ?
Ma gomme

ÉLECTRIQUE DEPUIS 200 ANS DÉJÀ !

On parle beaucoup de la voiture électrique comme d'une innovation. Pourtant, le premier véhicule électrique a été inventé en 1830, bien avant la voiture à essence ! Il s'agissait d'une carriole sur laquelle était monté un moteur électrique lui permettant de se déplacer sans chevaux : une véritable révolution pour l'époque !

Mais il va falloir attendre 50 ans et l'invention de la batterie rechargeable par le Français Gaston Planté (en 1859) pour voir enfin la première voiture électrique inventée par M. Jeantaud en 1881.
Les premiers constructeurs automobiles vont alors se mettre à fabriquer des voitures électriques en série en France, en Angleterre et en Amérique.
On leur trouve vite des applications pratiques, comme les premiers taxis électriques à New York, en 1897, ou les fourgons électriques qui transportent le courrier pour la Poste française, en 1901.
C'est aussi l'époque des premières courses automobiles : en 1906, la première voiture à dépasser les 100 km/h est la « Jamais Contente » de M. Jenatzy, une sorte de torpille sur roues à moteur électrique !

Mais en 1891, les Français Panhard et Levassor équipent un premier véhicule d'un moteur à explosion (qui utilise de l'essence). Peugeot, Renault, Fiat et des dizaines de nouveaux constructeurs vont suivre leur exemple car la voiture à essence présente plusieurs avantages : elle est plus rapide, elle offre une meilleure autonomie et, surtout, elle est plus économique à produire.
Les voitures électriques, qui représentent près d'une voiture sur deux dans le monde en 1900, vont disparaitre dans les 15 ans qui suivent.
En 1908, le lancement de la Ford T, première voiture à essence produite en masse, va marquer un tournant. C'est le début de la production automobile industrielle : de 10 000 voitures produites dans le monde en 1900, on passe à 1 000 000 en 1915 !

Il y a aujourd'hui plus d'un milliard de voitures dans le monde et on en prévoit 3 milliards en 2050. Le fait que 99 % de ces voitures fonctionnent à l'essence pose deux problèmes majeurs : elles représentent plus de 60 % de la consommation de pétrole dans le monde et elles produisent une part importante de la pollution de l'air.
La prise de conscience des effets de la pollution et l'augmentation du cout de l'essence dans les années 1970 vont relancer l'idée d'une voiture propre utilisant une énergie renouvelable : la voiture électrique redevient à la mode !
Il faudra attendre 20 ans pour voir à nouveau des véhicules électriques produits en série : la GM EV1 aux États-Unis, en 1996, et la Toyota Prius au Japon, en 1997.

Aujourd'hui, la tendance a encore du mal à se confirmer ; mais tous les constructeurs proposent des véhicules hybrides (utilisant électricité et essence) ou 100 % électriques. Et de nouveaux fabricants sont apparus avec des concepts innovants : par exemple, les véhicules hauts de gamme Tesla et les véhicules partagés Autolib'.
Mais, 200 ans plus tard, il reste encore plein d'idées à trouver pour inventer la voiture de demain !

Texte de Julien Le Bigot © Éditions MDI, 2017.

SÉQUENCE 8 · Activité 3 · **DOCUMENT 130 : LE PRINCIPE D'UNE « PAM »** (3/3) · À projeter / À afficher

SÉQUENCE 8 • Activité 4 • **DOCUMENT 132 : « PAM » ET ÉLAN DU CORPS** (1/2) • À projeter / À afficher

SÉQUENCE 8 · Activité 4 · **DOCUMENT 134 : « PAM » STOP** · À projeter / À afficher

SÉQUENCE 8 · Activité 4 · **DOCUMENT 135 : LE CODE « RAPPEL »** · À projeter / À afficher

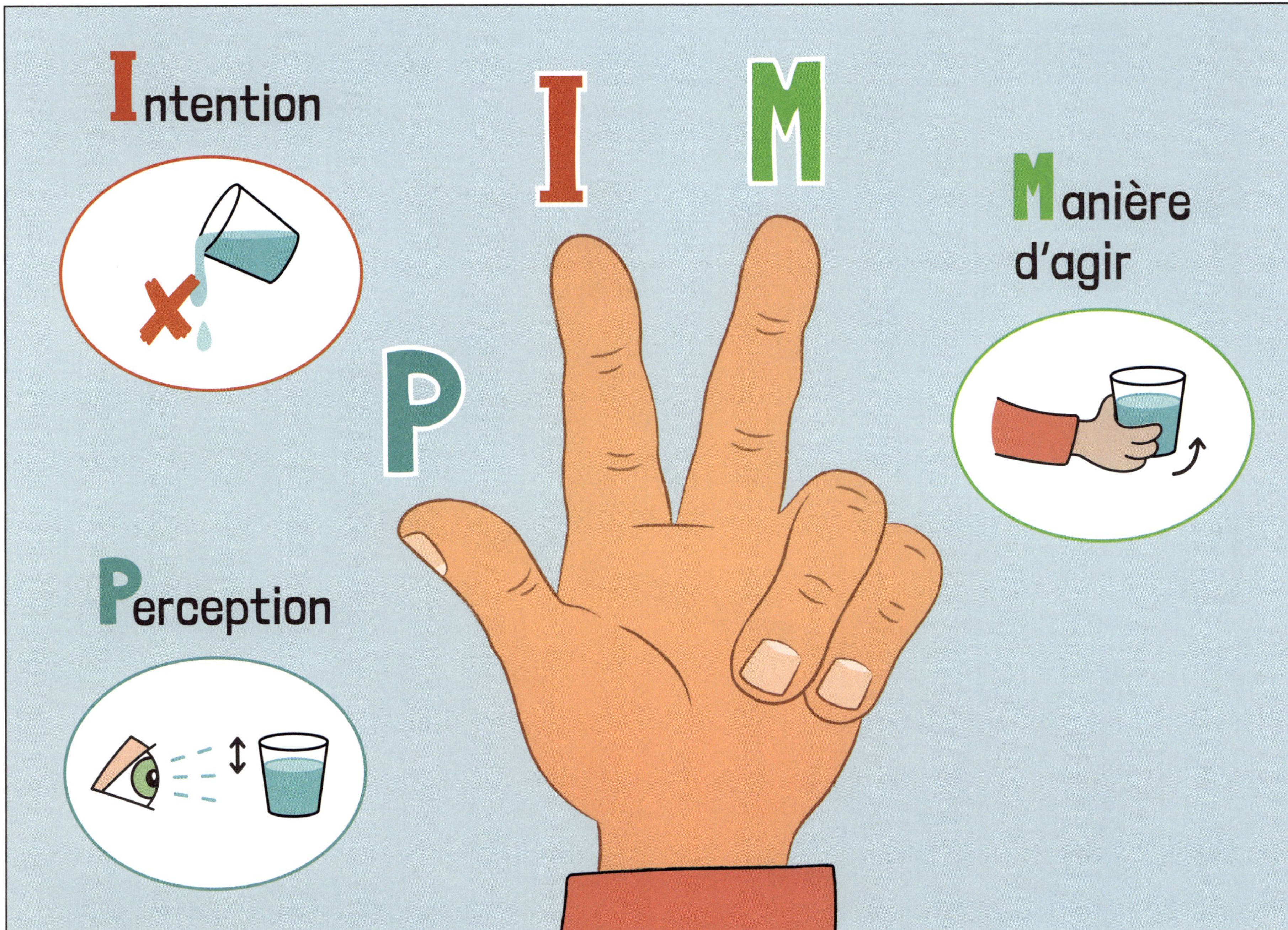
Intention
I
M
Manière d'agir
P
Perception

SÉQUENCE 9 · Activité 1 · **DOCUMENT 137 : PIM ET NEURONES CHEFS** · À projeter / À afficher

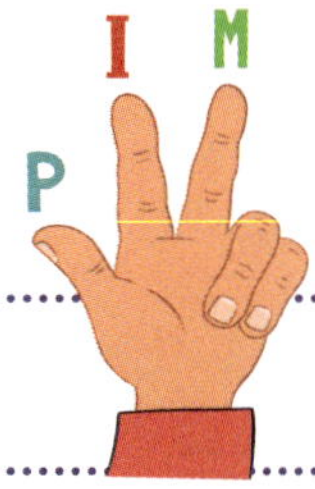

LE TRIOPIM

RÈGLE DU JEU

Objectifs du jeu	• Savoir reconstituer les trois éléments d'un programme attentionnel basé sur des messages lus ou entendus. • Savoir expliquer ses choix.
Description du jeu	• 60 cartes : – 20 cartes bleues « Perception » ; – 20 cartes roses « Intention » ; – 20 cartes vertes « Manière d'agir ».
But du jeu	Réaliser un maximum de trios de cartes : Perception Intention Manière d'agir, correspondant à des programmes attentionnels
Nombre de joueurs	• 4 à 5 joueurs et un adulte
Règle du jeu	• Les cartes sont disposées en trois tas bien distincts (1 tas de cartes « Perception », 1 tas de cartes « Intention », 1 tas de cartes « Manière d'agir ») à l'envers sur la table. • Un joueur pioche une carte, la lit et vérifie s'il peut l'associer à ses autres cartes pour obtenir un trio cohérent (PIM). • Si ce n'est pas le cas, il choisit de la garder ou de la remettre en jeu. • À deux ou trois moments de la partie bien identifiés (sonnerie d'un minuteur, fin de l'écoulement d'un sablier ou d'un « time timer »), les participants peuvent bénéficier d'un temps de négociation et d'échange d'une ou deux carte(s) avec leurs adversaires, moyennant une argumentation gérée par l'adulte.
Fin du jeu	Celui ou celle qui a obtenu le plus de trios de programme attentionnel (ou PIM) a gagné.
Temps d'application concrète	L'adulte, qui a anticipé la fin du jeu en apportant du matériel, fait choisir des situations du jeu pour les faire vivre aux enfants, dans le but d'en faire l'expérience « corporelle-ment ». Par exemple : enfiler une aiguille, arroser, tailler un crayon, poncer une petite planche, identifier une forme par perception haptique (qui concerne le toucher), etc.

Je regarde attentivement le bout du fil par rapport au chas de l'aiguille.	Je dois amener le bout du fil au centre du chas pour le faire glisser dedans.	Je prends le fil entre le pouce et l'index puis l'enfile tout doucement dans le chas.
Coline regarde le taille-crayon et les épluchures qui en sortent.	Elle voudrait obtenir une pointe bien fine.	Elle contrôle le mouvement de ses doigts pour faire tourner le crayon doucement sans trop appuyer.
A la récré, on joue à « 1,2,3, soleil ! ». Je regarde attentivement le visage du chef du jeu pour repérer le moment où il ne me voit plus.	Je veux avancer le plus vite possible jusqu'au mur sans me faire remarquer.	Dès que le chef ne me voit plus, j'avance vite et je m'immobilise dès qu'il va me voir à nouveau.
Le professeur de musique écoute le son émis par sa corde de guitare.	Il veut arriver à ce que la note jouée soit identique à la note de référence.	Il tourne délicatement la clé au bout du manche de la guitare avec ses doigts.
Le menuisier perçoit la sensation de ses doigts au contact du bois.	Il veut parvenir à ce qu'il n'y ait plus d'irrégularité sur la planche de bois.	Il frotte chaque irrégularité de la planche avec du papier de verre d'un geste de la main.
Sarah sert de l'eau à son petit frère. Elle surveille le niveau de l'eau par rapport au bord du verre.	Elle veut amener le niveau d'eau à 1 cm du bord.	Elle contrôle avec ses mains l'angle que fait la bouteille avec le verre pour ajuster le débit de l'eau versée.

La maitresse de maternelle soigne la bosse d'Arthur. Elle ressent la sensation de pression au niveau de sa main qui tient le coton.	Elle veut étaler la pommade sans trop presser la bosse pour ne pas faire mal à Arthur.	Elle contrôle son mouvement de la main et la pression appliquée sur le coton.
C'est moi le responsable de l'arrosage des semis de radis dans la classe. Je regarde attentivement la terre dans le pot pour évaluer son degré d'humidification.	Je m'arrête d'arroser dès que je vois que l'eau déborde de la terre.	Je contrôle avec ma main l'angle que fait l'arrosoir pour ajuster le débit de l'eau.
Dounia perçoit la sensation de pression de ses doigts sur la coquille d'un escargot.	Elle veut bien le tenir jusqu'au bocal, sans l'écraser.	Elle contrôle la pression qu'elle exerce avec ses doigts.
Léo est à la cantine. Il surveille que les objets de son plateau ne bougent pas quand il marche.	Il évite que l'assiette et le verre glissent et tombent par terre.	Tout en marchant lentement, il contrôle la position de ses mains pour que son plateau ne penche pas.
Dans la cuisine, papa regarde attentivement le poisson qui sort du four.	Il veut vérifier s'il reste des arêtes.	Il contrôle la position de la fourchette pour séparer les morceaux de poisson.
 Il y a ce panneau dans un magasin. Les gens font attention à chaque pas à la sensation de leurs pieds au contact du sol. Est-ce que ça glisse ou pas ?	Les gens doivent éviter de glisser.	Ils contrôlent le déplacement de leurs pieds en marchant lentement.

Dans la salle de sport, Camille regarde un cerceau posé par terre.	Elle doit réussir à lancer un sac de sable à l'intérieur du cerceau.	Elle contrôle son mouvement du bras pour éviter de lancer le sac trop loin ou trop près.
Sur l'autoroute, il y a ce panneau :  Maman regarde la distance qui la sépare de la voiture qui est devant elle.	Elle souhaite maintenir une distance de sécurité avec cette voiture.	Maman ajuste avec le pied la pression sur la pédale d'accélérateur et de frein pour contrôler sa distance avec le véhicule qui est devant nous.
Maman me conduit à l'école en voiture. Elle regarde dans le rétroviseur pour voir où veut passer le camion de pompiers.	Maman voudrait laisser un espace pour le camion de pompiers.	Elle contrôle son volant et sa vitesse pour se garer de côté sans toucher le moindre obstacle.
En géométrie, il faut reconnaitre des formes cachées dans un sac en tissu. Je touche les formes à travers le tissu, sans les voir.	Je veux avoir une image mentale complète de la forme que je touche pour pouvoir la décrire et la nommer.	Je dessine dans ma tête une image de la forme que je suis en train de toucher, à partir de ce que je ressens avec mes doigts.
À la récré, on joue à « 1,2,3, soleil ! ». C'est moi le chef. Je regarde tout ce qui bouge chez mes copains pour repérer le moindre mouvement.	Je dois repérer celui qui bouge encore quand je me retourne.	Dès que je vois quelqu'un bouger je crie son nom très fort.
Sami trace un cercle sur une feuille. Il regarde la mine du compas.	Il doit faire un cercle précis.	Il contrôle sa main pour faire tourner le compas sans lever la mine de la feuille.

Un tavernier possède 69 canards et 328 chèvres.
Combien y a-t-il de pattes d'animaux en tout ?

À Paris, 465 passagers prennent un TGV pour Marseille. Celui-ci fait un arrêt à Lyon où 324 passagers montent et personne ne descend.
Combien de passagers vont descendre à Marseille ?

L'Everest est la montagne la plus haute du monde : elle culmine à 8 848 mètres. En 1953, Edmund Hillary et Tensing Morgay deviennent les premiers hommes à atteindre le sommet.
Combien d'années se sont écoulées depuis cet exploit ?

Complète les tirets pour que les parchemins soient rangés du plus grand au plus petit.

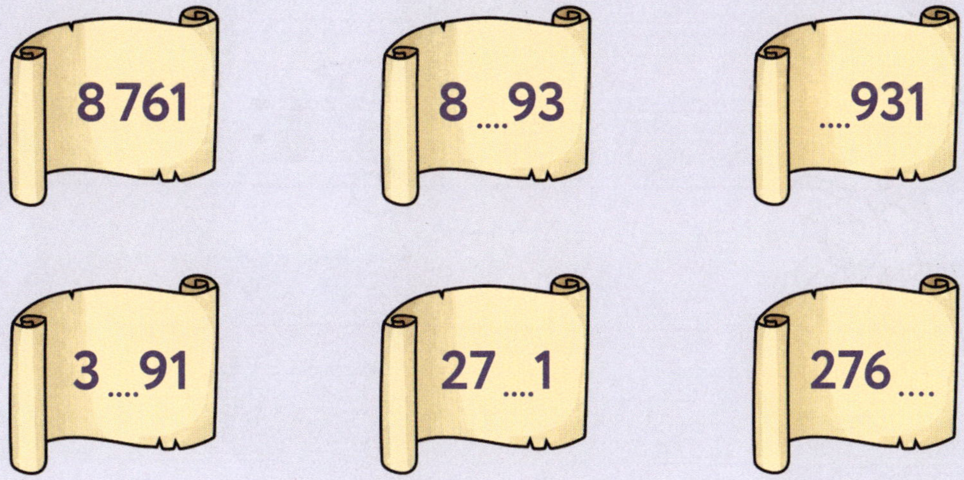

Monsieur Coursapié organise un marathon.
17 468 personnes se sont inscrites.
Malheureusement, 1 859 personnes ne se sont pas présentées au départ de la course et 2 013 coureurs ont abandonné en cours de route.
Combien de personnes ont franchi la ligne d'arrivée ?

L'HOMME QUI PARLE AUX CACHALOTS

François Sarano, océanographe et plongeur, nous raconte une expérience vécue.
« Il y a une quinzaine de jours, j'ai plongé sans bouteille avec "mes" cachalots au large de l'île Maurice.
À peine sauté du bateau, un gros mâle d'environ 8 mètres de long se dirige vers moi à grande vitesse, puis me cogne gentiment avec sa tête. »
« C'était Eliott, un individu très curieux. Il se met à jouer avec moi, comme dans un miroir », poursuit le plongeur.
« Je tourne sur moi-même, il fait de même. Si je nage vers le fond, il m'imite. Je pars vers la surface, il me suit. Et ainsi de suite pendant quinze minutes. »
« L'histoire aurait pu s'arrêter là, mais se dressant tout d'un coup dans l'eau, il ouvre grand la gueule…et s'approche de moi. Surpris, je ne comprends pas tout de suite pourquoi.
Tout à coup, regardant dans sa gueule largement ouverte, je vois un énorme hameçon, planté dans sa gencive, que je lui enlève aussitôt, le plus délicatement possible… »

Adaptation d'un texte de Joël-Yves Le Bigot, d'après une interview de François Sarano © Éditions MDI, 2017.

DOCUMENT 143

Joseph et Étienne Montgolfier étaient deux Français de l'Ardèche.
Dans le laboratoire de leur usine de papier, ils ont eu l'idée de gonfler de petits ballons de papier avec de l'air chaud pour les faire voltiger.
Ils construisirent ensuite un ballon de 12 mètres de diamètre fait de toile doublée de papier.
L'air chaud était produit par un brasier, suspendu sous le ballon pour le gonfler.
L'engin s'éleva de plus de 500 mètres dans les airs, à l'admiration du public.
C'était le 5 juin 1783.

Jean et Jeanine Guion © Éditions MDI, 2017.

DOCUMENT 144

Rien de plus fascinant que de transformer des mots compréhensibles en des messages secrets. Il existe des encres magiques qu'on peut fabriquer avec du jus de citron, du jus d'orange, du jus d'oignon. Le message est inscrit sur une feuille blanche et ne deviendra visible que lorsque la feuille sera exposée à la chaleur (au soleil par exemple).

Texte de Hannelore Paschal © Éditions MDI, 2017.

Poil de Carotte, les fesses collées, les talons plantés, se met à trembler dans les ténèbres.

Elles sont si épaisses qu'il se croit aveugle. Parfois une rafale l'enveloppe, comme un drap glacé, pour l'emporter. Des renards, des loups mêmes, ne lui soufflent-ils pas dans ses doigts, sur sa joue ? Le mieux est de se précipiter, au juger, vers les poules, la tête en avant, afin de trouer l'ombre. Tâtonnant, il saisit le crochet de la porte. Au bruit de ses pas, les poules effarées s'agitent en gloussant sur leur perchoir. Poil de Carotte leur crie :

– Taisez-vous donc, c'est moi !

Il ferme la porte et se sauve, les jambes, les bras comme ailés.

Quand il rentre, haletant, fier de lui, il attend les félicitations et, maintenant hors de danger, cherche sur le visage de ses parents la trace des inquiétudes qu'ils ont eues.

Mais grand Félix et sœur Ernestine continuent tranquillement leur lecture, et madame Lepic lui dit, de sa voix naturelle :

– Poil de Carotte, tu iras les fermer tous les soirs.

Jules Renard, *Poil de Carotte*, 1894.

NŒUD DE HUIT

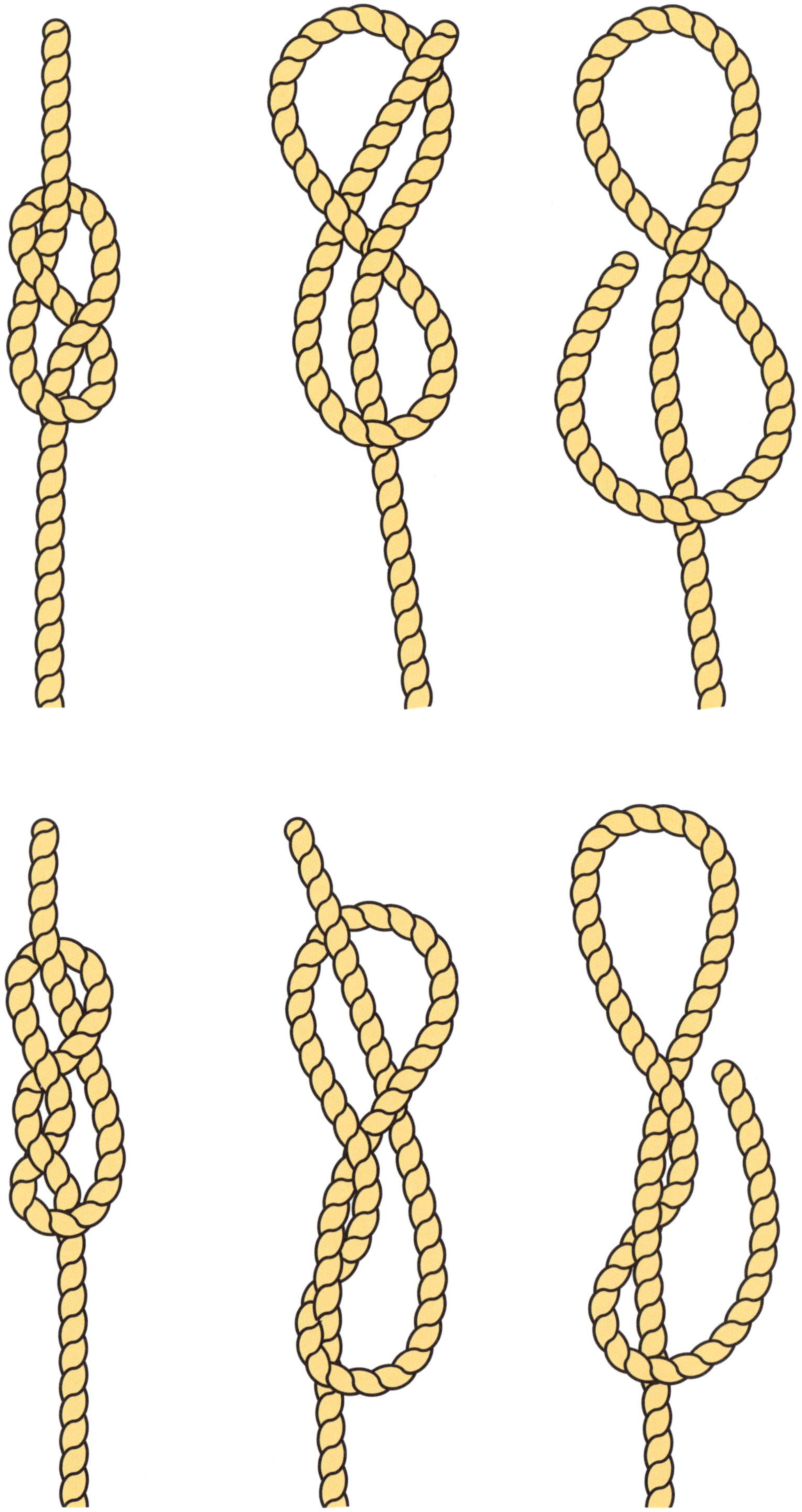

CE QUE J'APPRENDS AU FIL DE L'ANNÉE,
CE QUE JE SAIS FAIRE

Entoure au fur et à mesure de l'année ce que tu as appris, ou ce que tu sais faire maintenant.

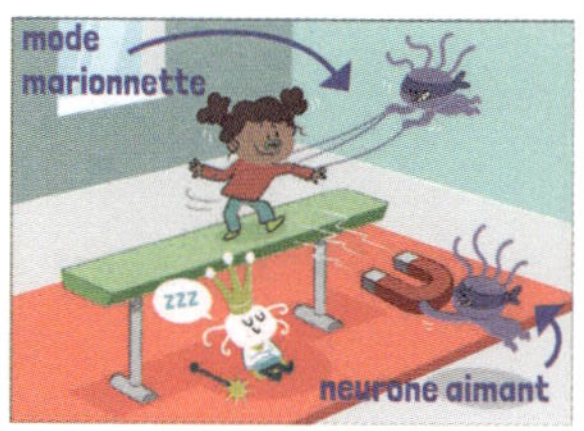

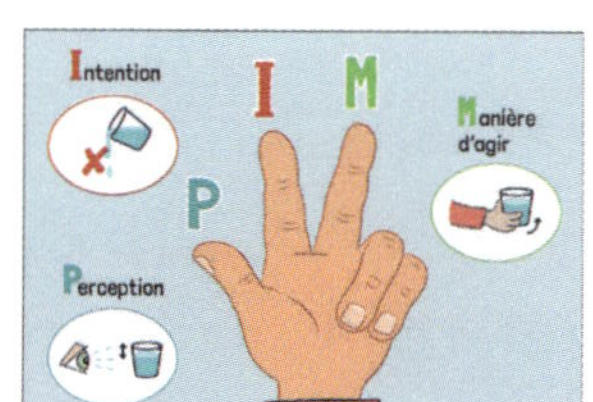

BRAVO ! TU AS TERMINÉ TA DÉCOUVERTE DU PROGRAMME ATOLE !

Continue à t'entrainer, à l'école comme à la maison ou dans tes loisirs, pour contrôler de mieux en mieux ton attention !

Mon livret ATOLE

CE1 CE2

Un atoll, c'est une petite ile dans la mer, comme une petite bulle dans laquelle on s'isole pour être bien concentré.

ATOLE t'apprend l'ATtention à l'écOLE.

Etre attentif, c'est quoi ?

Entoure les mots auxquels l'attention te fait penser.

réussite

fatigue

écoute

concentration

sage

distrait

difficile

ennui

apprendre

école

connexion

contact

éveil

QUIZ

Séquence 9 **Les PIM du corps**

1. **Que signifie PIM ?** Coche la signification correcte.
❍ Perception, Intention, Manière d'agir
❍ Passion, Imitation, Manière de finir

2. **Coche la phrase correcte.**
❍ Un PIM est un mode d'emploi pour bien se concentrer.
❍ Un PIM est une distraction qui nous pousse à faire autre chose qui a l'air mieux.

3. **Vrai ou faux ?**
Dans un PIM, la perception doit être simple, je dois pouvoir y faire tout de suite attention. ❍ VRAI ❍ FAUX

4. **Barre l'activité pour laquelle un PIM est inutile selon toi.**

5. **Relie chaque élément à la partie du PIM à laquelle il correspond.**
Est-ce le **P (ce à quoi je dois faire attention)**, le **I (ce que je cherche à faire)** ou le **M (ce que je dois faire attention à bien contrôler)** ?

Je dois bien ajuster la position et l'inclinaison de la bouteille avec ma main. ●		● P
Je regarde le lait qui coule dans le bol. ●		● I
Je veux que le lait s'écoule doucement dans le bol, jusqu'à ce qu'il arrive au niveau désiré. ●		● M

6. **Vrai ou faux ?**
Les PIM ne servent que pour les activités difficiles. ❍ VRAI ❍ FAUX

Les PIM sont des modes d'emploi pour bien me concentrer.

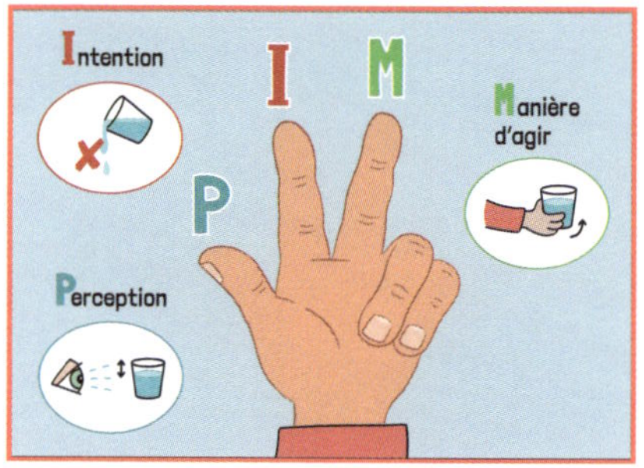

Complète la signification de « PIM ».

Perception = À quoi dois-je faire attention ?

I.................................... = Qu'est-ce que je cherche à faire ?

M.................................. = Que dois-je faire attention à bien faire ?

....

Complète cet exemple de PIM.

Tâche : découper selon des pointillés

P (Perception) : ....

I (Intention) : ....

M (Manière d'agir) : ....

....

Coche les activités qui demandent d'être bien attentif selon toi.

Avec quoi puis-je être attentif ?

Relie chaque question au sens qui te permet d'y répondre.

Est-ce que ce pain au chocolat est bon ? ●

Est-ce que ce paysage est joli ? ●

Y a-t-il de la guitare dans ce morceau ? ●

Est-ce que le poil de ce chien est plutôt doux ou râpeux ? ●

Ce savon est-il plutôt parfumé au miel ou à l'abricot ? ●

● vue

● odorat

● toucher

● gout

● ouïe

QUIZ

Séquence 8 Réagir aux distractions internes

1. Vrai ou faux ?
Je peux remarquer mes pensées sans les laisser me distraire.
❍ VRAI ❍ FAUX

2. Coche la bonne case.
Quand j'ai tout à coup envie de faire autre chose, je ressens une PAM.
Une PAM, c'est une proposition que me fait mon cerveau de…
❍ Parler à un Ami qui M'appelle
❍ Passer à Autre chose de Mieux (ou qui a l'air mieux)

3. Barre l'intrus. Une image mentale…
est exactement comme une vraie image — peut m'aider à être attentif — peut survenir sans que je l'aie décidé

4. Vrai ou faux ?
Les pensées sont toujours des distractions et il faut éviter d'en avoir.
❍ VRAI ❍ FAUX

5. Coche la bonne case.
Quand je remarque une PAM, je dois…
❍ ralentir.
❍ arrêter ce que je suis en train de faire.

6. Complète les lettres manquantes.
Pour ne pas tomber de la poutre, je dois surveiller…
mon ☐egard, mon ☐ttention, ma ☐osture, mes ☐ensées, l'☐lan donné par les PAM à mon corps, et puis je décide si je ☐aisse faire… ou pas !

C'est le code ☐☐☐☐☐☐.

Le code « RAPPEL » résume les signes qui m'indiquent que je me laisse entrainer par mes neurones aimants ou mes automatismes.

Complète les mots dans la grille pour écrire la signification du code « RAPPEL ».

R _ _ _ _ _

A _ _ _ _ _ _ _ _

P _ _ _ _ _ _

P _ _ _ _ _ _

E L A N …DU CORPS

→ **à toi de décider si tu**

L A I S S E S F A I R E …OU NON !

« STOP ! » Je ralentis pour décider si je me laisse entrainer ou non.

À quoi puis-je être attentif ?

Complète la légende de chaque image en choisissant la bonne expression :

mes sensations | mes images mentales | ma « petite voix »

1. Je peux être attentif aux autres, à ...., à mes émotions.

2. Je peux être attentif à ....

3. Je peux être attentif à ....

Être ATTENTIF, c'est être en CONTACT.

Dessine le contact entre toi et l'objet de ton attention.

Complète la phrase avec les mots contact, attention et réagir.

Si la maitresse dit « .... », elle demande mon .... pour que je sois en contact avec elle et que je puisse .... à ce qu'elle me dit.

Qu'est-ce qu'une « PAM » ?

Complète la phrase.

Une « PAM », c'est une proposition que te fait ton cerveau de P...................... à Autre chose de M...................... .

Entoure les bonnes propositions dans cette phrase qui explique comment réagir à une PAM.

Quand je ressens une PAM, c'est comme si j'étais à vélo et que je me sentais attiré par quelque chose que je vois. Je dois alors accélérer / ralentir pour bien regarder.

Je pourrai alors décider de continuer ma route, ou d'aller vers ce qui m'attire. Mais dans les deux cas, c'est moi / la PAM qui décide.

Le pensoscope me permet de remarquer quelles pensées me distraient, sans me déconcentrer.

Repasse doucement avec ton doigt le cercle du pensoscope. Lorsque tu l'as entièrement repassé, indique sur le cercle, au crayon de couleur, les zones où tu as eu des pensées.

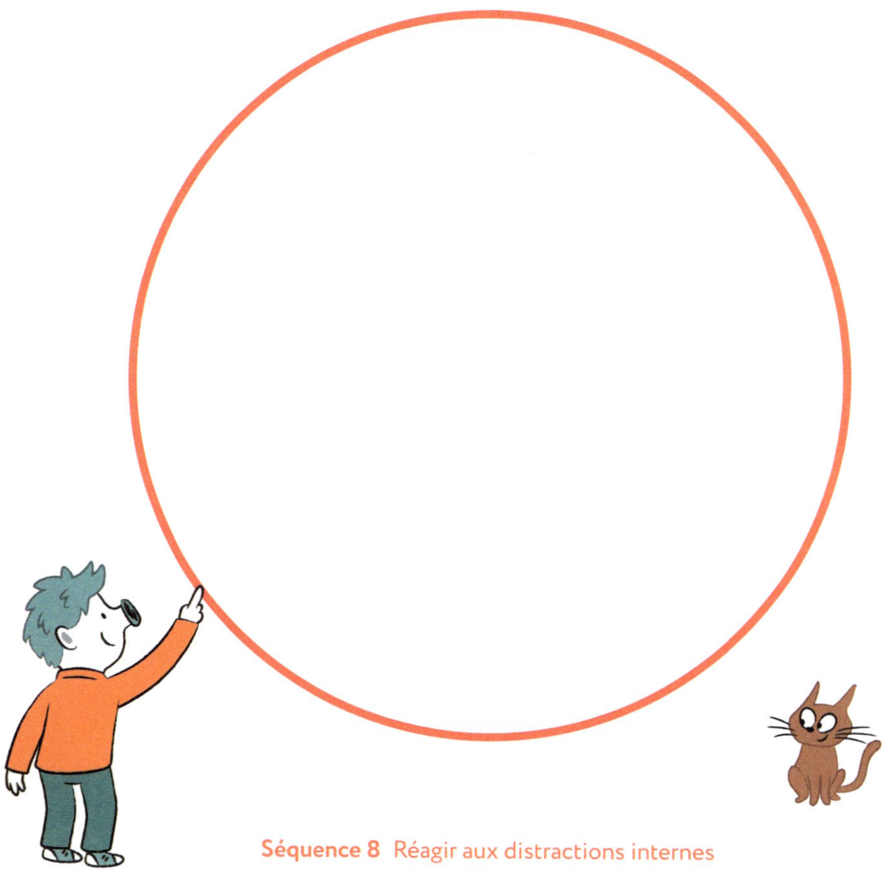

QUIZ

Séquence 1 **À la découverte de l'attention**

1. **Vrai ou faux ?**
Si je suis sage, c'est que je suis attentif.
❍ VRAI ❍ FAUX

2. **Coche la bonne proposition.**
La petite voix est une voix…
❍ que tout le monde peut entendre.
❍ qu'on n'entend que dans sa tête.

3. **Relie les bonnes propositions.**

Quand je me récite une poésie dans ma tête, j'utilise… ●	● ma petite voix.
Quand j'imagine un personnage décrit dans un livre, j'utilise… ●	● une image mentale.

4. **Barre l'intrus.**
Je peux faire attention à :
ce que j'entends — ce que je touche — ce que pense mon voisin
mes émotions — ma respiration — ce que je ressens dans mon corps

5. **Coche la bonne proposition.**
L'attention agit comme…
❍ le frein du vélo.
❍ la roue du vélo.

6. **Coche la bonne proposition.**
ATOLE, c'est un programme pour…
❍ apprendre à y voir plus clair.
❍ apprendre à être attentif.

Ai-je besoin de beaucoup d'attention pour ces activités ?

Colorie en rouge la pastille si tu penses avoir besoin de beaucoup d'attention pour faire bien cette activité.

Colorie en vert la pastille si tu penses que tu n'as pas besoin d'être très attentif pour y arriver.

QUIZ

Séquence 7 Réagir aux distractions externes

1. Coche la bonne case.
Comment notre regard se déplace-t-il ?
❍ Tranquillement. ❍ Rapidement, par saccades.

2. Coche la bonne case.
Maintenir son abeille sur le texte qu'on lit, c'est comme…
❍ rester sans bouger. ❍ marcher sur une poutre.

3. Vrai ou faux ?
Si je sens que mon abeille « tire sur sa laisse », je peux tirer doucement pour la ramener au bon endroit.
❍ VRAI ❍ FAUX

4. Coche la bonne proposition.
Quand je suis attentif, je suis comme un funambule parce que…
❍ je dois remarquer tout de suite si je suis en train de tomber, pour pouvoir rétablir mon équilibre.
❍ c'est très difficile.

5. Entoure la signification des lettres du code « RAP », qui t'indique ce que tu dois surveiller pour remarquer si tu tombes de la poutre :

R	Regard	A	Appétit	P	Perception
	Réaction		Anxiété		Posture
	Ressenti		Attention		Patience

6. Coche la bonne case.
Que faut-il faire quand on sent que son regard et son corps sont attirés sur le côté ?
❍ Il faut ralentir.
❍ Il faut résister de toutes ses forces.

Complète les mots dans la grille.

Pour contrôler mon attention, je dois surveiller...

mon	**R**								
mon	**A**								
ma	**P**								

...comme un funambule !

Être attentif, c'est comme marcher sur une POUTRE.

Entoure les mots qui conviennent.

Quand une activité me demande **beaucoup d'attention**, c'est comme si je devais traverser une poutre...

étroite courte basse longue large haute

Quand une activité me demande **peu d'attention**, c'est comme si je devais traverser une poutre...

basse étroite large longue haute courte

Les 3 « A » m'indiquent le niveau d'attention dont j'ai besoin pour une activité.

Relie chaque poutre et chaque activité au « A » qui convient.

A A A

J'observe et je contrôle les mouvements de mon regard.

Aux déplacements de quoi peut-on comparer les déplacements du regard ?

Entoure la bonne image.

Observe l'image et dessine dessus le trajet qu'a effectué ton regard.

QUIZ

Séquence 6 **Maximoi et Minimoi**

1. **Coche la bonne case.**
Une minimission, c'est quelque chose…
❍ qu'on voit tout de suite comment faire.
❍ qui demande de bien réfléchir.

2. **Relie Maximoi et Minimoi à leurs qualités.**

Minimoi ●
Maximoi ●

● a une très bonne mémoire
● est rapide
● est fort
● est intelligent

3. **Relie ce qui va ensemble.**

minimission ●
maximission ●

● Je sais faire.
● Je dois la découper en missions plus simples.

4. **Entoure les mots qui conviennent.**
Maximoi confie à Minimoi des missions…

claires   longues   complexes   concrètes   courtes

5. **Quelle est la bonne proposition ?**
Une minimission est comme…
❍ une seule poutre qu'on doit traverser.
❍ un chemin avec plusieurs poutres.

6. **Entoure la ligne qui montre dans le bon ordre les étapes pour réaliser une maximission.**

QUIZ

Séquence 2 **L'équilibre attentionnel**

1. **Barre l'intrus.** Pour ne pas tomber de la poutre, il faut…
remarquer vite qu'on perd l'équilibre.
se rétablir tout de suite quand on remarque qu'on perd l'équilibre.
réfléchir à ce qu'il faut faire si on tombe.

2. **Quelle est la bonne proposition ?** Rester concentré pour réussir une activité difficile, c'est comme traverser une poutre…
❍ haute et étroite.
❍ basse et large.

3. **Quelle est la bonne proposition ?** Si la maitresse ou le maitre me montre un « **A** » rouge, cela veut dire que dans les minutes qui viennent…
❍ je n'ai pas besoin d'être très concentré sur mon activité.
❍ je dois être bien concentré sur mon activité.

4. **À quel « A », rouge ou vert, correspond chacune de ces activités ? Entoure-le.**

5. **Vrai ou faux ?**
Si je m'entraine, je peux améliorer mon sens de l'équilibre attentionnel.
❍ VRAI ❍ FAUX

6. **Coche la bonne case.** L'essentiel, c'est d'être bien attentif…
❍ au bon moment.
❍ tout le temps.

À quoi ressemble mon cerveau ?

Colorie les différents lobes du cerveau.

Complète la légende avec les mots suivants :
pariétal - occipital - temporal - frontal.

Lobe ....

Lobe ....

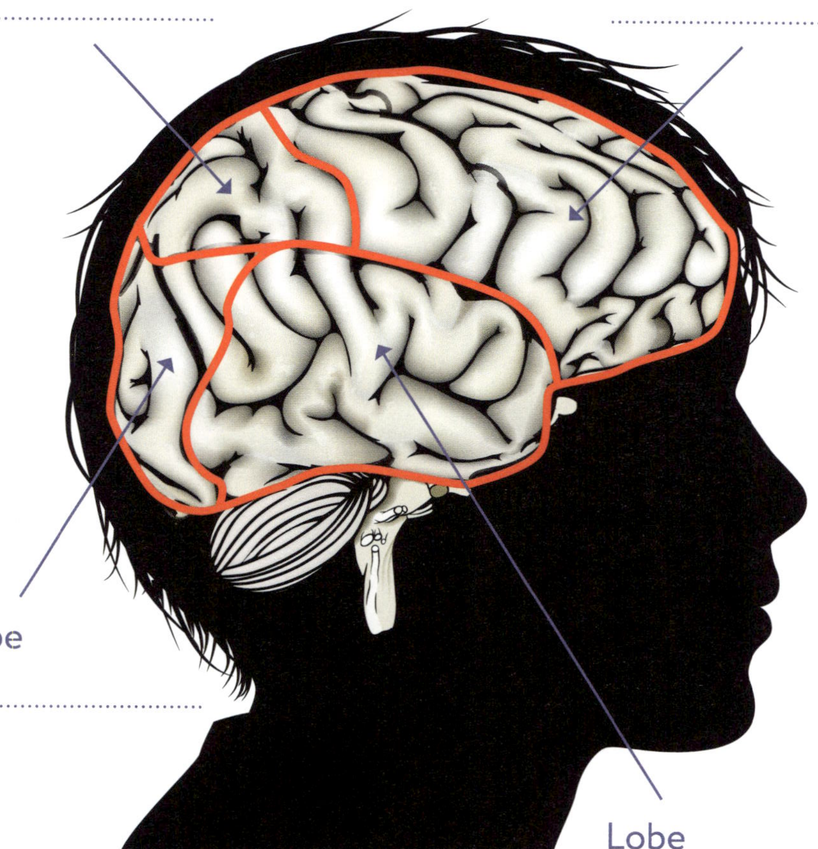

Lobe ....

Lobe ....

Ma liste de vérification pour les Minimoi

Tu peux compléter ce modèle de liste de vérification pour réussir la maximission de ton choix !

MAXIMISSION : ....

OK !	1. .... ⏱ .... ☐
OK !	2. .... ⏱ .... ☐
OK !	3. .... ⏱ .... ☐
OK !	4. .... ⏱ .... ☐
OK !	5. .... ⏱ .... ☐
OK !	6. .... ⏱ .... ☐

Je respire et savoure ma réussite !

Que doit contenir une liste de vérification pour les Minimoi ?

Complète la liste de minimissions à réaliser pour réussir cette maximission.

MAXIMISSION

Préparer mes affaires pour demain

OK !	1. .... ⏱ .... ☐
OK !	2. .... ⏱ .... ☐
OK !	3. .... ⏱ .... ☐
OK !	4. .... ⏱ .... ☐
OK !	5. .... ⏱ .... ☐
OK !	6. .... ⏱ .... ☐
	Je respire et savoure ma réussite !

À quoi servent mes neurones ?

Entoure les bonnes propositions.

Dans mon cerveau, il y a des neurones qui servent à...

percevoir agir transpirer parler danser

mémoriser chanter avoir froid apprendre

Trace des flèches sur l'image pour montrer comment l'information circule entre les neurones.

QUIZ

Séquence 3 **Le cerveau et ses neurones**

1. **Quelle est la bonne proposition ?**
Le cerveau ressemble à…
❍ un gant de boxe.
❍ une chaussure.

2. **Quelle est la bonne proposition ?**
Un neurone ressemble à…
❍ une étoile.
❍ un arbre.

3. **Barre l'intrus.**
Il y a des neurones qui servent à :

percevoir ce qui nous entoure — faire bouger nos muscles — faire pousser les cheveux — réfléchir — faire attention

4. **Quelle est la bonne proposition ?**
Les neurones réalisent des choses compliquées…
❍ chacun dans leur coin.
❍ en travaillant en équipe.

5. **Quelle est la bonne proposition ?**
Une habitude fonctionne un peu comme…
❍ la sonnette de la boulangerie, qui se met en marche automatiquement dès qu'elle détecte un mouvement.
❍ une télévision, qui affiche des images sur un écran.

6. **Vrai ou faux ?**
Ce sont les muscles de tes jambes qui savent comment danser.
❍ VRAI ❍ FAUX

Comment découper une tâche pour les Minimoi ?

Maximoi découpe les tâches en petites tâches courtes et simples pour les Minimoi.

Maximoi doit-il découper la mission ? Minimoi peut-il la faire tout seul ? **Entoure pour chaque tâche le personnage qui doit s'en occuper.**

mettre la table

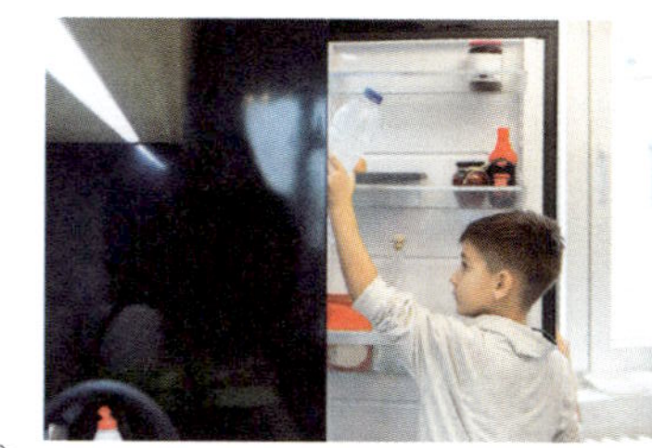

chercher du lait dans le réfrigérateur

recopier un texte écrit au tableau

courir d'un point à un autre

Je m'aide de Maximoi et Minimoi pour réaliser mes tâches.

Maximoi est sage, intelligent mais faible.

Les Minimoi sont moins malins, mais ils sont rapides et forts.

Dessine dans la carte ton Maximoi.

Dessine dans la carte l'un ou l'une de tes Minimoi.

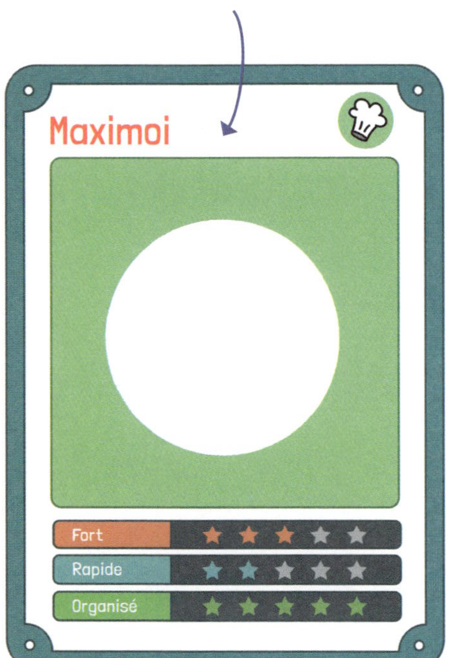

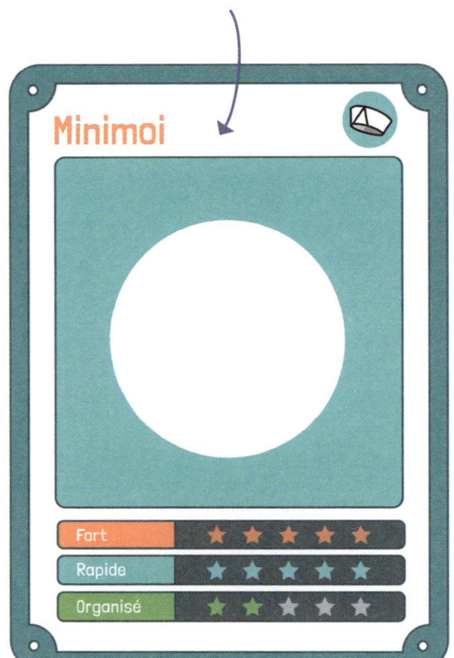

Bon ou mauvais automatisme ?

Barre les images sur lesquelles l'automatisme n'est pas adapté à la situation.

Qu'est-ce que le « mode marionnette » ?

Complète la phrase.

Quand mes habitudes me font réagir sans le vouloir
à ce qui se passe autour de moi,
je suis en mode ....
Cela peut me faire tomber de la ....

Que font les « neurones aimants » ?

Entoure les situations où les neurones aimants sont actifs.

QUIZ

Séquence 5 **Les neurones et la concentration**

1. Coche la bonne case.
Mon intention, c'est…
❍ ce que je cherche à faire.
❍ ce que je suis tenté de faire.

2. Vrai ou faux ?
Je peux faire deux choses à la fois si je les ai automatisées, à force de les répéter.
❍ VRAI ❍ FAUX

3. Coche la bonne case.
On fait un « OUIN » quand…
❍ on oublie son intention de départ.
❍ on se fait mal parce qu'on est distrait.

4. Coche la bonne case.
On se concentre plus facilement sur des tâches…
❍ longues.
❍ courtes.

5. Relie les choses que tu peux faire en même temps (il y a plusieurs solutions possibles).

chanter ●	● écouter quelqu'un
lire ●	● t'habiller
regarder quelqu'un ●	● marcher

6. Vrai ou faux ?
Quand j'essaie de me concentrer sur deux choses à la fois, mes neurones chefs se disputent.
❍ VRAI ❍ FAUX

Comment maintenir mes « neurones chefs » bien réveillés ?

J'agis en ayant en tête une seule intention courte, claire et concrète.

Relie chaque début de phrase à la fin de phrase correspondante.

Si j'essaie de me concentrer sur deux choses à la fois… ●	● …mes neurones chefs savent ce qu'ils ont à faire et peuvent rester bien réveillés.
Si je me demande : « Qu'est-ce que je cherche à faire vraiment ? » et que je me concentre sur une intention claire à la fois… ●	● …mes neurones chefs se disputent et mon cerveau ne sait plus comment faire.

Tu peux résister au « mode marionnette » et aux « neurones aimants ».

Complète les mots commençant par « R ».

Quand tu

Ressens que tu es attiré,

R ....,

Regarde et

R........................... pour décider si tu te laisses faire ou non.

QUIZ

Séquence 4 Les neurones et la distraction

1. Coche la bonne case.

Je suis en « mode marionnette » quand…

❍ mes automatismes me font réagir trop vite.

❍ je joue avec des personnages.

2. Entoure 🙂 si l'automatisme représenté peut t'aider et 🙁 s'il peut te distraire.

 🙂 🙁

 🙂 🙁

3. Coche la phrase correcte.

❍ Les neurones aimants sont les méchants du cerveau, ils sont là pour nous distraire et nous faire tomber de la poutre.

❍ Les neurones aimants peuvent être utiles, ils nous aident à être concentré quand on fait quelque chose qui nous fait plaisir.

4. Vrai ou faux ?

Il faut essayer de résister à ce qui nous amuse. ❍ VRAI ❍ FAUX

5. Entoure deux choses qui peuvent faire tomber de la poutre.

NEURONES AIMANTS HABITUDES

ATTENTION CONCENTRATION

6. Complète les 4 « R ». Attention, il y a des intrus !

Quand mes neurones aimants m'attirent vers autre chose, je peux, dans l'ordre :

1. R............................
2. R............................
3. R............................
4. R............................

réagir ressentir regarder reculer ralentir rire

Je dois garder mes « neurones chefs » bien réveillés pour ne pas oublier mon intention de départ.

Qu'est-il arrivé au gardien de but ? **Complète les mots.**

Il a ou...................... son in...................... de départ.

« OUIN » est le code que tu peux utiliser quand tu te rends compte que cela t'arrive.

CE QUE J'APPRENDS AU FIL DE L'ANNÉE,
CE QUE JE SAIS FAIRE

Entoure au fur et à mesure de l'année ce que tu as appris, ou ce que tu sais faire maintenant.

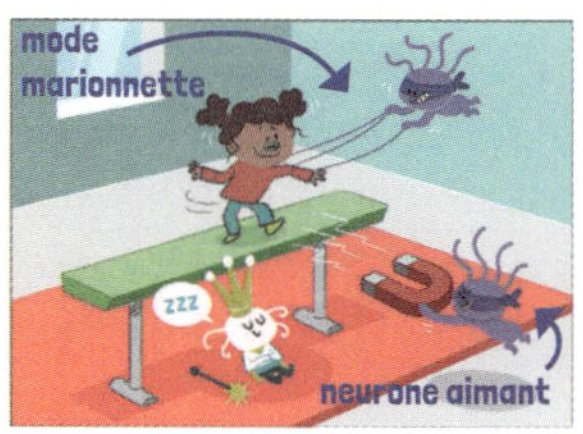

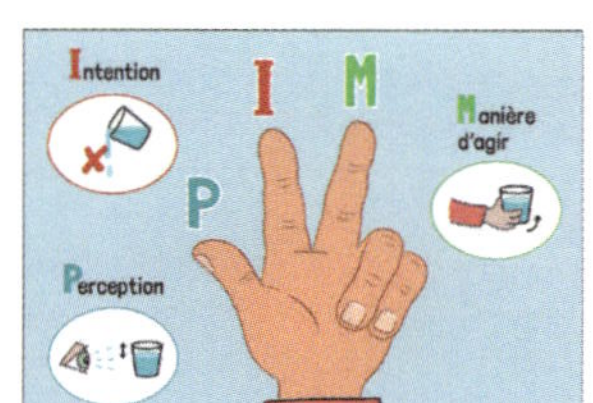

BRAVO ! TU AS TERMINÉ TA DÉCOUVERTE DU PROGRAMME ATOLE !

Continue à t'entrainer, à l'école comme à la maison ou dans tes loisirs, pour contrôler de mieux en mieux ton attention !

Mon livret ATOLE

CM1 CM2

Un atoll, c'est une petite ile dans la mer, comme une petite bulle dans laquelle on s'isole pour être bien concentré.

ATOLE t'apprend l'ATtention à l'écOLE.

Etre attentif, c'est quoi ?

Entoure les mots auxquels l'attention te fait penser.

réussite

fatigue

écoute

concentration

sage

distrait

difficile

ennui

apprendre

école

connexion

contact

éveil

Mes PIM les plus utiles

Tu peux imaginer et écrire ici les PIM qui te sont les plus utiles.

MON PIM POUR ....

P (Perception) : ....

I (Intention) : ....

M (Manière d'agir) : ....

MON PIM POUR ....

P (Perception) : ....

I (Intention) : ....

M (Manière d'agir) : ....

MON PIM POUR ....

P (Perception) : ....

I (Intention) : ....

M (Manière d'agir) : ....

MON PIM POUR ....

P (Perception) : ....

I (Intention) : ....

M (Manière d'agir) : ....

QUIZ

Séquence 10 Les PIM pour les actions mentales

1. Coche la bonne proposition.
Dans un PIM, la manière d'agir…
❍ est toujours une action du corps.
❍ peut être une action mentale, quelque chose que l'on fait dans sa tête.

2. Vrai ou faux ?
Dans un PIM, une manière d'agir simple, c'est quelque chose que je peux décider de faire en étant sûr d'y arriver. ❍ Vrai ❍ Faux

3. Entoure les exemples d'actions mentales.

utiliser ma petite voix — me répéter des mots dans ma tête
dessiner une figure sur une feuille — créer une image mentale
imaginer un personnage — écrire des mots sur mon écran mental
bouger ma tête — fermer mes yeux

4. Vrai ou faux ?
Ma « petite voix » peut m'aider à bien me concentrer. ❍ Vrai ❍ Faux

5. Entoure la bonne proposition.
Il est **facile** / **difficile** de conserver une image mentale dans sa tête lorsqu'on est déconcentré par quelque chose.

6. Coche la bonne proposition.
Pour bien comprendre ce qu'on me décrit, je peux…
❍ me créer des images mentales de ce qu'on me raconte.
❍ me répéter chaque mot avec ma petite voix.

7. Entoure la bonne proposition.
Il existe **une manière** / **plusieurs manières** de faire attention à un texte qu'on lit.

8. Coche la bonne proposition.
Pour bien se concentrer sur une tâche, il faut parfois…
❍ appliquer deux PIM en même temps. ❍ alterner deux PIM rapidement.

Coche les activités qui demandent d'être bien attentif selon toi.

Avec quoi puis-je être attentif ?

Relie chaque question au sens qui te permet d'y répondre.

Est-ce que ce pain au chocolat est bon ? ●	●  vue
Est-ce que ce paysage est joli ? ●	●  odorat
Y a-t-il de la guitare dans ce morceau ? ●	●  toucher
Est-ce que ton pull est plutôt doux ou râpeux ? ●	●  gout
Ce savon est-il plutôt parfumé au miel ou à l'abricot ? ●	●  ouïe

Colorie de la même couleur les cartes qui composent un même PIM.

P PERCEPTION	I INTENTION	M MANIÈRE D'AGIR
Le film mental gardé en mémoire depuis la lecture du récit	Réciter correctement les résultats de la table de multiplication	Décrire à voix haute chaque élément du film mental (« Une personne arrive de la droite… »)
L'image mentale de la forme que l'on souhaite dessiner	Avoir sur la feuille devant soi une figure ressemblant à l'image mentale que l'on s'est faite au préalable	Prononcer ce que l'on voit sur son écran mental (et/ou bien répéter à haute voix ce que sa « petite voix » récite)
L'image mentale que l'on s'est faite du produit que l'on va réciter (3 x 3 = 9) et/ou le calcul « prononcé » par la « petite voix »	Décrire le plus complètement possible le film mental gardé en mémoire depuis la lecture du récit	Convertir l'image mentale en une forme tracée sur la feuille

QUIZ Séquence 9 Les PIM du corps

1. **Complète la signification de « PIM » avec les mots corrects.**

P................................ Passion Perception Priorité

I................................ Intention Imitation Information

M................................ Manière d'agir Manipulation Mode d'emploi

2. **Vrai ou faux ?**

Dans un PIM, la perception doit être simple, je dois pouvoir y faire tout de suite attention.

❍ Vrai ❍ Faux

3. **Indique après chaque phrase la lettre du PIM correspondante :**

P, **I** ou **M** ?

- Je dois bien ajuster la position et l'inclinaison de la bouteille avec ma main. ☐
- Je regarde le lait qui coule dans le bol. ☐
- Je veux que le lait s'écoule doucement dans le bol, jusqu'à ce qu'il arrive au niveau désiré. ☐

4. **Vrai ou faux ?**

Parfois, un PIM ne sert qu'à un moment particulier d'une minimission.

❍ Vrai ❍ Faux

5. **Entoure la bonne proposition.**

Pour surveiller les mouvements du ballon au basket, un spectateur et une joueuse...

ont le même PIM. **ont chacun un PIM différent.**

6. **Vrai ou faux ?**

Les PIM ne servent que pour les activités difficiles.

❍ Vrai ❍ Faux

7. **Coche la bonne proposition.**

Suivre un PIM pour me concentrer sur une activité m'aide à...

❍ rester connecté à cette activité. ❍ comprendre ce que je fais.

8. **Vrai ou faux ?**

Il faut un PIM pour tout ce que l'on fait. ❍ Vrai ❍ Faux

À quoi puis-je être attentif ?

Complète la légende de chaque image en choisissant la bonne expression :

mes sensations | mes images mentales | ma « petite voix »

1. Je peux être attentif aux autres, à .... , à mes émotions.

2. Je peux être attentif à ....

3. Je peux être attentif à ....

Être ATTENTIF, c'est être en CONTACT.

Dessine le contact entre toi et l'objet de ton attention.

Complète la phrase avec les mots contact, attention et réagir.

Si la maitresse dit « .... », elle demande mon .... pour que je sois en contact avec elle et que je puisse .... à ce qu'elle me dit.

Choisis l'une des trois tâches proposées et entoure-la. Décris ensuite le PIM que tu utiliserais pour la réussir en restant bien concentré.

Découper des légumes sans te couper

Mélanger deux peintures pour obtenir une couleur précise

Faire des jongles avec une raquette de tennis et une balle

P Perception : à quoi dois-tu faire attention ?

....

....

I Intention : qu'est-ce que tu cherches à faire ?

....

....

M Manière d'agir : que dois-tu faire attention à bien contrôler ?

....

....

Les PIM sont des modes d'emploi pour bien me concentrer.

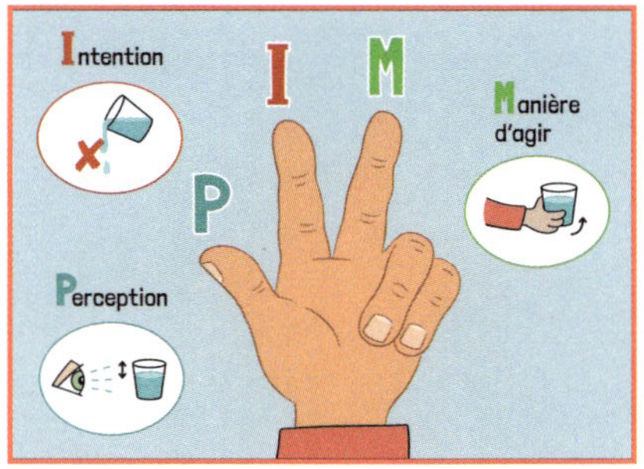

Complète la signification de « PIM ».

Perception = À quoi dois-je faire attention ?

I................................. = Qu'est-ce que je cherche à faire ?

M................................ = Que dois-je faire attention à bien faire ?

....

Complète cet exemple de PIM.

Tâche : découper selon des pointillés

P (Perception) : ....

I (Intention) : ....

M (Manière d'agir) : ....

....

QUIZ Séquence 1 À la découverte de l'attention

1. **Coche la bonne proposition.** La petite voix est une voix…
❍ que tout le monde peut entendre. ❍ qu'on n'entend que dans sa tête.

2. **Relie les bonnes propositions.**

Quand je me récite une poésie dans ma tête, j'utilise… ●		● ma petite voix.
Quand j'imagine un personnage décrit dans un livre, j'utilise… ●		● une image mentale.

3. **Barre l'intrus. Je peux faire attention à :**
ce que j'entends — ce que je touche — ce que pense mon voisin
mes émotions — ma respiration — ce que je ressens dans mon corps

4. **Relie chaque technique à son nom.**

Je me fabrique une image mentale pour me concentrer sur une situation, comme si je la projetais sur mon « écran mental ». ●		● Le photographe
Je me répète plusieurs fois dans ma tête des éléments à retenir. ●		● Le perroquet

5. **Coche la bonne proposition.**
L'attention agit comme… ❍ le frein du vélo. ❍ la roue du vélo.

6. **Coche la bonne proposition.**
ATOLE, c'est un programme pour… ❍ apprendre à mieux voir.
❍ apprendre l'attention.

7. **Qu'est-ce que l'empathie ? Coche la bonne réponse.**
❍ C'est savoir être attentif aux émotions des autres ou de soi-même.
❍ C'est être incapable de reconnaitre ses émotions ou celles des autres.

8. **Entoure deux mots qui représentent ce qui se passe quand on fait attention à quelque chose ou à quelqu'un.**
CONNEXION — CONTACT — DISTRACTION — FATIGUE — ÉQUILIBRE

Ai-je besoin de beaucoup d'attention pour ces activités ?

Colorie en rouge la pastille si tu penses avoir besoin de beaucoup d'attention pour faire bien cette activité.

Colorie en vert la pastille si tu penses que tu n'as pas besoin d'être très attentif pour y arriver.

QUIZ Séquence 8 **Réagir aux distractions internes**

1. **Vrai ou faux ?**
Je peux remarquer mes pensées sans les laisser me distraire. ❍ Vrai ❍ Faux

2. **Coche la bonne proposition.**
Quand j'ai tout à coup envie de faire autre chose, je ressens une PAM.
Une PAM, c'est une proposition que me fait mon cerveau de…
❍ Parler à un Ami qui M'appelle
❍ Passer à Autre chose de Mieux (ou qui a l'air mieux)

3. **Barre l'intrus.** Une image mentale…
est exactement comme une vraie image   peut m'aider à être attentif
peut survenir sans que je l'aie décidé

4. **Vrai ou faux ?**
Les pensées sont toujours des distractions et il faut éviter d'en avoir.
❍ Vrai ❍ Faux

5. **Coche la bonne réponse.** Qu'est-ce que le « pensoscope » ?
❍ Un cercle qui me permet de repérer quand des pensées arrivent, sans me laisser distraire.
❍ Un cercle que je dois dessiner quand je me laisse distraire par une pensée.

6. **Coche la bonne proposition.** Quand je remarque une PAM, je dois…
❍ ralentir. ❍ arrêter ce que je suis en train de faire.

7. **Vrai ou faux ?**
Une PAM s'accompagne toujours d'une sensation, le plus souvent celle d'un ennui ou d'une envie soudaine. ❍ Vrai ❍ Faux

8. **Complète les lettres manquantes** dans cette liste qui t'indique ce que tu dois surveiller et faire pour ne pas tomber de la poutre. Ces lettres forment le nom du code pour t'en rappeler.
Je dois surveiller…
mon ☐egard, mon ☐ttention, ma ☐osture, mes ☐ensées, l'☐lan donné par les PAM à mon corps, et puis je décide si je ☐aisse faire… ou pas !

C'est le code ☐☐☐☐☐☐.

Le code « RAPPEL » résume les signes qui m'indiquent que je me laisse entrainer par mes neurones aimants ou mes automatismes.

Complète les mots dans la grille pour écrire la signification du code « RAPPEL ».

R											
A											
P											
P											
E	L	A	N	...DU CORPS							

→ à toi de décider si tu

L	A	I	S	S	E	S	F	A	I	R	E	...OU NON !

« STOP ! » Je ralentis pour décider si je me laisse entrainer ou non.

Être attentif, c'est comme marcher sur une POUTRE.

Entoure les mots qui conviennent.

Quand une activité me demande **beaucoup d'attention**, c'est comme si je devais traverser une poutre...

étroite courte basse longue large haute

Quand une activité me demande **peu d'attention**, c'est comme si je devais traverser une poutre...

basse étroite large longue haute courte

Les 3 « A » m'indiquent le niveau d'attention dont j'ai besoin pour une activité.

Relie chaque poutre et chaque activité au « A » qui convient.

Qu'est-ce qu'une « PAM » ?

Complète la phrase.

Une « PAM », c'est une proposition que te fais ton cerveau de P.................... à Autre chose de M.................... .

Entoure les bonnes propositions dans cette phrase qui explique comment réagir à une PAM.

Quand je ressens une PAM, c'est comme si j'étais à vélo et que je me sentais attiré par quelque chose que je vois. Je dois alors accélérer / ralentir pour bien regarder.

Je pourrai alors décider de continuer ma route, ou d'aller vers ce qui m'attire. Mais dans les deux cas, c'est moi / la PAM qui décide.

Écris un exemple de PAM que tu ressens souvent en classe.

....

....

....

Le pensoscope me permet de remarquer quelles pensées me distraient, sans me déconcentrer.

Repasse doucement avec ton doigt le cercle du pensoscope. Lorsque tu l'as entièrement repassé, indique sur le cercle, au crayon de couleur, les zones où tu as eu des pensées.

QUIZ Séquence 2 L'équilibre attentionnel

1. **Barre l'intrus.** Pour ne pas tomber de la poutre, il faut…
   - remarquer vite qu'on perd l'équilibre.
   - se rétablir tout de suite quand on remarque qu'on perd l'équilibre.
   - réfléchir à ce qu'il faut faire si on tombe.

2. **Vrai ou faux ?**
   Si je m'entraine, je peux améliorer mon sens de l'équilibre attentionnel.
   ❍ Vrai ❍ Faux

3. **Coche la bonne proposition.**
   Rester concentré pour réussir une activité difficile, c'est comme traverser une poutre…
   ❍ haute et étroite. ❍ basse et large.

4. **Relie chaque poutre à la phrase correspondante.**

poutre haute ●	● Je n'ai pas besoin de me concentrer longtemps.
poutre étroite ●	● Ce que je dois faire est difficile.
poutre courte ●	● Il serait risqué de me déconcentrer.

5. **Vrai ou faux ?**
   Toutes les activités exigent d'être très attentif. ❍ Vrai ❍ Faux

6. **Entoure la phrase correcte.**
   Le niveau d'attention nécessaire pour réussir une activité précise est le même pour tous.

   Le niveau d'attention nécessaire pour réussir une activité précise peut varier d'une personne à l'autre.

7. **Vrai ou faux ?**
   Si on n'a pas appris, on ne sait pas rester attentif, même quelques secondes.
   ❍ Vrai ❍ Faux

8. **Coche la bonne proposition.**
   L'essentiel, c'est d'être bien attentif… ❍ au bon moment. ❍ tout le temps.

A quoi ressemble mon cerveau ?

Colorie les différents lobes du cerveau.

Complète la légende avec les mots
pariétal - occipital - temporal - frontal.

Lobe ....

Lobe ....

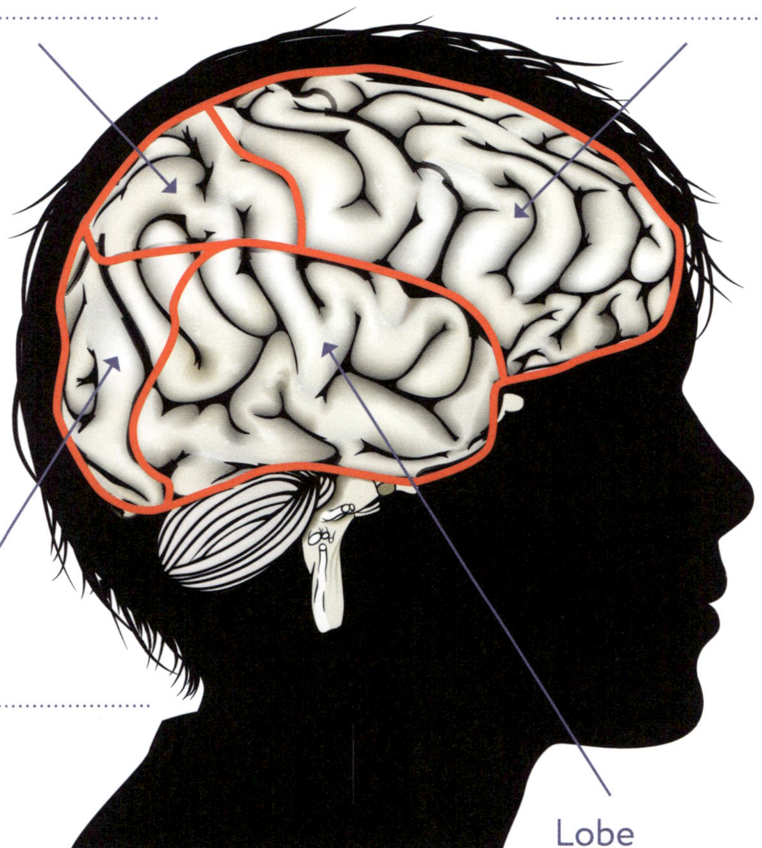

Lobe ....

Lobe ....

QUIZ

Séquence 7 **Réagir aux distractions externes**

1. **Coche la bonne réponse.** Comment notre regard se déplace-t-il ?
❍ Tranquillement. ❍ Rapidement, par saccades.

2. **Vrai ou faux ?**
Si je sens que mon abeille « tire sur sa laisse », je peux moi aussi tirer doucement pour la ramener au bon endroit. ❍ Vrai ❍ Faux

3. **Coche la bonne proposition.**
Maintenir son abeille sur le texte qu'on lit, c'est comme…
❍ rester sans bouger. ❍ marcher sur une poutre.

4. **Vrai ou faux ?**
Même si notre regard ne bouge pas, notre attention peut être attirée ailleurs. ❍ Vrai ❍ Faux

5. **Coche la bonne proposition.**
Quand je suis attentif, je suis comme un funambule parce que…
❍ je dois remarquer tout de suite si je suis en train de tomber, pour pouvoir rétablir mon équilibre.
❍ c'est très difficile.

6. **Entoure la signification des lettres du code « RAP »**, qui t'indique ce que tu dois surveiller pour remarquer si tu tombes de la poutre :

R	Regard	A	Appétit	P	Perception
	Réaction		Anxiété		Posture
	Ressenti		Attention		Patience

7. **Vrai ou faux ?**
On peut améliorer son sens de l'équilibre attentionnel.
❍ Vrai ❍ Faux

8. **Coche la bonne réponse.**
Que faut-il faire quand on sent que son regard et son corps sont attirés sur le côté ?
❍ Il faut ralentir. ❍ Il faut résister de toutes ses forces.

Complète les mots dans la grille.

Pour contrôler mon attention, je dois surveiller...

mon	R								
mon	A								
ma	P								

...comme un funambule !

À quoi servent mes neurones ?

Entoure les bonnes propositions.

Dans mon cerveau, il y a des neurones qui servent à...

percevoir agir transpirer parler danser

mémoriser chanter avoir froid apprendre

Trace des flèches sur l'image pour montrer comment l'information circule entre les neurones.

QUIZ Séquence 3 Le cerveau et ses neurones

1. **Coche la bonne réponse.** À quoi ressemble le cerveau ?
❍ À un gant de boxe. ❍ À une chaussure.

2. **Coche la bonne réponse.**
Comment s'appellent les différentes parties du cerveau ?
❍ Les lobes. ❍ Les continents.

3. **Coche la bonne réponse.**
À quoi peut-on comparer le cerveau, composé de milliards de neurones ?
❍ À un immense océan, toujours en mouvement.
❍ À une immense forêt, composée de milliards d'arbres qui communiquent entre eux.

4. **Barre l'intrus.** Il y a des neurones qui servent à :
percevoir ce qui nous entoure   faire bouger nos muscles   mémoriser
réfléchir   faire pousser les cheveux   faire attention

5. **Entoure la bonne proposition.**
La partie du cerveau qui sert à réfléchir et à se concentrer se trouve
à l'avant / **à l'arrière** du cerveau.

6. **Vrai ou faux ?**
Les neurones travaillent en équipe. ❍ Vrai ❍ Faux

7. **Écris les mots percevoir, se connecter, automatismes et neurones au bon endroit dans la phrase.**
Certains .... peuvent .... pour travailler ensemble, par exemple les neurones qui servent à .... et ceux qui servent à agir. Cela crée des ....

8. **Coche la bonne proposition.**
Une habitude fonctionne un peu comme…
❍ la sonnette de la boulangerie, qui se déclenche dès qu'elle détecte un mouvement.
❍ une télévision, qui affiche des images sur un écran.

J'observe et je contrôle les mouvements de mon regard.

Aux déplacements de quoi peut-on comparer les déplacements du regard ?

Entoure la bonne image.

Observe l'image et dessine dessus le trajet qu'a effectué ton regard.

QUIZ Séquence 6 Maximoi et Minimoi

1. **Coche la bonne proposition.** Une minimission, c'est quelque chose…
- ❍ qu'on voit tout de suite comment faire.
- ❍ qui demande de bien réfléchir.

2. **Relie Maximoi et Minimoi à leurs qualités.**

Minimoi ●	● a une très bonne mémoire
Maximoi ●	● est rapide
	● est fort
	● est intelligent

3. **Relie ce qui va ensemble.**

minimission ●	● Je sais faire.
maximission ●	● Je dois la découper en missions plus simples.

4. **Vrai ou faux ?**
Si avant de commencer une minimission, je me dis : « Je crois qu'en réfléchissant, je trouverai comment faire », c'est que je l'ai bien choisie. ❍ Vrai ❍ Faux

5. **Entoure les mots qui conviennent.** Maximoi confie à Minimoi des missions…

claires longues complexes concrètes courtes

6. **Coche la bonne proposition.** Une minimission est comme…
- ❍ une seule poutre qu'on doit traverser.
- ❍ un chemin avec plusieurs poutres.

7. **Numérote dans l'ordre les étapes pour réaliser une maximission.**

...... Je fais une pause et je savoure ma réussite.
...... Je m'arrête pour réfléchir.
...... J'agis avec Minimoi.
...... Je découpe ma mission avec Maximoi.

8. **Coche la bonne réponse.**
À quel sport peut-on comparer le découpage d'une tâche en minimissions ?
- ❍ Au golf, car le golfeur atteint le trou en plusieurs coups successifs.
- ❍ Au vélo, car le cycliste roule sans s'arrêter tout le long du parcours.

Bon ou mauvais automatisme ?

Barre les images sur lesquelles l'automatisme n'est pas adapté à la situation.

Qu'est-ce que le « mode marionnette » ?

Complète la phrase.

Quand mes habitudes me font réagir sans le vouloir
à ce qui se passe autour de moi,
je suis en mode ....
Cela peut me faire tomber de la ....

Que font les « neurones aimants » ?

Entoure les situations où les neurones aimants sont actifs.

Ma liste de vérification pour les Minimoi

Tu peux compléter ce modèle de liste de vérification pour réussir la maximission de ton choix !

MAXIMISSION : ....

OK ! 1 OK ! 2 OK ! 3 OK ! 4 OK ! 5 OK ! 6

OK !	1.	⏱	☐
OK !	2.	⏱	☐
OK !	3.	⏱	☐
OK !	4.	⏱	☐
OK !	5.	⏱	☐
OK !	6.	⏱	☐

Je respire et savoure ma réussite !

Que doit contenir une liste de vérification pour les Minimoi ?

Complète la liste de minimissions à réaliser pour réussir cette maximission.

MAXIMISSION

Préparer mes affaires pour demain

OK!	1. .... ⏱ .... ☐
OK!	2. .... ⏱ .... ☐
OK!	3. .... ⏱ .... ☐
OK!	4. .... ⏱ .... ☐
OK!	5. .... ⏱ .... ☐
OK!	6. .... ⏱ .... ☐
Je respire et savoure ma réussite !	

Tu peux résister au « mode marionnette » et aux « neurones aimants ».

Complète les mots commençant par « R ».

Quand tu

Ressens que tu es attiré,

R ....,

Regarde et

R............................ pour décider si tu te laisses faire ou non.

QUIZ Séquence 4 Les neurones et la distraction

1. **Coche la bonne proposition.** Je suis en « mode marionnette » quand…
- ❍ mes automatismes me font réagir trop vite.
- ❍ je joue avec des personnages.

2. **Vrai ou faux ?**
Il existe de bons automatismes, qui peuvent m'aider. ❍ Vrai ❍ Faux

3. **Relie les perceptions à des actions qu'elles entrainent souvent.**

J'entends la porte qui s'ouvre. ●	● Je gribouille sur une feuille.
J'entends la sonnerie. ●	● Je tourne la tête.
Je remarque un copain au loin. ●	● Je l'appelle ou lui fais un signe.
Je m'ennuie à mon bureau. ●	● Je commence à ranger mes affaires.

4. **Entoure la bonne proposition.**
Quand des neurones qui perçoivent et des neurones qui agissent travaillent souvent ensemble, cela crée une **habitude / marionnette**.

5. **Entoure ☺ si l'automatisme peut t'aider et ☹ s'il peut te distraire.**

☺ ☹

☺ ☹

6. **Coche la bonne proposition.** Dans ATOLE, on parle de « neurones aimants »…
- ❍ parce que ces neurones nous attirent vers ce qu'on aime.
- ❍ parce que ces neurones nous attirent vers ce qui est en métal.

7. **Vrai ou faux ?** Les neurones aimants peuvent nous aider à être concentré quand on fait quelque chose qui nous fait plaisir. ❍ Vrai ❍ Faux

8. **Complète les 4R.** Attention, il y a des intrus !
Quand mes neurones aimants m'attirent vers autre chose, je peux, dans l'ordre :

❶ R.............................. ❸ R..............................
❷ R.............................. ❹ R..............................

ressentir réagir regarder reculer rire ralentir

Comment découper une tâche pour les Minimoi ?

Maximoi découpe les tâches en petites tâches courtes et simples pour les Minimoi.

Maximoi doit-il découper la mission ? Minimoi peut-il la faire tout seul ? **Entoure pour chaque tâche le personnage qui doit s'en occuper.**

mettre la table

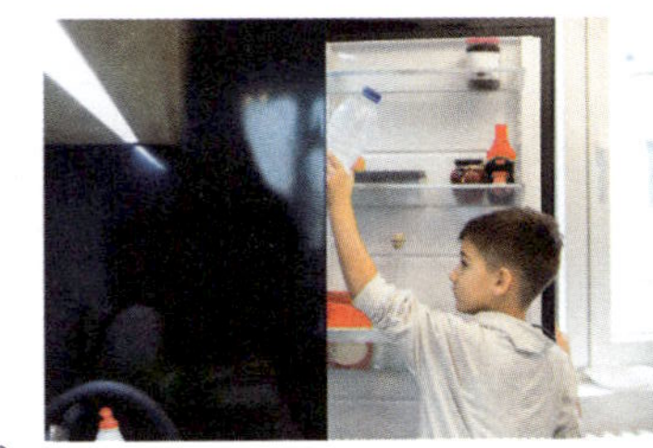

chercher du lait dans le réfrigérateur

recopier un texte écrit au tableau

courir d'un point à un autre

Je m'aide de Maximoi et Minimoi pour réaliser mes tâches.

Maximoi est sage, intelligent mais faible.

Les Minimoi sont moins malins, mais ils sont rapides et forts.

Dessine dans la carte ton Maximoi.

Dessine dans la carte l'un ou l'une de tes Minimoi.

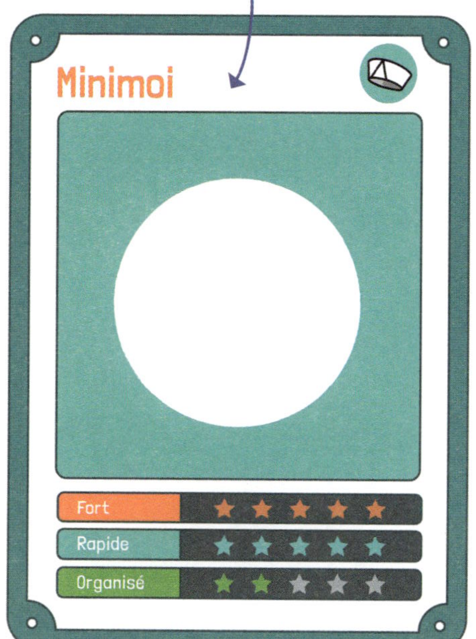

Je dois garder mes « neurones chefs » bien réveillés pour ne pas oublier mon intention de départ.

Qu'est-il arrivé au gardien de but ? **Complète les mots.**
Il a ou.......................... son in.......................... de départ.

« OUIN » est le code que tu peux utiliser quand tu te rends compte que cela t'arrive.

Comment maintenir mes « neurones chefs » bien réveillés ?

J'agis en ayant en tête une seule intention courte, claire et concrète.

Relie chaque début de phrase à la fin de phrase correspondante.

Si j'essaie de me concentrer sur deux choses à la fois... ●	● ...mes neurones chefs savent ce qu'ils ont à faire et peuvent rester bien réveillés.
Si je me demande : « Qu'est-ce que je cherche à faire vraiment ? » et que je me concentre sur une intention claire à la fois... ●	● ...mes neurones chefs se disputent et mon cerveau ne sait plus comment faire.

QUIZ Séquence 5 **Les neurones et la concentration**

1. **Coche la bonne proposition.**
Mon intention, c'est...
❍ ce que je cherche à faire. ❍ ce que je suis tenté de faire.

2. **Vrai ou faux ?**
Les neurones chefs permettent de se souvenir de ce qu'on doit faire.
❍ Vrai ❍ Faux

3. **Entoure la bonne proposition.**
Quand on sait clairement ce qu'on cherche à faire, on sait à quoi faire attention. Il est alors plus **facile** / **difficile** pour notre cerveau de se concentrer.

4. **Coche la bonne proposition.**
On fait un OUIN...
❍ quand on oublie son intention de départ.
❍ quand on se fait mal parce qu'on est distrait.

5. **Coche la bonne réponse.**
Sur quelles tâches est-il plus facile de se concentrer ?
❍ Sur des tâches longues. ❍ Sur des tâches courtes.

6. **Coche la bonne réponse.**
Que faut-il faire pour aller plus vite ?
❍ Se concentrer sur une chose à la fois.
❍ Se concentrer sur plusieurs choses à la fois.

7. **Entoure la bonne proposition.**
Essayer de faire deux choses difficiles en même temps, c'est comme vouloir mélanger de l'huile et de l'eau : **ça ne se mélange pas** / **ça se mélange bien**.

8. **Vrai ou faux ?**
Quand j'essaie de me concentrer sur deux choses à la fois, mes neurones chefs se disputent.
❍ Vrai ❍ Faux

L'attention établit une connexion.
CONTACT

La poutre et les 3A t'aident à évaluer le niveau d'attention dont tu as besoin.

Dans ton cerveau, tes neurones travaillent en réseau.

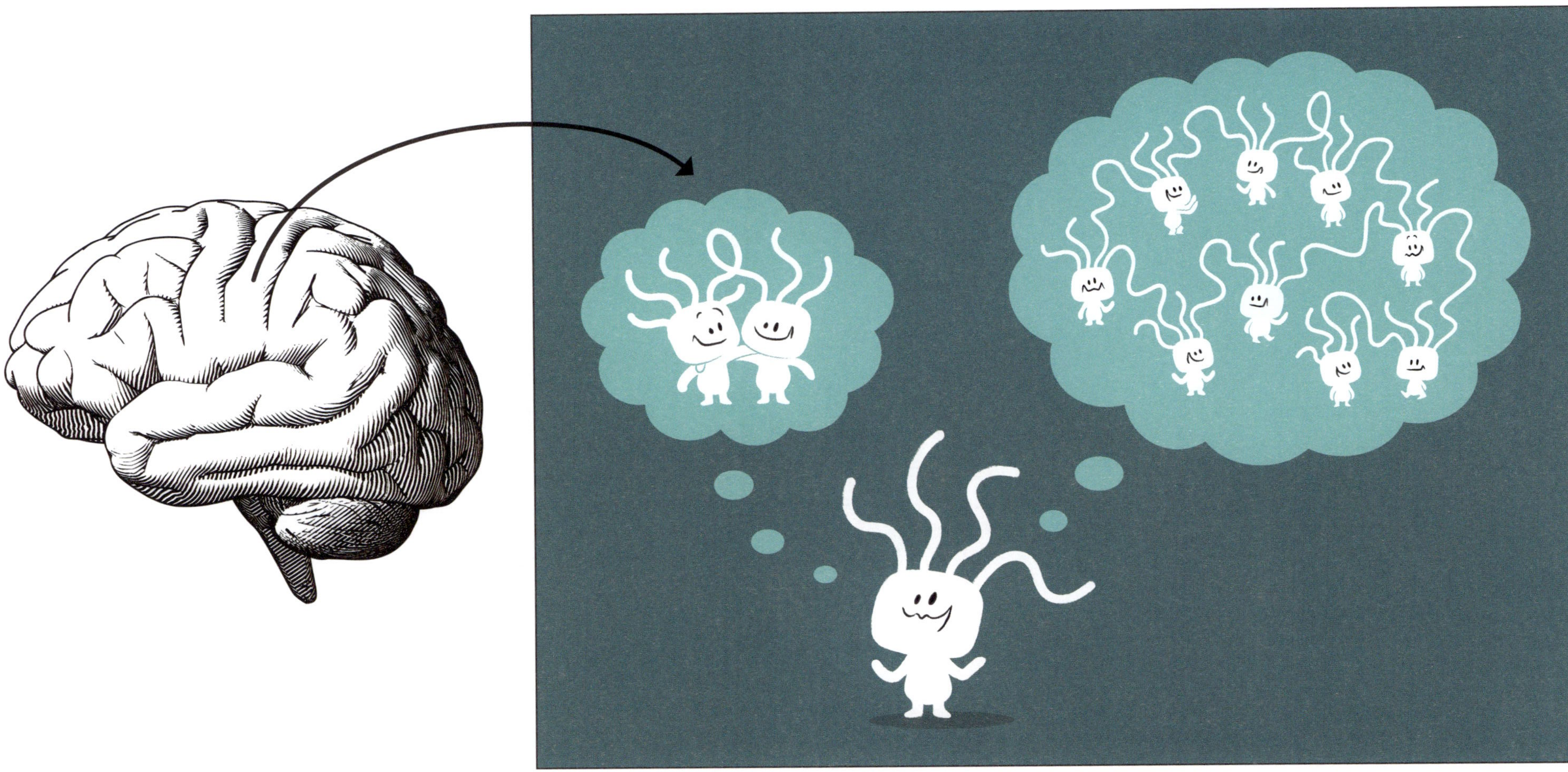

Résiste au mode marionnette et contrôle l'action de tes neurones aimants !

Maintiens tes neurones chefs bien réveillés pour ne pas oublier ton intention de départ !

OUIN !

Utilise Maximoi et Minimoi pour t'aider à réaliser des tâches complexes.

Regard
Attention
Posture

Regard
Attention
Posture
Pensées
Elan
Laisser faire
... ou pas
4. Pensées
2. Attention
1. Regard
3. Posture
5. Élan
6. Laisser faire
... ou pas

Les PIM sont des modes d'emploi pour bien te concentrer.

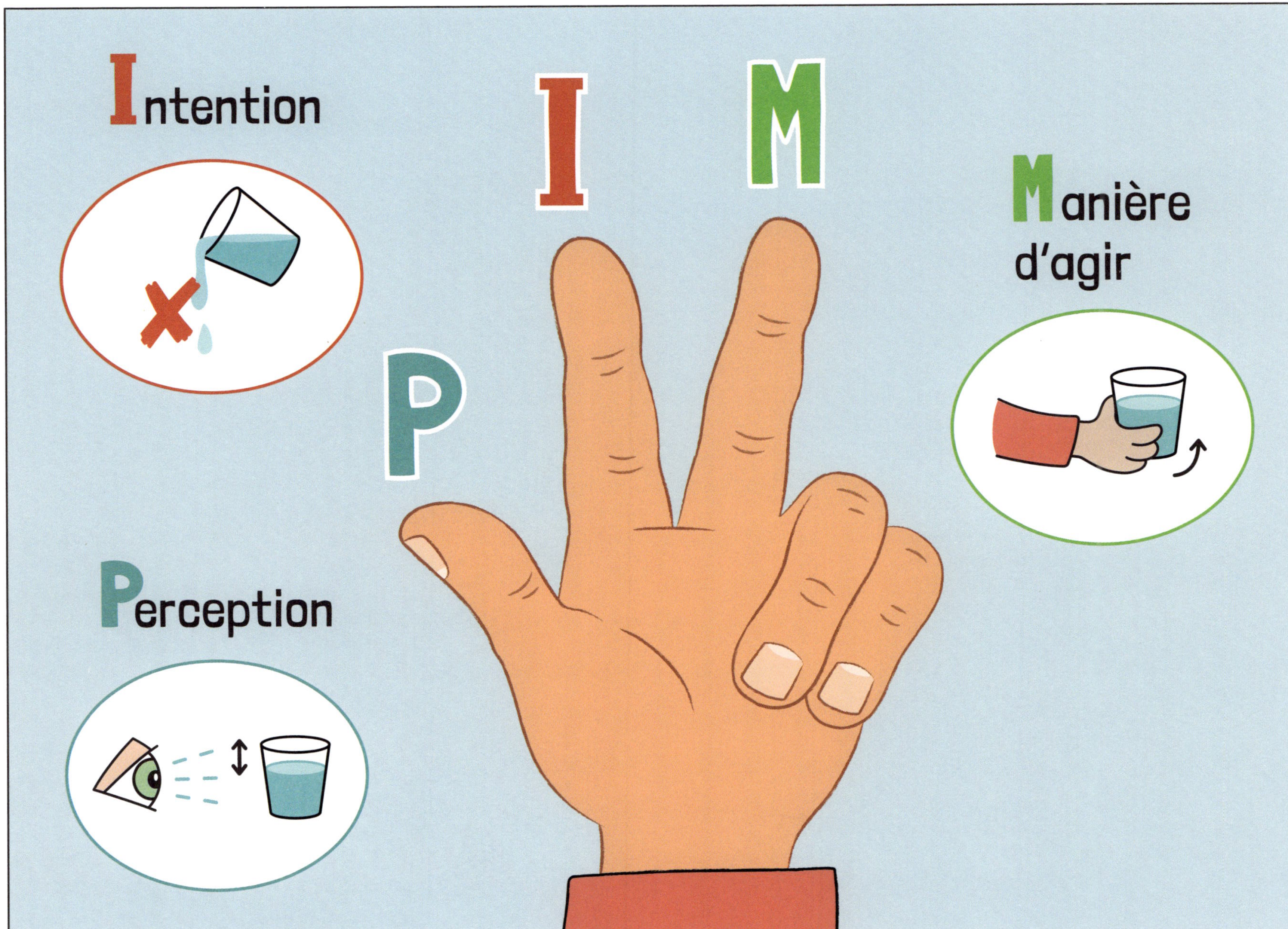

FSC
MIX
Papper
FSC® C074519

MDI est un éditeur qui s'engage pour la préservation de l'environnement et qui utilise du papier fabriqué à partir de bois issu de sources responsables et contrôlées.

N° édition : 10280642 - Dépôt légal : août 2021
Imprimé en France en décembre 2021 par la Nouvelle Imprimerie Laballery, 58500 Clamecy - N°111578